잠자는 코딩 브레인을 깨우는

# 알고리즘 퍼즐 69

잠자는 코딩 브레인을 깨우는

# 알고리즘 퍼즐 69

수학적 사고로 구현하는 프로그래밍의 즐거움

초판 1쇄   2019년 2월 1일
    2쇄   2019년 8월 20일

**지은이** 마스이 토시카츠
**옮긴이** 윤인성
**발행인** 최홍석

**발행처** (주)프리렉
**출판신고** 2000년 3월 7일   제 13-634호
**주소** 경기도 부천시 원미구 길주로 77번길 19 세진프라자 201호
**전화** 032-326-7282(代)   **팩스** 032-326-5866
URL www.freelec.co.kr

**편집** 강신원
**디자인** 이대범
**본문** 박경옥

**ISBN** 978-89-6540-232-9

잠자는 코딩 브레인을 깨우는

# 알고리즘 퍼즐 69

**마스이 토시카츠** 지음  **윤인성** 옮김

수학적 사고로 구현하는
프로그래밍의 즐거움

SE
SHOEISHA

프리렉

もっとプログラマ脳を鍛える数学パズル

(Motto ProgrammerNou wo Kitaeru Sugaku Puzzle: 5361-2)

Copyright ⓒ 2018 Toshikatsu Masui.

Original Japanese edition published by SHOEISHA Co., Ltd.

Korean translation rights arranged with SHOEISHA Co., Ltd.

through Eric Yang Agency

Korean translation copyright ⓒ 2019 by FREELEC

국내 개발 커뮤니티를 살펴보다 보면, 가끔 "알고리즘을 과연 공부해야 하나?"라는 논쟁이 벌어지는 것을 볼 수 있습니다. 이러한 논쟁에서 가장 큰 문제는 사람들이 말하는 '알고리즘의 정의'가 다르다는 것입니다. 일반적으로 개발자들이 말하는 알고리즘은 다음과 같은 두 가지 의미가 있습니다.

- 넓은 의미: 어떤 문제를 해결하기 위한 과정
- 좁은 의미: (일반적으로 대학교 알고리즘 수업 시간에 배우는) 순차 탐색, 이진 탐색, 퀵 정렬, 머지 정렬 등의 코드

대부분 싸움을 정리해 보면 "(넓은 의미의) 알고리즘을 모르면 대체 프로그램을 어떻게 만드나?"와 "(좁은 의미의) 알고리즘은 이미 다 만들어져 있는데 왜 외우고 있어야 하나? 프로그램을 만들 때 중요한 것은 전체적인 문제를 해결하는 방법을 찾는 것이다."라고 할 수 있습니다.

이래저래 정리를 해 보면, 결국 양쪽 모두 "(좁은 의미의) 알고리즘은 시간 남으면 하고", "(넓은 의미의) 알고리즘은 기본 소양이다."라고 이야기합니다.

즉, 넓은 의미의 알고리즘은 모든 개발자가 당연히 공부해야 한다고 생각하는 것입니다(역자는 그냥 어차피 인생은 길고 시간도 많은데 다 공부하면 되지 않나라고 생각하는 편입니다). 그렇다면 넓은 의미의 알고리즘은 어떻게 공부해야 할까요?

일반적으로 많은 개발자가 이를 공부하기 위해서 탑코더(TopCoder) 알고리즘 시험(풀어보면 알겠지만 정보 올림피아드 같은 문제와는 달리 생각을 많이 해

야 합니다)이나 미국 IT 기업의 입사 문제 등을 풀어 봅니다. "어떤 지역에서 어떠한 특징의 바이러스가 나타났을 때, 이 바이러스가 전역으로 퍼지는 데 예상되는 시간을 구하시오."라든지, "그럼 이를 막기 위해서 어떤 지역을 먼저 차단하는 것이 좋은지 구하시오."라든지 하는 문제입니다.

사실 처음 보면 조금 당황스러울 정도로 어려운 문제들입니다. 하지만 이러한 문제들을 풀다 보면 넓은 의미의 알고리즘을 확실히 공부할 수 있을 것입니다.

• • •

다시 언급하지만 이러한 문제들은 당황스러울 정도로 어렵습니다. 숙련된 사람들도 문제가 앞에 떨어지는 순간부터 문제를 풀 때까지, 하루 이상 걸리는 경우도 많습니다. 처음부터 이런 것들을 공부하기는 약간 어려울 것으로 생각합니다.

이 책은 그러한 문제를 풀기 전에 먼저 풀어 볼 수 있는 기본서로 매우 좋은 책입니다. 물론 이 책도 처음 보면 어려울 수 있겠지만, 난이도 배분이 꽤 잘 되어 있습니다. 따라서 첫 도전으로 초급 단계부터 중급 단계까지 올라갈 수 있는 좋은 책이라고 생각합니다.

이러한 문제를 처음 풀어 보는 분들은 "이걸 어떻게 20분 만에 푸나?"하고 좌절할 수도 있습니다. 물론 처음에는 그럴 수 있습니다(처음 몇 문제는 답을 먼저 봐도 괜찮다고 생각합니다). 또한, 이러한 문제를 처음 풀어 보는 분들에게 조금이라도 도움이 되도록 역자의 유튜브 채널(https://www.youtube.com/c/윤인성)에서 문제 몇 개는 함께 풀어 볼 예정이니 참고하기 바랍니다.

• • •

원래 이 책의 원서에서는 루비와 자바스크립트로 소스 코드를 작성했습니다. 하지만 국내의 루비 사용 비율은 매우 낮으며, 최근에는 파이썬이 대세입니다. 그래서 루비 코드를 모두 파이썬 코드로 변경했습니다. 또한, 저의 다른 저서와 번역서인 ≪Hello Coding 파이썬(한빛미디어, 2017)≫, ≪머신러닝 바로가기(프리렉, 2018)≫, ≪파이썬을 이용한 머신러닝, 딥러닝 실전 개발 입문(위키북스, 2017)≫에서도 파이썬을 사용하고 있으므로, 다른 책을 볼 때도 쉽게 연동할 수 있을 것입니다.

번역을 마치고 검토를 하다 보니, "캐릭터들이 나누는 대화를 너무 귀여운 말투로 번역해 버렸네."라는 생각이 들더군요. 그래도 대화가 친숙하니 그대로 둬야지 하고 마감을 냈었는데, 이후 프리렉에서 출간된 이 책의 이전 시리즈 ≪프로그래머의 뇌를 단련하는 수학 퍼즐≫을 보니 그 책도 비슷한 말투로 번역했더군요. 다행입니다.

마지막으로 이 책과 관련된 모든 분께 감사의 말씀을 드립니다.

2018년 12월

옮긴이 윤인성

프로그래밍을 시작할 때, 대부분 어떤 책이나 수업을 따라 차근차근 공부하면서 할 수 있는 것이 늘어갑니다. 그런데 기본적인 내용을 배운 후의 성장 속도는 사람에 따라 크게 차이가 납니다.

일로써 무언가 개발할 때는 고객의 요청에 따라 개발을 진행하며 능력에 맞게 일이 할당되는 등 주변의 지원도 있으므로, 조금씩 능력이 향상되고 이를 스스로 느낄 수 있는 경우가 많습니다. 하지만 일이 아닌 다른 이유로 프로그래밍을 시작하다 보면 수많은 벽에 부딪힙니다.

일단 가장 처음 만나는 벽은 "만들고 싶은 것이 무엇인지 모르겠다."라는 벽입니다. 이는 학교 수업 등으로 프로그래밍을 시작한 사람들이 주로 접하는 벽입니다. "수업이 있기에 그냥 수강했다.", "언젠가 도움이 될 것 같기에 배웠다."라고 생각하는 사람은 무엇을 만들고 싶은지 자체가 명확하지 않습니다. 따라서 프로그래밍 공부를 계속 진행해 나갈 흥미를 잃게 되는 경우가 많습니다.

또한, 만들고 싶은 것이 있더라도 그것을 만들고 나서 "근데 이제 이어서 무엇을 만들어야 하지?"를 떠올리지 못하는 사람도 많습니다. 프로그래밍은 정말 재미있지만, 이미 있는 것은 만들어 봤자 큰 의미가 없을 것 같고, 그래서 뭔가 새로운 것을 만들고 싶은데 그 새로운 것이 떠오르지 않는 경우입니다. 이는 어떻게 보면 '기획력'의 문제입니다.

만들고 싶은 것이 있어서 계속해서 공부하는 사람 앞에 나타나는 두 번째 벽은 "아무리 해도 구현할 수 없다."라는 벽입니다. 이는 만들고 싶은 프로그램의 수준이 너무 높을 때 발생하는 문제입니다. 그러한 수준에 오르는 데 시간이 너무 오래 걸리거나, 혼자서 할 수 있는 수준이 아닌 경우에 이러한 벽을 마주하게 됩니다.

이러한 벽이 등장하는 원인은 우리가 마주하는 세상이 크게 발전했기 때문입니다. 윈도우와 인터넷 등이 없던 시대에는 프로그래밍으로 할 수 있는 것이 매우 제한적이었습니다. CPU도 느리고 메모리도 적었으며, 사용할 수 있는 환경은 콘솔밖에 없었습니다. 그래서 수업으로 배운 내용이 대부분 곧 만들고 싶은 것과 그대로 연결되었습니다.

하지만 이제 세상은 크게 변했습니다. 예쁘게 디자인된 스마트폰 애플리케이션, 3D 게임 등의 환경에 익숙해지면서, 표준 입출력과 알고리즘 공부가 현실과 크게 동떨어지게 되었습니다.

내부적인 동작을 나타내는 알고리즘은 대단히 중요하고, 디버깅 등을 고려하면 표준 입출력과 관련된 지식이 있으면 편리합니다. 하지만 만들고 싶은 것과 이러한 것들의 괴리가 너무 커져서, 현실과 이상 사이에 벽이 계속해서 생기는 모습을 많이 볼 수 있습니다. "이런 공부를 해서 내가 원하는 것을 만들 수 있는 것일까?"라는 생각이 들기 시작하면 공부가 제대로 되지 않습니다.

이러한 문제에 직면한 사람들에게는 이 책과 같은 퍼즐 문제를 푸는 것이 하나의 대안이 될 수 있을 것으로 생각합니다. 목표가 분명한 문제를 명확하게 제시하며, 그렇게까지 많은 시간을 들이지 않고도 답을 구할 수 있습니다.

그래서 이 책에서는 다음과 같은 관점에서 문제를 만들었습니다.

- 될 수 있으면 실제로 활용할 수 있는 내용을 중심으로 퍼즐 문제를 즐길 수 있게 하자.
- 소스 코드가 길지 않게 하고, 시간을 오래 들이지 않고 구현할 수 있게 하자.
- 입출력이 간단한 숫자로만 나올 수 있게 하자.
- 조금만 더 생각해 보면 처리 시간을 짧게 만들 수 있어 성취감을 느낄 수 있게 하자.

물론, 모든 문제가 이런 것은 아닙니다. 코드가 꽤 길어지는 문제도 있고, 정말 간단하게 답을 찾을 수 있는 문제도 있습니다.

어쨌거나 이러한 문제들을 반복해서 풀다 보면, 프로그래밍을 배울 때 성장을 늦추는 벽을 넘는 데 도움이 될 수 있을 것입니다. 초등학교 시절, 수학을 공부할 때 문제집을 푼 경험을 떠올려 보세요. 차근차근 반복해서 풀어 보면서 수학이 어떤 것인지 점차 느낄 수 있었을 것입니다. 프로그래밍도 이처럼 문제를 반복해서 풀다 보면 언어의 특징이나 효율적인 프로그래밍 사고방식 등을 익힐 수 있습니다.

## 감사의 말

이 책에 있는 문제는 CodeIQ*에서 '이번 주의 알고리즘'으로 소개한 문제를 일부 수정한 것들입니다(물론 추가한 것들도 있습니다). 문제를 지속적으로 검토해 주신 야마모토 유고 님과 그 밖의 모든 CodeIQ 관계자 분들께 감사의 말씀을 드립니다.

또한, '이번 주의 알고리즘'은 도전해 주신 수많은 분들의 도움으로 계속해서 문제를 낼 수 있었습니다. 모두에게 정말 감사드립니다.

역주 과거 일본의 알고리즘 테스트 사이트입니다. 지금은 사라졌습니다.

**지은이** 마스이 토시카츠

이 책에서는 69개의 수학 퍼즐을 풀기 위한 프로그램을 만들어 나갑니다. 각 문제는 '문제 페이지'와 '해설 페이지'라는 두 가지 종류로 구성됩니다. 각 문제의 첫 번째 페이지가 바로 '문제 페이지'입니다. 일단 문제를 읽고 직접 프로그램을 만들며 풀어 보기 바랍니다. 이때, 구현 자체보다 "어떤 과정으로 구현하면 풀 수 있을까?"라는 전체적인 흐름을 생각하는 것이 중요합니다.

페이지를 넘기면 해설과 구현 예가 나옵니다. 자신이 직접 고안한 프로그램과 처리 속도와 가독성 등을 비교해 보세요. 먼저 답을 보게 되면 퍼즐을 푸는 재미가 사라질 수 있으므로, 꼭 직접 프로그램을 만들어 보고 나서 해설 페이지를 살펴보기 바랍니다.

## 문제 페이지

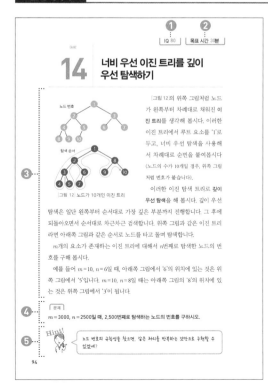

**❶ IQ**

이 책은 문제의 난이도에 따라 장별로 나뉘어 있습니다.
또한, 각 장의 안에 있는 문제도 난이도에 따라 IQ라는 수치로 구분합니다.

**❷ 목표 시간**

문제를 풀기 위해 생각하는 시간의 기준입니다.

**❸ 문제의 배경**

문제를 조금 더 쉽게 이해할 수 있게 배경을 설명합니다

**❹ 문제**

문제의 배경을 기반으로 프로그램을 만들고 답을 이끌어 내기 위한 문제입니다.

**❺ 힌트**

문제를 풀기 위한 힌트입니다.

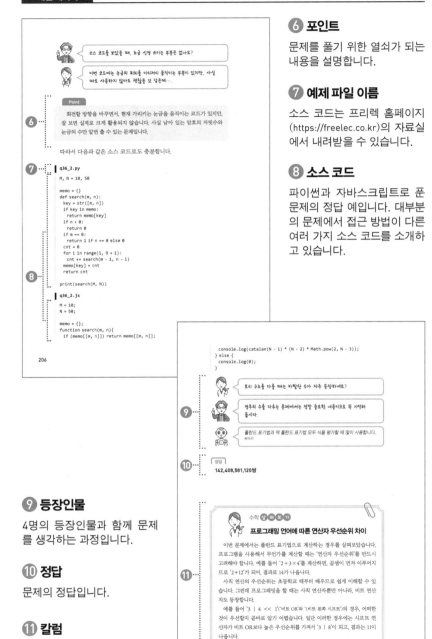

**⑥ 포인트**

문제를 풀기 위한 열쇠가 되는 내용을 설명합니다.

**⑦ 예제 파일 이름**

소스 코드는 프리렉 홈페이지 (https://freelec.co.kr)의 자료실에서 내려받을 수 있습니다.

**⑧ 소스 코드**

파이썬과 자바스크립트로 푼 문제의 정답 예입니다. 대부분의 문제에서 접근 방법이 다른 여러 가지 소스 코드를 소개하고 있습니다.

**⑨ 등장인물**

4명의 등장인물과 함께 문제를 생각하는 과정입니다.

**⑩ 정답**

문제의 정답입니다.

**⑪ 칼럼**

문제와 관련된 내용이나 프로그래밍, 알고리즘, 수학에 대한 칼럼입니다.

**철수**

주식회사 프리렉에서 일하는 신입 프로그래머이다. 문과 출신이라 수학 등을 잘하지 못해서 알고리즘을 공부하고 있으며, 선생님과 영희로부터 프로그래밍을 조금씩 더 재미있게 배워 나가고 있다.

**영희**

철수가 소속된 팀의 리더이다. 팀의 프로젝트 관리를 엄격하게 하고 있지만, 멤버들에게는 언제든지 친절하게 조언해 주며 술도 잘 마신다. 어릴 때부터 수학을 좋아해서 사내 동아리 '수식의 아름다움을 이야기하는 모임'(회원 수 3명, 이 중 1명은 로봇)을 맡고 있다.

**선생님**

주식회사 프리렉에서 일하던 직원으로, 지금은 프리랜서로 일하고 있다. 지금도 회사에 자주 드나들며, 후배들에게 프로그래밍을 가르치며 조언해 주고 있다. 프로그램을 워낙 빨리 만들어서 '뇌에 메모리를 심은 인조인간'이라는 소문이 돌고 있다.

**러브**

주식회사 프리렉이 개발한 프로그래밍 교육 목적의 AI 로봇이다. 메모리를 쓸데없이 많이 소비하는 프로그램에 민감하게 반응한다.

## 예제 파일 내려받기

이 책에서 설명하는 소스 코드는 다음 웹 사이트에서 내려받을 수 있습니다. 웹 사이트에서 이 책의 제목으로 검색하면 쉽게 찾을 수 있습니다.

**프리렉 홈페이지 자료실** (https://freelec.co.kr/datacenter)

소스 코드는 다음 환경에서 동작을 확인했습니다.

- Python 3.6
- JavaScript (ECMAScript 2016)

# 차례

## 제0장  프롤로그

퍼즐 문제를 푸는 요령 ······················· 17

## 제1장  입문편  ★

문제 그대로 구현하며 감각 익히기 ··············· 31

# 제2장 초급편 ★★

메모화 등으로 처리 시간 단축하기 ⋯⋯⋯⋯⋯⋯⋯⋯⋯⋯ 103

# 제3장 중급편 ★★★

수학적인 방법으로 구현하기 ⋯⋯⋯⋯⋯⋯⋯⋯⋯⋯⋯⋯ 213

# 제4장 고급편 ★★★★

복잡한 처리를 정확하게 구현하기 ⋯⋯⋯⋯⋯⋯⋯⋯⋯⋯⋯⋯⋯⋯⋯⋯ 327

# 제 0 장

---

## 프롤로그

...

## 퍼즐 문제를
## 푸는 요령

# 고전적인 문제 살펴보기

업무 시스템은 고객으로부터 계산 방법 등의 수식을 제공받는 경우가 있으며, 이럴 때는 제공된 수식을 따라서 구현하기만 하면 됩니다. 하지만 계산 방법을 직접 작성해야 하는 경우에는 효율적인 알고리즘을 생각해 봐야 합니다.

미지의 문제가 있을 때, 새로운 알고리즘을 검토하는 것은 개발자로서 당연한 일입니다. 다만, 과거의 연구자들이 대부분 효율적인 알고리즘을 발견했으므로 이를 적용해서 만드는 것이 일반적입니다. 그런데 이런 알고리즘을 사용하려면, 사전에 어느 정도 여러 가지 문제에 대한 해법을 알고 있어야 합니다.

우리가 프로그래밍을 배울 때 과거의 고전적인 알고리즘을 풀어보는 이유도 여기에 있습니다. 과거의 알고리즘을 알아 두면, 새로운 것을 풀 때 "비슷한 문제 아닌가?", "이렇게 구현하면 시간이 어느 정도 걸리지?", "구현할 수 있기는 한 것인가?" 등을 판단할 수 있습니다.

반면, 비슷한 문제를 한 번도 풀어보지 않았다면, 이 책에서 다루는 퍼즐 문제도 풀기 어려울 수 있습니다. 퍼즐 문제를 풀 때 다음과 같은 기본 알고리즘을 모르면, 문제를 푸는 데 생각 이상으로 오랜 시간이 걸릴 수 있습니다.

- **정렬** (선택 정렬, 버블 정렬, 퀵 정렬, 머지 정렬 등)
- **탐색** (선형 탐색, 이진 탐색, 깊이 우선 탐색, 너비 우선 탐색, 양방향 탐색 등)
- **최단 경로 문제** (다익스트라 알고리즘, 벨먼-포드 알고리즘)

만약 이러한 용어를 한 번도 들어본 적 없다면, 이 책을 읽기 전에 알고리즘 입문서를 읽어 보기 바랍니다. 반대로 이런 용어를 알고 있고 배운 적 있다면, 이 책을 보면서 알고리즘에 대해 더욱 깊게 이해할 수 있을 것입니다.

# 01 메모화와 동적 계획법

퍼즐 문제를 해결할 때 같은 계산을 여러 번 반복하게 되는 경우가 있습니다. 이는 특히, 재귀적으로 검색해서 해결하는 문제에서 자주 등장합니다. 이렇게 한 번 계산한 결과를 다른 곳에서 재사용하는 상황에서 프로그램의 속도를 빠르게 만드는 방법이 있습니다.

예를 들어 다음과 같은 문제를 생각해 봅시다. 단순하게 재귀적인 처리로 답을 구할 수도 있지만, 조금만 더 생각해 보면, 처리 시간을 매우 단축할 수 있습니다.

### 문제

패밀리 레스토랑에 가서, 여러 개의 테이블에 사람을 나누어 앉게 하려고 합니다. 이때, 한 사람만 앉는 테이블이 없게 그룹을 지어야 합니다.
인원수를 나누는 패턴만 구하면 되며, 누가 어디에 앉는지 등은 고려하지 않아도 괜찮습니다. 예를 들어 6명이라면, 다음과 같은 4가지가 됩니다.

- 2명 + 2명 + 2명
- 2명 + 4명
- 3명 + 3명
- 6명

한 개의 테이블에 앉을 수 있는 사람은 최대 10명입니다. 100명이 하나 이상의 테이블에 나누어 앉는 패턴을 구하세요.

### 생각하는 방법

일단 1번째 테이블에 앉을 사람 수를 결정하고, 남은 사람을 남은 테이블에 배치하면 됩니다. 1번째 테이블에 앉을 사람 수를 결정하면, 테이블 수는 1개 줄게 되며, 남은 사람 수는 전체에서 1번째 테이블에 앉은 사람의 수를 빼면 구할 수 있습니다(그림 1).

[그림 1] 1번째 테이블과 남은 테이블

그런데 테이블 수에는 딱히 제한이 없습니다. 현재 예제에서 생각해야
하는 것은 사람 수를 나누는 패턴이므로, 이전 테이블에 배치한 인원수와
같거나 많게 반복해서 할당하면 될 것입니다.*

<small>역주 이 문제는 적은 수부터 앉혀도 되고, 많은 수부터 앉혀도 됩니다. 다양한 방법으로 풀 수 있으므로
여러 가지 관점에서 생각해 보세요!</small>

남은 사람 수와 이전 테이블에 배치한 사람 수만 알면, 재귀적으로 검색
할 수 있습니다. 남은 사람 수와 이전 테이블에 배치한 사람 수를 매개 변
수로 전달하면 됩니다.

일단 문제 그대로 구현해 보면, 다음과 같습니다.

**▌ pre1_1.py**

```python
M = 10
N = 100

def check(remain, pre):
  # 배치할 사람이 더 이상 없으면 종료
  if remain < 0:
    return 0
  elif remain == 0:
    return 1
  # 재귀적 처리
  cnt = 0
  for i in range(pre, M + 1): # 테이블에 배치할 사람 수만큼 반복하기
    cnt += check(remain - i, i)
  return cnt

print(check(N, 2))
```

**▌ pre1_1.js**

```javascript
M = 10;
N = 100;

function check(remain, pre){
```

```
  // 배치할 사람이 더 이상 없으면 종료
  if (remain < 0) { return 0; }
  else if (remain == 0) { return 1; }

  var cnt = 0;
  for (var i = pre; i <= M; i++) { // 테이블에 배치할 사람 수만큼 반복하기
    cnt += check(remain - i, i);
  }
  return cnt;
}

console.log(check(N, 2));
```

정답

**437,420가지**

답을 구할 수는 있지만, 사람 수가 많아지면 처리 시간이 매우 오래 걸립니다. 처리 시간이 오래 걸리는 이유는 같은 사람 수를 분배하는 계산을 여러 번 반복하기 때문입니다. 그렇다면, 한 번 계산한 결과를 메모(저장)해 두고, 필요할 때 새로 계산하지 않고 이를 사용하게 코드를 변경해 봅시다.

**pre1_2.py**

```
M = 10
N = 100

memo = {}
def check(remain, pre):
  # 이전에 계산한 적 있다면, 메모했던 값을 반환합니다.
  key = str([remain, pre])
  if key in memo:
    return memo[key]
  # 배치할 사람이 더 이상 없으면 종료
  if remain < 0:
    return 0
  elif remain == 0:
    return 1
  # 재귀적 처리
  cnt = 0
  for i in range(pre, M + 1):
    cnt += check(remain - i, i)
  # 계산 결과를 메모하면서 반환합니다.
  memo[key] = cnt
  return cnt
```

```
print(check(N, 2))
```

**pre1_2.js**

```
M = 10;
N = 100;

var memo = {};
function check(remain, pre){
  // 이전에 계산한 적 있다면, 메모했던 값을 반환합니다.
  if (memo[[remain, pre]]) return memo[[remain, pre]];

  // 배치할 사람이 더 이상 없으면 종료
  if (remain < 0) return 0;
  if (remain == 0) return 1;

  var cnt = 0;
  for (var i = pre; i <= M; i++){
    cnt += check(remain - i, i);
  }
  // 계산 결과를 메모하면서 반환합니다.
  return memo[[remain, pre]] = cnt;
}

console.log(check(N, 2));
```

처리 마지막 부분에서 계산 결과를 메모하고 있습니다. 그리고 메모한 값은 이후 처리의 앞부분에서 해당 값을 반환하게 했습니다. 이처럼 메모한 값을 사용하면, 처리 속도가 매우 빨라집니다. 이렇게 무언가를 재귀적으로 처리할 때, 한 번 구한 결과를 저장하여 재사용하는 방법을 **메모화** (Memoization)라고 부릅니다.

참고로 현재 코드는 재귀 함수를 사용했지만, 일반적인 반복문만으로도 구현할 수 있습니다. 배치할 사람 수와 테이블 인원수 상한을 2개의 축으로, 패턴 수를 [그림 2]처럼 세면, 작은 쪽(그림의 왼쪽 위)부터 차례대로 표를 채워 나가면서, 최종적인 값을 구할 수 있습니다.

| | | 배치할 사람 수 | | | | | | | | | | | | |
|---|---|---|---|---|---|---|---|---|---|---|---|---|---|---|
| | | 0 | 1 | 2 | 3 | 4 | 5 | 6 | 7 | 8 | 9 | 10 | 11 | 12 | … |
| 테이블 인원수 상한 | 0 | 1 | 0 | 0 | 0 | 0 | 0 | 0 | 0 | 0 | 0 | 0 | 0 | 0 | … |
| | 1 | 1 | 0 | 0 | 0 | 0 | 0 | 0 | 0 | 0 | 0 | 0 | 0 | 0 | … |
| | 2 | 1 | 0 | 1 | 0 | 1 | 0 | 1 | 0 | 1 | 0 | 1 | 0 | 1 | … |
| | 3 | 1 | 0 | 1 | 1 | 1 | 1 | 2 | 1 | 2 | 2 | 2 | 2 | 3 | … |
| | 4 | 1 | 0 | 1 | 1 | 2 | 1 | 3 | 2 | 4 | 3 | 5 | 4 | 7 | … |
| | 5 | 1 | 0 | 1 | 1 | 2 | 2 | 3 | 3 | 5 | 5 | 7 | 7 | 10 | … |
| | 6 | 1 | 0 | 1 | 1 | 2 | 2 | 4 | 3 | 6 | 6 | 9 | 9 | 14 | … |
| | 7 | 1 | 0 | 1 | 1 | 2 | 2 | 4 | 4 | 6 | 7 | 10 | 11 | 16 | … |
| | 8 | 1 | 0 | 1 | 1 | 2 | 2 | 4 | 4 | 7 | 7 | 11 | 12 | 18 | … |
| | … | … | … | … | … | … | … | … | … | … | … | … | … | … | |

[그림 2] 반복문을 사용해서 구현하는 예

배치할 사람 수가 0일 때에 '1'을 설정해 두고, 배치할 사람 수가 2명 이상인 경우 테이블의 상한에 따라, 왼쪽과 위의 값을 더해서 반복하면, 이러한 표를 만들 수 있습니다.

반복문을 두 번 중첩하면, 다음과 같이 간단한 코드로 작성할 수 있습니다.

**pre1_3.py**
```python
M, N = 10, 100

table = [0] * (M + 1)
for i in range(0, M + 1):
  table[i] = [0] * (N + 1)
  table[i][0] = 1

for i in range(1, M + 1):
  for j in range(2, N + 1):
    if ((i >= 2) and (j >= i)):
      table[i][j] = table[i][j - i]
    if i > 2:
      table[i][j] += table[i - 1][j]
```

```
print(table[M][N])
```

**pre1_3.js**

```
M = 10;
N = 100;

var table = new Array(M + 1);
for (var i = 0; i <= M; i++){
  table[i] = new Array(N + 1);
  for (var j = 0; j <= N; j++) table[i][j] = 0;
}

for (var i = 0; i <= M; i++)
  table[i][0] = 1;

for (var i = 1; i <= M; i++){
  for (var j = 2; j <= N; j++){
    if ((i >= 2) && (j >= i))
      table[i][j] = table[i][j - i];
    if (i > 2) table[i][j] += table[i - 1][j];
  }
}

console.log(table[M][N]);
```

이와 같은 방법을 **동적 계획법**(Dynamic programming)이라고 부릅니다. 이름이 좀 어렵지만 '반복문을 사용할 때, 한 번 사용한 계산 결과를 저장해두고 활용하는 것'이라고 생각하면 됩니다.

이 책에서는 중간에 살펴보았던 '메모화'를 많이 사용합니다.

**역자의 한 마 디**

## 파이썬의 재귀 반복 수

퍼즐 문제를 해결할 때는 재귀적으로 푸는 경우가 꽤 많습니다. 그런데 파이썬을 사용해서 재귀적으로 알고리즘 문제를 풀다가 "분명히 제대로 풀었는데 오류가 발생해서 틀렸다."라는 경우를 자주 볼 수 있습니다. 일반적으로 이러한 상황에서 오류를 살펴보면 "RecursionError: maximum recursion depth exceeded in comparison"인 경우가 많습니다.

이는 함수가 함수를 호출하는 과정에서, 내부적으로 너무 많은 스택이 형성되어 발생하는 오류입니다. 다른 프로그래밍 언어에서도 발생할 수 있는 오류지만, 파이썬은 기본적으로 이 한도를 1,000으로 설정하기 때문에 조금 복잡한 문제를 풀다 보면 이러한 오류가 발생할 수 있습니다.

물론 함수가 함수를 반복해서 호출하는 과정이 1,000단계 이상으로 들어간 경우, 문제를 잘못 풀었을 가능성이 큽니다. 하지만 제대로 풀었는데 이러한 문제 때문에 오류가 발생한다면, 다음과 같은 코드를 사용해서 함수 호출 깊이 한도를 늘려 오류를 해결할 수 있습니다.

```python
# sys 모듈을 읽어들입니다.
import sys

# 최대 재귀 반복 수를 출력합니다.
recursion_limit = sys.getrecursionlimit()
print(recursion_limit)

# 최대 재귀 반복 수를 변경합니다.
sys.setrecursionlimit(10000)
```

이는 파이썬으로 퍼즐 문제를 풀 때 발생할 수 있는 문제이므로, 간단하게 기억해 두면 좋겠습니다.

# 02 순열과 조합

수학적 사고방식 중에서도 퍼즐 문제에서 자주 사용되는 순열과 조합에 대해서 살펴봅시다. '$n$개 중에서 $r$개를 추출하는 경우의 수'는 중고등학교 수학에서 자주 등장합니다. 이때 정렬 방법을 고려하면 **순열**, 선택 방법만 생각하면 **조합**을 사용합니다.

순열은 $_nP_r$이라고 적는 것이 일반적이며, 간단히 곱셈으로 구할 수 있습니다. 예를 들어 '$_5P_3 = 5 \times 4 \times 3 = 60$'처럼 구할 수 있습니다. 순열은 일반적으로 다음과 같은 수식으로 계산합니다.

$$_nP_r = n \times (n-1) \times (n-2) \times \cdots \times (n-r+1)$$

단순한 곱셈이므로, 간단하게 다음과 같이 코드로 구현할 수 있습니다.

**pre2_1.py**

```python
def nPr(n, r):
  result = 1
  for i in range(n - r + 1, n + 1):
    result *= i
  return result
```

**pre2_1.js**

```javascript
function nPr(n, r){
  var result = 1;
  for (var i = n - r + 1; i <= n; i++){
    result *= i;
  }
  return result;
}
```

조합을 계산하는 것은 조금 복잡합니다. 조합을 구현하는 방법은 여러 가지가 있습니다. 조합은 $_nC_r$이라고 적는 것이 일반적이며, 다음과 같은 수

식으로 구하는 것이 기본적인 방법입니다.

$$_nC_r = \frac{n!}{r!\,(n-r)!} = \frac{n \times (n-1) \times (n-2) \times \ldots \times (n-r+1)}{r!}$$

이를 파이썬(Python)과 자바스크립트(JavaScript)로 재귀적인 처리를 메모화해서 구현하면, 다음과 같이 코드를 작성할 수 있습니다.

**pre2_2.py**
```python
memo = {}
memo[0] = 1

def factorial(n):
  global memo
  if n in memo:
    return memo[n]
  memo[n] = n * factorial(n - 1)
  return memo[n]

def nCr(n, r):
  return factorial(n) / (factorial(r) * factorial(n - r))

print(nCr(10, 3))
```

**pre2_2.js**
```javascript
var memo = [1];
function factorial(n){
  if (memo[n]) return memo[n];
  return memo[n] = n * factorial(n - 1);
}

function nCr(n, r){
  return factorial(n) / (factorial(r) * factorial(n - r));
}
```

다만, 이 방법은 $n$의 값이 커졌을 때, 분모와 분자의 값이 너무 커져서, 프로그래밍 언어에 따라 제대로 계산하지 못하는 경우가 발생합니다. 예를 들어 파이썬과 자바스크립트에서는 모두 부동소수점 계산이 이루어지기 때문에 문제가 발생합니다.

그래서 다음과 같은 재귀적인 방법도 많이 사용합니다. 가장 간단하게 작성할 수 있는 방식이고 어느 정도 규모까지 대응할 수 있으므로, 이 책에 서는 이러한 방법을 많이 사용합니다.

$$_nC_r = {}_{n-1}C_{r-1} + {}_{n-1}C_r$$

**pre2_3.py**

```python
memo = {}
def nCr(n, r):
  note = str([n, r])
  if note in memo:
    return memo[note]
  if (r == 0) or (r == n):
    return 1
  memo[note] = nCr(n - 1, r - 1) + nCr(n - 1, r)
  return memo[note]
```

**pre2_3.js**

```javascript
var memo = {};
function nCr(n, r){
  if (memo[[n, r]]) return memo[[n, r]];
  if ((r == 0) || (r == n)) return 1;
  return memo[[n, r]] = nCr(n - 1, r - 1) + nCr(n - 1, r);
}
```

다만, 이 방법은 $n$이 커져서 재귀의 깊이가 너무 깊어지면, 스택과 관련된 문제가 발생하게 됩니다. 이러한 문제까지 해결하려면, 다음과 같은 점화식을 사용합니다. 점화식을 사용하면 반복문으로 구현할 수 있으므로, 스택과 관련된 문제가 발생하지 않습니다.

$$_nC_r = {}_nC_{r-1} \times \frac{n-r+1}{r}, \quad {}_nC_0 = 1$$

여러 번 사용할 경우, 다음과 같은 작업에 메모화까지 고려해 보기 바랍니다.

**pre2_4.py**

```python
def nCr(n, r):
  result = 1
  for i in range(1, r + 1):
```

```
  result = result * (n - i + 1) / i
  return result
```

**| pre2_4.js**

```
function nCr(n, r){
  var result = 1;
  for (var i = 1; i <= r; i++){
    result = result * (n - i + 1) / i;
  }
  return result;
}
```

지금까지 간단하게나마 자주 사용하는 수학적인 지식을 코드로 알아보았습니다. 다음 장부터는 실제로 문제를 풀어 보도록 합시다. 참고로 이 책에 적혀 있는 코드는 어디까지나 샘플입니다. 더 효율적인 방법이 있다면, 꼭 직접 구현해 보기 바랍니다.

# 제 **1** 장

---

## 입문편

### 문제 그대로 구현하며
### 감각 익히기

# 여러 가지 해결 방법 생각해 보기

업무로써 프로그래밍할 때, 프로그램을 어떻게 구현해야 좋을지 고민하게 될 때가 있습니다. 처리 효율을 높이는 방법, 유지보수성을 높이는 방법 등 고려해야 할 것이 매우 많습니다. 하지만 실제로는 마감 기한에 맞추느라, 새로운 방법이 중간에 생각나도 고치기 어려운 경우가 많습니다. 따라서 처음 생각하는 시점에 최선이라고 여긴 방법으로 개발을 진행하게 됩니다. 일은 이렇게 할 수밖에 없는 경우가 많습니다.

퍼즐은 정답이 정해져 있는 문제를 어떠한 방법으로 풀어야 좋을지 생각해야 합니다. 수학 문제를 푸는 것과 비슷하다고 생각하면 좋을 것 같습니다.

수학 계산 문제의 경우, 답은 언제나 하나입니다. $1+2+3+4+5+6+7+8+9$를 구하는 문제라면, 답은 45입니다. 하지만 이를 푸는 방법은 여러 가지가 있습니다. 단순하게 더하는 방법도 있고, 등차수열로 생각해서 푸는 방법도 있습니다. 또한, 수학자 가우스가 초등학교 때 사용했던 방법처럼, 역순으로 정렬한 숫자를 더하고 2로 나누는 방법도 사용할 수 있습니다.

$$1+2+3+4+5+6+7+8+9$$

$$3$$

$$6$$

$$10$$

$$\cdots$$

$$\frac{1}{2}n(2a+(n-1)d)$$

$$=\frac{1}{2}\times 9\times(2+8)$$

$$=45$$

$$1+2+3+4+5+6+7+8+9$$

$$+9+8+7+6+5+4+3+2+1$$

$$10+10+10+\cdots+10+10+10$$

$$90\div 2=45$$

[그림 1] 계산 문제에 대한 다양한 접근 방법

이는 퍼즐 문제를 해결하는 프로그래밍도 마찬가지입니다. 답은 하나지만, 문제를 해결하는 방법은 아주 많습니다. 그리고 문제별로 사고방식이 다르고, 이러한 다양성이 곧 문제의 가치(푸는 즐거움)가 됩니다.

이처럼 여러 가지 해결 방법을 생각해 보는 것은 실무에서도 어느 정도 도움됩니다. 퍼즐 문제를 다양하게 풀다 보면, 여러 해결 방법을 알고 있을 때 각각의 장점과 단점을 고려하고 비교할 수 있는 능력을 기를 수 있습니다.

QUIZ

# 01 한 번에 결정하는 다수결 "가위 바위 보"

여러 의견이 대립할 때는 **다수결**이라는 방법을 사용합니다. 단순하게 이해할 수 있고, 모두가 수긍할 수 있는 방법이라 정치에서는 물론이고, 학교와 회사 등에서도 많이 사용합니다. 이번 문제에서는 가위 바위 보를 할 때내는 손을 사용한 다수결을 생각해 봅시다.

낼 수 있는 손은 '바위', '가위', '보' 중의 하나입니다. 이때 가장 많은 사람이 낸 손이 승리한다고 합시다. 예를 들어 6명이라면, [표 1]처럼 한 번에 승자가 결정될 수도 있지만, [표 2]처럼 승자가 결정되지 않을 수도 있습니다.*

> **역주** 영어로 가위 바위 보를 'rock scissors paper'라고 부르므로, 문제를 풀 때는 '바위 가위 보' 순서로 표기하겠습니다.

[표 1] 승자가 결정되는 경우

| 바위 | 가위 | 보 | 결과 |
|------|------|------|------|
| 3명 | 2명 | 1명 | 바위가 승리 |
| 1명 | 4명 | 1명 | 가위가 승리 |

[표 2] 승자가 결정되지 않는 경우

| 바위 | 가위 | 보 | 결과 |
|------|------|------|------|
| 2명 | 2명 | 2명 | 모두 비겨서 승자가 결정되지 않음 |
| 3명 | 0명 | 3명 | 바위와 보가 비겨서 승자가 결정되지 않음 |

정해진 사람 수로 가위 바위 보를 했을 때, **한 번에 승자가 결정되는 조합**이 몇 가지인지 구해 봅시다. 예를 들어 4명의 경우, [표 3]과 같은 패턴이 나올 수 있으므로 모두 12가지입니다.

[표 3] 4명일 때는 12가지

| 바위 | 가위 | 보 | 결과 |
|---|---|---|---|
| 0명 | 0명 | 4명 | 보가 승리 |
| 0명 | 1명 | 3명 | 보가 승리 |
| 0명 | 2명 | 2명 | 결정되지 않음 |
| 0명 | 3명 | 1명 | 가위가 승리 |
| 0명 | 4명 | 0명 | 가위가 승리 |
| 1명 | 0명 | 3명 | 보가 승리 |
| 1명 | 1명 | 2명 | 보가 승리 |
| 1명 | 2명 | 1명 | 가위가 승리 |
| 1명 | 3명 | 0명 | 가위가 승리 |
| 2명 | 0명 | 2명 | 결정되지 않음 |
| 2명 | 1명 | 1명 | 바위가 승리 |
| 2명 | 2명 | 0명 | 결정되지 않음 |
| 3명 | 0명 | 1명 | 바위가 승리 |
| 3명 | 1명 | 0명 | 바위가 승리 |
| 4명 | 0명 | 0명 | 바위가 승리 |

[ 문제 ]

**100명의 사람이 있을 때, '한 번에 승리자가 결정될 수 있는 조합'은 몇 가지인지 구하시오.**

[ 생각하는 방법 ]

낼 수 있는 손은 바위, 가위, 보 3가지입니다. 따라서 일단 각각의 손을 낼 수 있는 경우를 모두 세 봅시다. 그리고 한 번에 결정되는 경우는 가장 많은 사람이 낸 손이 하나일 경우입니다.*

> 역주 문제를 학생들과 같이 풀어보면서, 가장 많은 오해를 일으킨 부분은 문제를 '일반적인 가위 바위 보'로 생각한다는 점이었습니다. 가위 바위 보에는 승리, 패배, 무승부라는 경우가 있습니다. 하지만 이번 문제는 '가장 많은 사람이 낸 손이 승리'라는 다수결 문제이므로, 승리와 무승부밖에 없습니다. 따라서 무승부가 아닌 경우를 구하기만 하면 됩니다.

> 100명의 사람이 3가지 종류를 낼 수 있으니까, 100명이라면 $3^{100}$가지가 되는 것 아닐까요? 그렇게 큰 값을 계산할 수 있을까요?

각각의 손을 낸 사람 수만을 생각하면 괜찮지 않을까? 그리고 두 가지 손을 낸 사람 수만 구하면, 남은 손을 낸 사람 수를 구할 수 있을 것 같아. *

> 역주 100명이 있을 때, 바위를 낸 사람이 10명, 가위를 낸 사람이 10명이라면, 자동으로 보를 낸 사람이 80명이 된다는 의미입니다.

각각의 사람 수를 변경하면서, 가장 많은 사람이 낸 손이 하나인 경우를 찾아보기 바래요.

**q01_1.py**

```python
N = 100

cnt = 0
for rock in range(0, N + 1):            # 바위를 낸 사람 수
  for scissors in range(0, N - rock + 1):   # 가위를 낸 사람 수
    paper = N - rock - scissors         # 보를 낸 사람 수
    all = [rock, scissors, paper]
    if all.count(max(all)) == 1:
      cnt += 1

print(cnt)
```

**q01_1.js**

```javascript
N = 100;

var cnt = 0;
for (var rock = 0; rock <= N; rock++){ // 바위를 낸 사람 수
  for (var scissors = 0; scissors <= N - rock; scissors++){
    // 가위를 낸 사람 수
    var paper = N - rock - scissors; // 보를 낸 사람 수
    if (rock > scissors){
      if (rock != paper)
        cnt++;
    } else if (rock < scissors) {
      if (scissors != paper)
        cnt++;
    } else {
      if (rock < paper)
        cnt++;
    }
  }
}
console.log(cnt);
```

파이썬에서 if 조건문에 지정된 조건은 어떤 의미인가요?

가위, 바위, 보 각각을 낸 사람 수의 최댓값이 '1개만 있는 경우', 따라서 '최대 인원수가 되는 손이 1개만 있는 경우'를 나타냅니다. 삐리리

자바스크립트 소스 코드에서는 초기에 가위와 바위를 비교하고, 그중 큰 것과 보의 수를 비교하고 있네요? 최대 인원수가 되는 손이 몇 개인지를 조금 다른 방법으로 구하고 있군요.

처리 속도는 비슷하지만, 또 다른 방법도 생각해 봅시다.

**Point**

예를 들어 4명으로 생각해 보면 가위, 바위, 보 사이에 구분 기호를 넣어서 다음과 같은 패턴을 만들어낸다고 생각할 수 있습니다. 'O'를 사람으로, 첫 번째 '│'까지가 가위, 2번째 '│'까지가 바위, 남은 것을 보라고 생각해 봅시다. 이렇게 하면 'O'를 4개, '│'를 2개 놓는 조합 수를 구하는 문제로 생각할 수 있습니다(그림 2).

이러한 방법은 조합을 사용해 탐색할 때 많이 사용하므로, 꼭 기억해 두도록 합시다.

| O O O O │ │ | O O O │ O │ | O O O │ │ O | O O │ O O │ |
| O O │ O │ O | O O │ │ O O | O │ O O O │ | O │ O O │ O |
| O │ O │ O O | O │ │ O O O | │ O O O O │ | │ O O O │ O |
| │ O O │ O O | │ O │ O O O | │ │ O O O O | |

[그림 2] 구분 기호로 패턴 찾기

다음 코드에서는 왼쪽에 '구분' 기호를 넣는 위치를 'l(left)', 오른쪽에 구분 기호를 넣는 위치를 'r(right)'로 표현하고 있습니다.

**q01_2.py**

```
N = 100

cnt = 0
```

```python
for l in range(0, N + 1):        # 왼쪽 분할 위치
  for r in range(1, N + 1):      # 오른쪽 분할 위치
    all = [l, r - 1, N - r]      # 바위, 가위, 보 각각의 사람 수
    if all.count(max(all)) == 1:
      cnt += 1

print(cnt)
```

**▌q01_2.js**

```javascript
N = 100;

var cnt = 0;
for (l = 0; l <= N; l++){        // 왼쪽 분할 위치
  for (r = 1; r <= N; r++){      // 오른쪽 분할 위치
    if (l > r - 1){              // 바위가 가위보다 많을 경우
      if (l != N - r)            // 바위가 보와 다를 경우
        cnt++;
    } else if (l < r - 1){       // 가위가 바위보다 많을 경우
      if (r - 1 != N - r)        // 가위와 보가 다를 경우
        cnt++;
    } else {                     // 바위와 가위가 같을 경우
      if (l < N - r)             // 보가 최대일 경우
        cnt++;
    }
  }
}
console.log(cnt);
```

소스 코드가 크게 바뀌지는 않은 것 같아요.

'중복 조합'이라는 것을 배웠다고 생각하세요. "$n$가지 종류에서 중복을 허용해서 $r$개를 선택하는 방법"과 "$r$개의 ◯와 $n$-1개의 칸막이를 일렬로 배열하는 방법"이 일대일 대응이라는 것은 굉장히 유명하니까, 꼭 기억해 둡시다.

┌─────┐
│ 정답 │
└─────┘
**5,100가지**

QUIZ

# 02 | 서울 지하철 2호선 스탬프 투어

서울 지하철 2호선의 스탬프 투어를 기반으로 문제를 생각해 봅시다. 모든 역에는 스탬프가 설치되어 있으며, 사용자는 처음 역과 마지막 역에서 반드시 스탬프를 찍는다고 합시다. 스탬프는 개찰구 내부에 있어서, 한 번 지하철 내부로 들어왔다면 개찰구를 나가지 않고 여러 개 모을 수 있습니다.

서울 지하철 2호선의 순환 부분에는 모두 43개의 역이 있습니다. 이번 문제에서는 신도림과 성수 역에서 뻗어나가는 부분은 신경 쓰지 않도록 하겠습니다.

또한, 2호선을 일방통행으로 밖에 갈 수 없다고 생각합시다. 시계 방향으로 돌고 있다면, 시계 방향으로만 갈 수 있고, 반시계 방향으로 되돌아갈 수는 없습니다.

스탬프는 모든 역에서 찍을 수 있습니다. 2호선의 모든 역에는 1~43까지의 숫자가 차례대로 붙어 있다고 생각합시다.

[그림 3] 문제

[ 문제 ]

1번째 역에서 입장해서 17번째 역에서 나온다고 할 때, 스탬프를 찍는 순서에 몇 가지 패턴이 있을지 구하시오([그림 3]).

Hint!

> 중간에 스탬프를 하나도 찍지 않는다면, 내선 순환(시계 방향)과 외선 순환(반시계 방향) 모두 스탬프가 같은 패턴(①,⑰)으로 찍혀 있을 것입니다.

일단 문제를 간단하게 할 수 있게, 순환이라는 개념을 빼고 일렬로 정렬된 역이라고 생각해 봅시다. 반대로 역행할 수는 없으므로, 각각의 역에서 내릴지 내리지 않을지를 확인하면, 패턴 수를 구할 수 있을 것입니다.

예를 들어 1, 2, 3, 4, 5라는 5개의 역이 있으면, [그림 4]처럼 8가지의 경우가 나오게 됩니다.

| | | | |
|---|---|---|---|
| 1→2→3→4→5 | 1→2→3→5 | 1→2→4→5 | 1→3→4→5 |
| 1→2→5 | 1→3→5 | 1→4→5 | 1→5 |

[그림 4] 역이 5개일 경우

처음 역과 마지막 역은 반드시 들러야 하므로, 2번 역에서 내릴지 내리지 않을지, 3번 역에서 내릴지 내리지 않을지, 4번 역에서 내릴지 내리지 않을지를 구하면, $2 \times 2 \times 2 = 8$입니다. 따라서 '사이에 있는 역의 수'를 $n$으로 놓았을 때, $2^n$을 구하면 됩니다.

사이에 있는 역의 수는 '시작한 역의 번호'와 '끝난 역의 번호'를 비교하면 구할 수 있겠네?

'시작한 역의 번호'가 클 가능성도 있으니까, 단순하게 둘을 빼지 말고, 절댓값을 사용해야 합니다. 삐리리

내선과 외선은 어떻게 해야 하는 걸까?

힌트를 조금 준다면, 중간의 역에서 전혀 스탬프를 찍지 않는 경우, 스탬프를 찍는 순서에 영향을 주지 않으므로, 중복이 발생할 수 있습니다. 이를 제외해야 한답니다.

q02.py

```
N = 43

# 시작 역과 끝 역 지정하기
a, b = 1, 17
```

```
# 사이에 있는 역의 수 세기
n = abs(a - b)

# 안쪽으로 도는 경우와 바깥으로 도는 경우를 더한 뒤 중복 제거
print((1 << (n - 1)) + (1 << (N - n - 1)) - 1)
```

**▍ q02.js**

```
N = 43;

var a = 1;
var b = 17;
var n = Math.abs(a - b);

console.log((1 << (n - 1)) + (1 << (N - n - 1)) - 1);
```

이번 코드에서는 $2n$을 구하기 위해서 << 라는 시프트 연산자를 사용했습니다. '<<'는 '왼쪽 시프트'라고 부르며, '1 << 3'이라면 2진수 1을 왼쪽으로 3비트 시프트하라는 의미입니다([그림 5]).

| 10진수 | 2진수 |
|---|---|
| 1 | 0001 |
| 2 | 0010 |
| 3 | 0011 |
| 4 | 0100 |
| 5 | 0101 |
| 6 | 0110 |
| 7 | 0111 |
| 8 | 1000 |
| 9 | 1001 |
| 10 | 1010 |
| 11 | 1011 |
| 12 | 1100 |

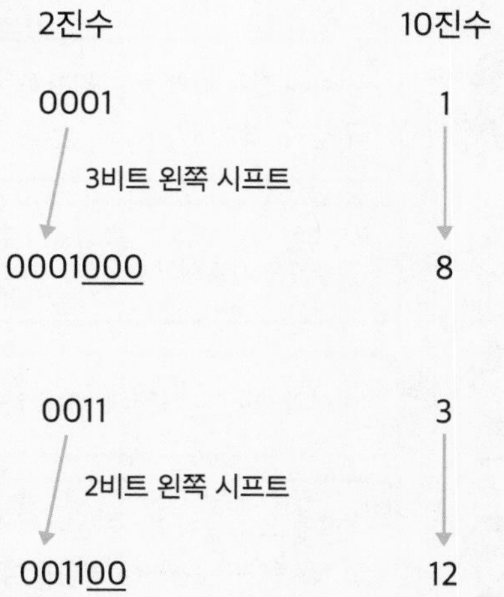

2진수      10진수

0001        1

↓ 3비트 왼쪽 시프트

0001000     8

0011        3

↓ 2비트 왼쪽 시프트

001100      12

[그림 5] 왼쪽 시프트

1비트 왼쪽으로 시프트할 때마다 2배, 오른쪽으로 시프트할 때마다 2분의 1이 됩니다. 따라서 2의 $n$제곱을 계산하려면, 1을 $n$번 왼쪽으로 시프트하면 됩니다.

$a$의 $b$제곱을 계산하는 경우, 파이썬에서는 '**a ** b**'를 사용하며, 자바스크

립트에서는 'Math.pow(a, b)'를 사용합니다. 다만, 2의 $n$제곱을 구할 때는 시프트 연산을 사용하는 것이 더 빠르므로, 본문의 코드에서는 시프트 연산을 사용했습니다.

**※ 자바스크립트에서도 ES2016부터는 'a ** b'라고 작성할 수 있습니다.**

> 정답

**67,141,631가지**

선생님의 **한 마 디**

## 실무에서도 사용하는 비트 연산자

이번 문제에서 등장한 시프트 연산 이외에도 AND, OR, XOR 등의 비트 연산(논리 연산)도 많이 사용합니다. 비트 연산을 사용하면, 소스 코드가 훨씬 간단해지고 속도도 빨라질 뿐만 아니라, '1개의 데이터에 여러 개의 정보를 넣을 수 있게 되는 장점'도 생깁니다.

조금 특이한 사람들만 사용한다는 인상이 있는 비트 연산자이지만, 이러한 특성은 실무에서 상당히 자주 사용합니다. 예를 들어 Windows 애플리케이션을 개발하는 경우, 파일 또는 폴더의 속성 정보를 입력할 때 비트 연산자를 사용합니다.

파일에는 '읽기 전용', '숨김 파일' 등 다양한 속성이 있습니다. 이를 관리할 때 'FileAttributes'라는 열거형(Enum)을 사용합니다. 각각의 속성에 1, 2, 4, 8, 16, …과 같은 2의 제곱을 사용한 정수를 지정해서 사용합니다. 조금 더 정리하자면 [표 4]와 같은 속성이 있으며, 각각에 비트값이 할당되어 있습니다.

그리고 예를 들어 읽기 전용 비트가 설정되어 있는지 확인할 때는, 다음과 같이 'AND' 연산자를 사용해서 판단할 수 있습니다.

[표 4] FileAttributes의 속성

| 멤버 이름 | 설명 | 실제 값 |
|---|---|---|
| ReadOnly | 읽기 전용 | 1 |
| Hidden | 숨김 파일 | 2 |
| System | 시스템 파일 | 4 |
| Directory | 디렉터리 | 16 |
| Archive | 아카이브 | 32 |
| … | … | … |

```
attr = File.GetAttributes("파일 이름")
if (attr & FileAttributes.ReadOnly) == FileAttributes.ReadOnly
```

QUIZ

# 03 | 로마 숫자 변환 규칙

시계의 문자판 등에는 로마 숫자가 많이 사용됩니다. 또한, 외국의 역사적인 건축물 등을 구경할 때도 로마 숫자를 자주 볼 수 있습니다. 하지만 변환 규칙을 모르면, 해당 숫자가 무엇을 나타내는지 알 수 없습니다.

그렇다면 로마 숫자에 대해서 조금 더 생각해 봅시다. 로마 숫자에는 [표 5]에 있는 기호가 사용됩니다.

[표 5] 아라비아 숫자와 로마 숫자 대응표

| 아라비아 숫자 | 1 | 5 | 10 | 50 | 100 | 500 | 1,000 |
|---|---|---|---|---|---|---|---|
| 로마 숫자 | I | V | X | L | C | D | M |

이 표에 없는 숫자는 표에 있는 숫자를 더해서 표현하게 됩니다. 이때, 될 수 있으면 사용하는 문자 수가 적어지는 값을 선택하고, 숫자가 큰 순서대로 왼쪽부터 차례대로 적습니다. 예를 들어 27이라면 $10+10+5+1+1$로 표현할 수 있으므로, 'XXVII'라고 표기합니다.

다만, '같은 문자가 4개 이상 연속될 수는 없다'라는 규칙이 있습니다. 예를 들어 4를 'IIII', 9를 'VIIII'라고 적을 수 없습니다. 이럴 때는 뺄셈을 사용해서, 작은 수를 큰 숫자의 왼쪽에 적습니다. 예를 들어 4라면 'IV', 9라면 'IX'입니다.

참고로 나타낼 수 있는 단위의 최대가 'M(1,000)'까지 이므로, 로마 숫자는 최대 3,999까지만 표현할 수 있습니다.

> 문제

**로마 숫자 기호를 12개 나열했을 때, 로마 숫자로 인식될 수 있는 숫자가 몇 개인지 구하시오.**

**예를 들어 1개의 기호로 표현할 수 있는 것은 I, V, X, L, C, D, M으로 모두 7가지, 15개의 기호로 표현할 수 있는 것은 'MMMDCCCLXXXVIII'(3,888)로 1가지입니다.**

1부터 3,999까지의 숫자를 모두 로마 숫자로 표현하고 나서, 사용되는 기호의 수를 세기만 하면 됩니다.

생각하는 방법

힌트에서 설명한 것처럼, 각각의 수를 로마 숫자로 변환하기만 하면 됩니다. 이후에는 해당 문자 수를 세면 됩니다. 따라서 아라비아 숫자를 로마 숫자로 어떻게 변환할 수 있을지 생각해 봅시다.

일단 기본적으로 표([표 5])를 기반으로 규칙성을 생각해 봅시다.

규칙성? 각각의 최상위 자릿수가 1, 5, 1, 5로 반복되는 것 같은데…. 잘 모르겠다.

1, 5, 1, 5로 반복된다는 것은 자릿수가 늘어나는 시점이 1, 10, 100, 1,000이 아니라는 거네?

숫자를 읽을 때 우리는 자릿수를 먼저 생각하게 됩니다. 일, 십, 백, 천이라고 구분하는 것이 기본이며, 아시아에서는 만 단위를 넘어갈 때 일, 십, 백, 천 단위를 반복해서 '삼천백만'이라고 만 단위와 조합해서 사용합니다. 그리고 영어권에서는 'ten thousand'처럼 천 단위로 조합해서 사용합니다.

로마 숫자로 변환하는 경우에도, 이처럼 자릿수 조합을 생각해야 합니다. 일단 1, 10, 100, 1,000으로 자릿수 구분이 이루어지므로 각각으로 나누어 나머지를 구합니다. 이때 나머지가 4, 9, 40, 90, …처럼 나오면 로마 숫자가 곧바로 결정됩니다.

반면 나머지가 앞서와 다른 경우에는 5, 50, 500으로 나눈 나머지를 한 번 더 생각해 봐야 합니다. [표 6]처럼 정리했을 때 같은 색 부분을 살펴보면, 로마 숫자가 어떠한 형태로 증가하는지 규칙성을 찾을 수 있을 것입니다.

[표 6] 나머지의 규칙성

| 아라비아 숫자 | 1 | 2 | 3 | 5 | 6 | 7 | 8 |
|---|---|---|---|---|---|---|---|
| 로마 숫자 | I | II | III | V | VI | VII | VIII |
| 아라비아 숫자 | 110 | 120 | 130 | 150 | 160 | 170 | 180 |
| 로마 숫자 | CX | CXX | CXXX | CL | CLX | CLXX | CLXXX |

이 표를 기반으로 프로그램을 만들면, 다음과 같이 구현할 수 있습니다.

**q03.py**

```python
N = 12

# 자릿수 하나 변환
def conv(n, i, v, x):
  result = ''
  if n == 9:
    result += i + x
  elif n == 4:
    result += i + v
  else:
    result += v * (n // 5)
    n = n % 5
    result += i * n
  return result

# 로마 숫자로 변환
def roman(n):
  m, n = divmod(n, 1000)
  c, n = divmod(n, 100)
  x, n = divmod(n, 10)
  result = 'M' * m
  result += conv(c, 'C', 'D', 'M')
  result += conv(x, 'X', 'L', 'C')
  result += conv(n, 'I', 'V', 'X')
  return result

cnt = {}
for n in range(1, 4000):
  length = len(roman(n))
  if length in cnt:
    cnt[length] += 1
  else:
    cnt[length] = 1

print(cnt[N])
```

```js
N = 12;

# 자릿수 하나 변환
function conv(n, i, v, x){
  var result = '';
  if (n == 9)
    result += i + x;
  else if (n == 4)
    result += i + v;
  else {
    for (j = 0; j < Math.floor(n / 5); j++)
      result += v;
    n = n % 5;
    for (j = 0; j < n; j++)
      result += i;
  }
  return result;
}

# 로마 숫자로 변환
function roman(n){
  var m = Math.floor(n / 1000);
  n %= 1000;
  var c = Math.floor(n / 100);
  n %= 100;
  var x = Math.floor(n / 10);
  n %= 10;
  var result = 'M'.repeat(m);
  result += conv(c, 'C', 'D', 'M');
  result += conv(x, 'X', 'L', 'C');
  result += conv(n, 'I', 'V', 'X');
  return result;
}

var cnt = {};
for (i = 1; i < 4000; i++){
  var len = roman(i).length;
  if (cnt[len]){
    cnt[len] += 1;
  } else {
    cnt[len] = 1;
  }
}
console.log(cnt[N]);
```

10, 100, 1,000으로 나눈 몫과 나머지를 사용해 변환하는 처리는 많이 사용하는 공통적인 처리라 함수로 빼냈네요? 코드가 굉장히 단순해졌어요!

공통적인 처리를 하나로 작성하면, 같은 처리를 반복 실행하기만 하면 되니까 컴퓨터인 저에게는 더 편리하답니다.

결과 집계에 해시(연관 배열)를 사용한 부분이 포인트랍니다. 1~3,999까지의 인덱스를 가진 배열을 사용해도 괜찮지만, 이번에는 문자 수만큼만 있으면 되니 해시를 사용해 보았어요.

정답

**93가지**

QUIZ

# 04 | 불이 켜진 세그먼트 개수로 예측해 보는 디지털 시계

[그림 6]과 같은 7개의 세그먼트 디스플레이를 사용한 디지털 시계가 있습니다. 이 시계는 시각에 따라서 세그먼트에 불이 들어옵니다. 예를 들어 12:34:56(12시 34분 56초)의 경우, 오른쪽 그림처럼 27개의 세그먼트에 불이 들어옵니다.

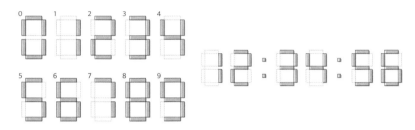

[그림 6] 7개의 세그먼트 디스플레이의 점등 위치

이러한 시계를 조금 반대로 생각해서, 불이 들어온 세그먼트의 수로 시각을 조사해 봅시다. 이때, 시계에 출력할 수 없는 시간은 제외합니다. 예를 들어 53:61:24는 27개의 세그먼트에 불이 켜지지만, 이는 시계에 출력할 수 없는 숫자이므로 제외합니다.

디지털 시계는 24시간 형태로 출력하며, 23시 59분 59초까지 출력할 수 있습니다. 또한, 시, 분, 초가 한 자릿수일 때는 빈 부분을 0으로 출력합니다(예: 01:01:01).

[문제]

**30개의 세그먼트에 불이 들어왔을 경우, 예상할 수 있는 시각이 모두 몇 가지인지 구하시오.**

참고로 27개의 세그먼트에 불이 들어왔을 경우, 예상할 수 있는 시각은 '12:34:56'을 포함해서 모두 8,800가지랍니다.

불이 들어온 세그먼트를 어떤 형태의 자료 구조로 표현해야 좋을까?

Hint!

이 문제를 풀 때 필요한 것은 불이 들어온 위치가 아니라, 불이 들어온 개수뿐이겠네?

생각하는 방법

　디지털 시계에서 불이 들어온 위치를 셀 때는 여러 가지 방법을 사용할 수 있습니다. 불이 들어올 수 있는 위치는 [7개의 세그먼트] × [6개의 숫자] 이므로 42곳입니다. 이 중에서 30곳이 켜져 있는 경우를 알아보면 되지만, 이렇게 세면 42개 중의 30개를 선택하는 형태가 되어 방대한 계산이 필요합니다.

　따라서 출력할 수 있는 시간을 모두 구하고, 이 중에서 30곳의 불이 켜지는 경우를 세는 것이 더 편합니다.

시간을 전제로 확인하면, 불이 들어오는 경우를 모두 확인할 필요가 없겠네? 근데 어떻게 해야 할까?

시각의 조합은 24 × 60 × 60이니까, 86,400가지만 확인하면 되겠네?

숫자에 따라 몇 개의 세그먼트에 불이 들어오는지를 미리 정해두는 것이 편리합니다.

　시간으로 가능한 것을 확인하면, 다음과 같이 프로그램을 작성할 수 있습니다.

**q04_1.py**

```python
from math import floor

N = 30

# 두 자릿수 숫자일 때 불이 들어온 개수 구하기
def check(num):
  light = [6, 2, 5, 5, 4, 5, 6, 3, 7, 6]
  return light[floor(num / 10)] + light[num % 10]

cnt = 0
for h in range(0, 24):
  for m in range(0, 60):
    for s in range(0, 60):
      if (check(h) + check(m) + check(s) == N):
        cnt += 1

print(cnt)
```

**q04_1.js**

```javascript
N = 30;

// 두 자릿수 숫자일 때 불이 들어온 개수 구하기
function check(num){
  var light = [6, 2, 5, 5, 4, 5, 6, 3, 7, 6];
  return light[Math.floor(num / 10)] + light[num % 10];
}

var cnt = 0;
for (var h = 0; h < 24; h++){
  for (var m = 0; m < 60; m++){
    for (var s = 0; s < 60; s++){
      if (check(h) + check(m) + check(s) == N)
        cnt++;
    }
  }
}
console.log(cnt);
```

그렇구나! 미리 숫자에 따라 들어오는 세그먼트의 개수를 배열로 저장해 두면 되네!

10의 자리와 1의 자리를 구분하고, 각각을 더하면 되네요.

조금 더 처리량을 줄일 수 없을까요? 예를 들어 '12'라는 숫자는 시, 분, 초 모두에서 사용할 수 있을 거에요. 이를 반복문 내부에서 여러 번 확인할 필요는 없겠지요?

같은 숫자를 여러 번 확인하는 것을 막기 위해, 한 번 조사한 것을 기록해 두는 방법을 사용합니다. 미리 0~59까지의 숫자를 배열에 저장해 봅시다.

**▌ q04_2.py**

```python
from math import floor

N = 30

# 두 자릿수 숫자일 때 불이 들어온 개수 구하기
def check(num):
  light = [6, 2, 5, 5, 4, 5, 6, 3, 7, 6]
  return light[floor(num / 10)] + light[num % 10]

lights = [0] * 60
for i in range(0, 60):
  lights[i] = check(i)

cnt = 0
for h in range(0, 24):
  for m in range(0, 60):
    for s in range(0, 60):
      if (lights[h] + lights[m] + lights[s] == N):
        cnt += 1

print(cnt)
```

**▌ q04_2.js**

```javascript
N = 30;

// 두 자릿수 숫자일 때 불이 들어온 개수 구하기
function check(num){
  var light = [6, 2, 5, 5, 4, 5, 6, 3, 7, 6];
  return light[Math.floor(num / 10)] + light[num % 10];
}

var lights = new Array(60);
for (var i = 0; i < 60; i++){
```

```
  lights[i] = check(i);
}

var cnt = 0;
for (var h = 0; h < 24; h++){
  for (var m = 0; m < 60; m++){
    for (var s = 0; s < 60; s++){
      if (lights[h] + lights[m] + lights[s] == N)
        cnt++;
    }
  }
}
console.log(cnt);
```

**Point**

　함수 호출뿐만 아니라, 데이터베이스에서 데이터를 추출하거나 파일을 읽
고 쓰는 처리처럼 시간이 걸리는 처리의 결과를 미리 실행해 두는 방법은 실
무에서도 많이 사용합니다.

정답

**8,360가지**

QUIZ

# 05 | 파스칼의 삼각형과 동전의 개수

수학적인 규칙을 다룰 때 **파스칼의 삼각형**이라는 것을 자주 보게 됩니다. 각 줄의 양쪽 끝을 '1'로, 이외의 부분은 왼쪽 위와 오른쪽 위 숫자의 합으로 적는 방식입니다.

여기서는 파스칼의 삼각형에서 각각의 값을 금액이라고 생각해 봅시다. '1'은 1원, '2'는 2원, '10'은 10원처럼 말입니다. 이때 $n$번째 각각의 값에 대해서 동전/지폐의 최소 수를 생각하고, 이 합계를 구해 봅시다.

예를 들어 $n=4$라면 1, 4, 6, 4, 1로 정렬되며, 1원=1개, 4원=4개, 6원=2개(1원 동전+5원 동전)이므로, 모두 더하면 12개가 됩니다. 마찬가지로 $n=9$일 때는 모두 더해서 48개가 됩니다.

덧붙여 사용할 돈의 단위는 1원, 5원, 10원, 50원, 100원, 500원, 1000원, 2000원, 5000원, 10000원이라고 합시다(단순한 문제이므로 실제로 없는 화폐인 1원, 5원, 2000원도 사용하겠습니다).

| | | | | | | | | | | | 합 |
|---|---|---|---|---|---|---|---|---|---|---|---|
| $n=0$ | | | | | 1 | | | | | | 1개 |
| $n=1$ | | | | | 1 | 1 | | | | | 2개 |
| $n=2$ | | | | 1 | 2 | 1 | | | | | 4개 |
| $n=3$ | | | | 1 | 3 | 3 | 1 | | | | 8개 |
| $n=4$ | | | 1 | 4 | 6 | 4 | 1 | | | | 12개 |
| $n=5$ | | | 1 | 5 | 10 | 10 | 5 | 1 | | | 6개 |
| $n=6$ | | 1 | 6 | 15 | 20 | 15 | 6 | 1 | | | 12개 |
| $n=7$ | | 1 | 7 | 21 | 35 | 35 | 21 | 7 | 1 | | 22개 |
| $n=8$ | 1 | 8 | 28 | 56 | 70 | 56 | 28 | 8 | 1 | | 31개 |
| $n=9$ | 1 | 9 | 36 | 84 | 126 | 126 | 84 | 36 | 9 | 1 | 48개 |

[그림 7] 파스칼의 삼각형과 계산 예

문제

$n=45$일 때, 동전/지폐 개수의 합을 구하시오.

금액에서 동전/지폐의 개수를 구할 때는 큰 금액부터 차근차근 계산하면, 최솟값을 구할 수 있습니다.

[ 생각하는 방법 ]

한 번에 구현하려고 하지 말고, 크게 다음과 같은 3단계로 구분해서 생각해 봅시다. 첫 번째는 파스칼의 삼각형을 생성하는 단계입니다. 두 번째는 파스칼의 삼각형 각 줄에서 동전/지폐 개수의 최솟값을 구하는 단계입니다. 마지막으로 세 번째는 각 최솟값의 합을 구하는 단계입니다.

파스칼의 삼각형은 왼쪽과 오른쪽 숫자의 합을 반복하는 것인데, 어떻게 표현해야 좋을까?

그림 그대로 2차원 배열로 만들면 어떨까?

차례대로 처리하는 것이니까, 1차원 배열로도 충분히 처리할 수 있답니다.

[그림 8] 처럼 배열을 생각하고 오른쪽부터 차례대로 계산해서 나아가면, 이전 행의 데이터를 기반으로, 다음 행의 새로운 데이터를 구할 수 있습니다.

| 1 | 0 | 0 | 0 | 0 | 0 | 0 |
|---|---|---|---|---|---|---|
| 1 | 1 | 0 | 0 | 0 | 0 | 0 |
| 1 | 2 | 1 | 0 | 0 | 0 | 0 |
| 1 | 3 | 3 | 1 | 0 | 0 | 0 |
| 1 | 4 | 6 | 4 | 1 | 0 | 0 |
| 1 | 5 | 10 | 10 | 5 | 1 | 0 |

③ ② ①

| 1 | 6 | 15 | 20 | 15 | 6 | 1 |
|---|---|---|---|---|---|---|

[그림 8] 배열을 오른쪽에서부터 차례대로 계산하기

한 줄씩 차례대로 구하고 원하는 행에 도달했을 때, 해당 행의 숫자들을 기반으로 최소 개수를 구합니다. 개수를 계산할 때는 동전이나 지폐 중에

금액이 큰 것부터 차례대로 나누어 그 몫을 해당 동전이나 지폐의 개수로 생각하면 됩니다.

예를 들어, 178원일 때는 100으로 나누면 몫이 1이므로 100원이 1개, 남은 78원을 50으로 나누면 몫이 1이 되므로 50원이 1개, 남은 28원을 10으로 나누면 몫이 2가 되므로 10원이 2개, ⋯ 와 같은 형태로 구할 수 있습니다.

이를 구현하면, 다음과 같은 프로그램을 만들 수 있습니다.

**▌q05.py**

```python
N = 45

def count(n):
  coin = [10000, 5000, 2000, 1000, 500, 100, 50, 10, 5, 1]
  result = 0
  for c in coin:
    # 큰 금액부터 차례대로 몫과 나머지 구하기
    cnt, n = divmod(n, c)
    result += cnt
  return result

row = [0] * (N + 1)
row[0] = 1
for i in range(0, N):
  # 각 자리 숫자를 오른쪽부터 설정
  for j in range(i + 1, 0, -1):
    # 앞선 행의 값을 기반으로 차례차례 채우기
    row[j] += row[j - 1]

# 개수 합계 구하기
total = 0
for i in range(0, N + 1):
  total += count(row[i])
print(total)
```

**▌q05.js**

```javascript
N = 45;

function count(n){
  var coin = [10000, 5000, 2000, 1000, 500, 100, 50, 10, 5, 1];
  var result = 0;
  for (var i = 0; i < coin.length; i++){
    # 큰 금액부터 차례대로 몫과 나머지 구하기
    var cnt = Math.floor(n / coin[i]);
    n = n % coin[i];
    result += cnt;
```

```
  }
  return result;
}

row = new Array(N + 1);
row[0] = 1;
for (var i = 1; i < N + 1; i++){
  row[i] = 0;
}
for (var i = 0; i < N; i++){
  // 각 자리 숫자를 오른쪽부터 설정
  for (var j = i + 1; j > 0; j--)
    // 앞선 행의 값을 기반으로 차례차례 채우기
    row[j] += row[j - 1];
}

// 개수 합계 구하기
var total = 0;
for (var i = 0; i < N + 1; i++){
  total += count(row[i]);
}
console.log(total);
```

정답

**3,518,437,540개**

수학 살 펴 보 기

### 탐욕 알고리즘

여러 패턴에서 최적의 대안을 선택하는 경우, 전체 탐색으로 모든 패턴을 확인할 수도 있지만, 문제에 맞게 작성한 기준을 사용하여 간단히 가장 좋은 것을 구하는 방법이 있습니다. 바로 '탐욕 알고리즘(Greedy Algorithm)' 입니다.

이번 문제처럼 '금액을 기반으로 동전/지폐의 최소 개수를 구하는 방법' 은 탐욕 알고리즘의 전형적인 예라고 할 수 있습니다. 원래 최소 개수를 확인하려면, 모든 조합을 찾아야 합니다. 하지만 동전/지폐의 최소 개수를 구하는 것이라면, 큰 단위의 동전/지폐부터 차근차근 세면 쉽게 알 수 있습니다.

탐욕 알고리즘은 문제에 따라서 정확한 답을 구할 수 없는 경우도 있지만, 간단하게 프로그램을 구현할 때는 자주 사용하는 방법입니다.

QUIZ

# 06 직사각형을 정사각형으로 나누기

아마 여러분 모두 한 번쯤 종이학을 접어 본 경험이 있을 겁니다. 직사각형 종이로는 학을 만들 수 없으므로, 종이를 접어 정사각형으로 만들어 자른 경험이 있지 않나요? 이를 반복한다고 생각해 봅시다.

예를 들어 8 × 5의 직사각형 종이가 있을 때, 5 × 5의 정사각형으로 자르면 3 × 5의 직사각형이 남게 됩니다. 남은 3 × 5의 정사각형을 다시 3 × 3의 정사각형으로 자르면 3 × 2의 직사각형이 남습니다. 이를 2 × 2의 정사각형으로 자르면 1 × 2의 직사각형이 남으므로, 마지막으로 1 × 1의 정사각형 2개가 됩니다. 따라서 최종적으로 5개의 정사각형이 만들어집니다([그림 9]).

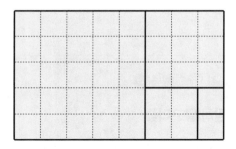

[그림 9] 직사각형을 정사각형으로 나누기

문제

**긴 변의 길이가 1,000 이하에서 만들어질 수 있는 정사각형 개수가 딱 20개인 직사각형의 가로세로 길이 쌍이 몇 쌍인지 구하시오. 이때 직사각형의 가로세로 길이를 바꾼 경우는 하나로 취급합니다.***

역주 3 × 2와 2 × 3은 같은 것으로 취급한다는 의미입니다.

예를 들어, 긴 변의 길이가 8 이하일 때, 정사각형이 5개가 나오는 경우는 [그림 9]와 함께 추가로 [그림 10]의 경우를 더한 8가지입니다.

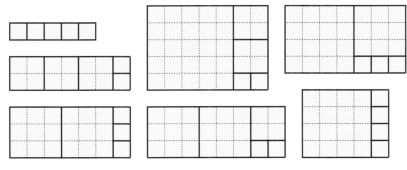

[그림 10] 긴 변의 길이가 8 이하일 때, 정사각형이 5개 만들어지는 경우

짧은 변의 길이를 알면, 정사각형의 형태를 결정할 수 있습니다. '긴 변의 길이'에서 '잘라 낸 정사각형 한 변의 길이'를 빼면, 새로 만들어지는 직사각형의 한 변을 알 수 있습니다. 다만, 이때 잘라 내는 정사각형이 한 개인지 여러 개인지는 알 수 없습니다.

일단 '가로세로'가 아니라, '긴 변과 짧은 변'으로 생각하면, 자르는 과정을 같은 처리의 반복으로 만들 수 있습니다.

 자르는 방법은 대충 알았지만, 어떤 자료 구조를 사용해야 할지 잘 모르겠네….

 정사각형인지 확인하려면, 가로와 세로 길이를 비교해야 할 텐데, 이 두 개의 값을 어떻게 사용해야 재귀적으로 탐색할 수 있을까?

 짧은 변과 긴 변을 기준으로, 두 변이 같아질 때까지 처리를 계속 반복하면 된답니다.

최종적으로 $1 \times 1$의 정사각형이 남을 때까지 재귀적으로 정사각형을 자르는 처리를 하도록 구현하면, 다음과 같습니다. 긴 변을 짧은 변으로 나눈 몫이 정사각형의 개수가 되고, 나머지가 다음 짧은 변이 됩니다.

## q06_1.py

```python
W, N = 1000, 20

def cut(w, h):
  if w == h:
    return 1
  if w > h:
    w, h = h, w
  q, r = divmod(h, w)
  result = q
  if r > 0:
    result += cut(w, r)
  return result

cnt = 0
for i in range(1, W + 1):    # 짧은 변
  for j in range(i, W + 1):  # 긴 변
    if cut(i, j) == N:
      cnt += 1
print(cnt)
```

## q06_1.js

```javascript
W = 1000;
N = 20;

function cut(w, h){
  if (w == h) return 1;
  if (w > h){
    var temp = w; w = h; h = temp;
  }
  var r = h % w;
  var result = Math.floor(h / w);
  if (r > 0) result += cut(w, r);
  return result;
}

var cnt = 0;
for (var i = 1; i <= W; i++){    // 짧은 변
  for (var j = i; j <= W; j++){  // 긴 변
    if (cut(i, j) == N) cnt++;
  }
}
console.log(cnt);
```

가로와 세로 길이를 비교해서 교환하면, 긴 변과 짧은 변이 바뀐 것이네요. 따지고 보면 당연하네요.

그런데 자른 정사각형의 개수가 원하는 개수를 넘은 경우에도 탐색을 계속하니까, 조금 쓸데없는 처리를 하는 기분이 들어.

그럼 원하는 개수를 넘으면 더 이상 탐색하지 않게 만들어 봅시다.

**q06_2.py**

```python
W, N = 1000, 20

def cut(w, h, n):
  if w == h:
    return n == 0
  if w > h:
    w, h = h, w
  q, r = divmod(h, w)
  if (n - q < 0) or (r == 0):
    return (n - q == 0)
  else:
    return cut(w, r, n - q)

cnt = 0
for i in range(1, W + 1):    # 짧은 변
  for j in range(i, W + 1): # 긴 변
    if cut(i, j, N):
      cnt += 1
print(cnt)
```

**q06_2.js**

```javascript
W = 1000;
N = 20;

function cut(w, h, n){
  if (w == h) return (n == 0);
  if (w > h){
    var temp = w; w = h; h = temp;
  }
  var r = h % w;
  var q = Math.floor(h / w);
  if ((n - q < 0) || (r == 0))
```

```
    return (n - q == 0);
  else
    return cut(w, r, n - q);
}

var cnt = 0;
for (var i = 1; i <= W; i++){    // 짧은 변
  for (var j = i; j <= W; j++){  // 긴 변
    if (cut(i, j, N)) cnt++;
  }
}
console.log(cnt);
```

**Point**

자른 정사각형의 개수가 많은 경우에는 처리 시간이 크게 바뀌지 않지만, 정사각형의 개수가 적은 경우에는 두 번째 코드가 훨씬 빠릅니다.

정답

**26,882가지**

QUIZ

# 07 | 문서 순서를 원래대로 되돌리기

책장을 정리하는 방법으로 '사용한 순서대로 문서를 정렬한다.'라는 유명한 방법이 있습니다. 예를 들어 '책장에 정렬되어 있는 자료를 사용한 뒤에, 다시 책장에 꽂을 때는 반드시 왼쪽 끝에 놓는다.'와 같은 방법입니다. 이러한 작업을 반복하면, 사용하지 않는 자료는 자연스럽게 오른쪽으로 밀려납니다.

그런데 만약 반대로 맨 처음 상태로 되돌리고 싶다면 어떻게 해야 할까요? 이번 문제에서는 자료를 맨 왼쪽으로 이동하는 방법을 반복해서, 원래 순서로 되돌릴 때까지 가장 빠른 방법을 생각해 봅시다.

예를 들어 문서가 3개이고 원래 위치가 왼쪽에서 A, B, C 순서로 되어 있었다면, 현재 상태에 따라 다음과 같이 이동하면 됩니다.

```
A, B, C                                               : 0번 이동
A, C, B → (B를 이동) → B, A, C → (A를 이동) → A, B, C   : 2번 이동
B, A, C → (A를 이동) → A, B, C                          : 1번 이동
B, C, A → (A를 이동) → A, B, C                          : 1번 이동
C, A, B → (B를 이동) → B, C, A → (A를 이동) → A, B, C   : 2번 이동
C, B, A → (B를 이동) → B, C, A → (A를 이동) → A, B, C   : 2번 이동
```

이러한 이동 횟수의 합계는 0+2+1+1+2+2=8이므로, 8번이 됩니다.

> 문제

**문서가 15개 있을 때, 책장에 들어 있을 수 있는 문서의 배치 패턴을 모두 생각하고, 원래 순서로 되돌리는 이동 횟수의 합계를 구하시오.**

생각하는 방법

 문제처럼 여러 문서를 생각해 보기 전에, 적은 수의 문서를 사용해서 생각해 봅시다. 예를 들어 5개의 문서가 있는 경우를 생각하고, 'DBEAC'로 정렬된 것을 'ABCDE'로 돌려놓을 때 몇 회 걸리는지 생각해 봅시다.

 D와 E는 왼쪽에 다른 문서가 추가되면 자연스럽게 오른쪽으로 이동하므로, 따로 이동하지 않아도 됩니다. 따라서 이동이 필요한 것은 A, B, C 3개이므로, 3회 이동하면 됩니다.

오른쪽 끝에 있어야 할 것들이 '처음부터 오름차순으로 되어 있으니까 이동할 필요가 없다.'라는 거지?

그렇네, 그럼 이동이 3회 필요한 경우는 몇 가지 있을까?

이동하지 않는 것 2개, 이동해야 하는 것 3개를 어떻게 정렬해야 할지 생각하면 됩니다.

 '이동해야 하는 문서 중에서 가장 오른쪽에 오는 문서(현재 예의 경우 C)'는 가장 앞에 배치할 수 없습니다(가장 앞에 배치하면 이동할 필요가 없어져서 결국 이동 횟수가 하나 적은 문제가 됩니다). 다른 문서들은 아무 곳에나 배치할 수 있습니다. 따라서 $n$개의 문서가 있고, $k$회 이동하는 경우, '이동해야 하는 문서 중에서 가장 오른쪽에 오는 문서'를 배치할 수 있는 위치는 $n-k$곳, 이외의 것들은 $n$곳 중에서 $k-1$개를 골라 정렬하는 방법이므로 $_nP_{k-1}$가지가 됩니다.

예) **5개의 문서 중에서 D, E가 이동하지 않을 때, 3회 이동한다.**
**C를 배치할 수 있는 곳은 다음 ○ 2곳 중 하나**

**× D ○ E ○**

C를 중간에 배치하면 'DCE' 가 되고,
A를 배치할 수 있는 곳은 다음 ○ 4곳 중 하나

○ D ○ C ○ E ○

마찬가지로 B는 5곳에 배치할 수 있다.
즉, 5개의 문서로 3회 이동하는 것은 $(5-3) \times {}_5P_2 = 2 \times 20 = 40$가지

또한, $n$개의 문서라면 이동해야 하는 횟수는 최대 $n-1$번이므로, 다음과 같은 방법으로 구현할 수 있습니다. 이렇게 각각의 이동 횟수를 기반으로 정렬할 수 있는 패턴 수를 구하고 있습니다.

**q07_1.py**

```python
N = 15

# 순열의 계산
def nPr(n, r):
  result = 1
  for i in range(0, r):
    result *= n - i
  return result

cnt = 0
for i in range(1, N):  # 이동 횟수
  cnt += i * (N - i) * nPr(N, i - 1)
print(cnt)
```

**q07_1.js**

```javascript
N = 15;

// 순열의 계산
function nPr(n, r){
  var result = 1;
  for (var i = 0; i < r; i++)
    result *= n - i;
  return result;
}

var cnt = 0;
for (var i = 1; i < N; i++){  // 이동 횟수
  cnt += i * (N - i) * nPr(N, i - 1);
}
console.log(cnt);
```

순열은 $_nP_r = n \times (n-1) \times (n-r-1)$로 구할 수 있었지?

 이 식은 앞에서도 살펴보았던 것 같아.

 '$_nP_0 = 1$'이라는 것을 절대 잊지 말고 주의하세요.

 이 방법도 충분히 빠르지만, 또 다른 방법도 생각해 봅시다.

이번에는 거꾸로 생각해서, $n$개의 문서가 정렬된 상태에서 왼쪽 끝의 문서를 임의의 위치로 옮기는 작업을 반복해 봅시다. 0번 만에 돌아갈 수 있는 경우는 초기 상태일 것입니다. 1번 만에 돌아가는 경우는 왼쪽 끝의 문서를 남은 $n-1$개의 오른쪽 공간에 넣는 $n-1$가지입니다.

이렇게 마찬가지로 반복하면, 다음과 같이 구현할 수 있습니다.

**▌ q07_2.py**

```python
N = 15

cnt = [0] * N
cnt[0] = 1
for i in range(1, N + 1):
  for j in range(0, i - 2):
    cnt[i - j - 1] = cnt[i - j - 2] * i
  cnt[1] = i - 1

sum = 0
for v, i in enumerate(cnt):
  sum += i * v
print(sum)
```

**▌ q07_2.js**

```javascript
N = 15;

var cnt = [1];
for (var i = 1; i <= N; i++){
  cnt[i] = 0;
  for (var j = 0; j < i - 2; j++){
    cnt[i - j - 1] = cnt[i - j - 2] * i;
```

```
  }
  cnt[1] = i - 1;
}
var sum = 0;
for (var i = 0; i < N; i++){
  sum += i * cnt[i];
}
console.log(sum);
```

정답

**17,368,162,415,924번**

QUIZ

# 08 | 셀 병합하여 한붓그리기

엑셀과 같은 스프레드시트 프로그램에는 **셀 병합**이라는 기능이 있습니다. 잘 사용하면 복잡한 표도 표현할 수 있게 해주는 기능입니다. 이번에는 이러한 셀 병합을 사용해서 '한붓그리기를 할 수 있는 도형'을 만드는 경우를 생각해 봅시다.

예를 들어 가로로 3개, 세로로 2개의 셀이 있을 때 [그림 11]의 왼쪽 그림처럼 병합하면, 한붓그리기를 할 수 있습니다. 하지만 가운데 있는 그림처럼 병합하면 한붓그리기를 할 수 없습니다. 마지막으로 오른쪽에 있는 그림은 한붓그리기를 할 수 있지만, 스프레드시트 프로그램에서는 이러한 도형을 만들 수 없으므로 대상에서 제외합니다.*

역주 사각형 모양의 셀만 만들 수 있고, 올록볼록한 모양의 셀은 만들 수 없습니다.

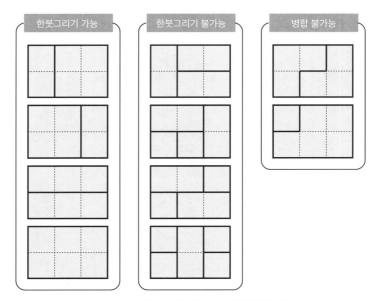

[그림 11] 가로로 3개, 세로로 2개인 셀의 경우

**문제**

가로로 10개, 세로로 10개인 셀이 있을 때, 셀을 병합해서 만들 수 있는 형태 중에서 한 붓그리기를 할 수 있는 형태는 모두 몇 가지인지 구하시오. 참고로 병합하지 않아도 한붓 그리기를 할 수 있는 경우, 해당 모양도 포함합니다(위아래, 왼쪽 오른쪽으로 반전하는 경우 도 각각 포함합니다).

**생각하는 방법**

한붓그리기가 가능한지 확인하는 방법으로는 각 정점에 연결된 선의 개 수(차수, degree)를 세는 방법이 유명합니다. 차수를 기반으로 **한붓그리기가 가 능한 조건**은 다음과 같습니다.

- **모든 정점의 차수가 짝수**
- **차수가 홀수인 정점이 딱 2개**

달리 말하면, 한붓그리기가 가능하려면, 홀수 개의 선이 연결된 정점이 0 개 또는 2개여야 한다는 것입니다. 이번 문제에서 홀수 개의 선이 연결된 정점이 0개가 되는 것은 모든 셀이 하나로 병합된 경우뿐입니다. 또한, 홀 수 개의 선이 연결된 정점이 2개인 것은 병합 결과로 셀이 2개가 되는 경우 뿐입니다.

셀이 3개 이상이면, 홀수 개의 선이 연결된 정점이 3개를 넘어버리네?

그렇다면 '어디에 세로 선을 그을 것인지, 어디에 가로 선을 그을 것인지만 생각하는 문제'로 바꿀 수 있겠네!

그렇습니다. 각각 가로세로 셀의 개수를 기반으로 생각하면 간단하답니다.

가로로 셀이 $X$개 있다면 가로 선은 $X-1$가지, 세로로 셀이 $Y$개 있다면 세로 선은 $Y-1$가지, 여기에 전체를 병합한 경우 1가지를 합하면, $(X-1)+(Y-1)+1=X+Y-1$이 됩니다.

**q08.py**

```python
X, Y = 10, 10

print(X + Y - 1)
```

**q08.js**

```javascript
X = 10;
Y = 10;

console.log(X + Y - 1);
```

정답

**19가지**

QUIZ

# 09 나르시스트 8진수

수학 용어 중에 **나르시스트 수**(Narcissistic number)라는 것이 있습니다. $n$자리의 자연수 중에서 각 자리의 숫자를 $n$제곱한 값의 합계가 원래 자연수와 같아지는 수를 나르시스트 수라고 부릅니다. 예를 들어 153은 3자리 숫자이며, $1^3 + 5^3 + 3^3 = 153$이 되므로 나르시스트 수입니다.

153은 10진수 나르시스트 수입니다. 나르시스트 수는 다른 진법에서도 생각해 볼 수 있습니다. 예를 들어 3진수 나르시스트 수는 1, 2, 12, 22, 122 등이 있습니다.

$$1^2 + 2^2 = 1 + 11 = 12$$

$$2^2 + 2^2 = 11 + 11 = 22$$

$$1^3 + 2^3 + 2^3 = 1 + 22 + 22 = 122$$

[표 7] 10진수와 3진수 대응표

| 10진수 | 3진수 | 10진수 | 3진수 |
|---|---|---|---|
| 1 | 1 | 10 | 101 |
| 2 | 2 | 11 | 102 |
| 3 | 10 | 12 | 110 |
| 4 | 11 | 13 | 111 |
| 5 | 12 | 14 | 112 |
| 6 | 20 | 15 | 120 |
| 7 | 21 | 16 | 121 |
| 8 | 22 | 17 | 122 |
| 9 | 100 | 18 | 200 |

문제

**8진수에서 2자리 이상의 나르시스트 수를 작은 순서대로 8개 구하고, 8진수로 차례대로 출력하시오.**

*N*진수를 구하는 처리는 대부분 프로그래밍 언어에서 제공하므로, 그런 것들을 사용하면 됩니다.

생각하는 방법

진법을 변환하는 처리는 대부분 프로그래밍 언어에서 함수로 제공하는 기능입니다. 따라서 생각해야 하는 부분은 거듭제곱을 구하고 합한 값이 원래 숫자와 같은지 확인하는 부분입니다.

일단 탐색해야 하는 범위를 결정해야 합니다. 한 자리 숫자는 무조건 나르시스트 수이므로, 2자리 이상만 문제로 나온 것이랍니다.

탐색해야 하는 범위는 2자리라면 $8^1\sim$, 3자리라면 $8^2\sim$, 4자리라면 $8^3\sim$이 되는 것이 아닌가요?

상한 없이 확인하다 보면, 나르시스트 수가 8개가 존재하지 않는 경우에 무한 반복에 빠질 수도 있습니다. 삐리리

일단 쉬운 10진수로 생각해 봅시다. $n$자리 자연수의 최솟값은 $10^{n-1}$입니다. 이어서 탐색 범위의 상한을 생각해 봅시다. 각 자리 숫자를 $n$제곱한 값의 합계가 최대가 되는 것은 '9가 $n$개 있는 경우'이므로, 최대 $n \times 9^n$이 된다고 할 수 있습니다. 그런데 $n$이 커지면 $n \times 9^n < 10^{n-1}$이 되므로, 이와 같은 $n$에서는 나르시스트 수가 없습니다.

$N$진수의 경우도 마찬가지로 생각해 보면, 각 자리 숫자를 $n$제곱한 값의 합계가 최대가 되는 것은 '$(N-1)$이 $n$개 나열될 때'입니다. 따라서 최대 $n \times (N-1)^n$이 됩니다. 그러므로 $n$이 커질 때 $n \times (N-1)^n < N^{n-1}$이 되기 전까지만 확인하면 됩니다.

**q09.py**

```
N = 8

# 기본적인 진법 변환 함수
```

```
def to_str(n, base):
  converter = "0123456789ABCDEF"
  if n < base:
    return converter[n]
  else:
    return to_str(n // base, base) + converter[n % base]

# 탐색해야 하는 최대 자릿수 확인
jari = 1
while True:
  if jari * ((N - 1) ** jari) < (N ** (jari - 1)):
    break
  jari += 1

cnt = 0
for i in range(N, (N ** jari) + 1):
  # N진수로 변환
  value = to_str(i, N)
  length = len(value)
  sum = 0
  for d in range(0, length):
    sum += int(value[d], base=N) ** length
  if i == sum:
    print(value)
    cnt += 1
    if cnt == N:
      break
```

## q09.js

```
N = 8;

# 탐색해야 하는 최대 자릿수 확인
var jari = 1;
while (true){
  if (jari * Math.pow(N - 1, jari) < Math.pow(N, jari-1))
    break;
  jari++;
}

var cnt = 0;
for (i = N; i <= Math.pow(N, jari); i++){
  // N진수로 변환
  var value = i.toString(N);
  var len = value.length;
  var sum = 0;
  for (d = 0; d < len; d++){
    sum += Math.pow(parseInt(value[d], N), len);
```

```
  }
  if (i == sum){
    console.log(value);
    cnt++;
    if (cnt == N) break;
  }
}
```

 자바스크립트는 진법을 쉽게 변환할 수 있지만 파이썬은 조금 힘드네요?

 그래도 함수를 분석해 보면 쉽게 이해할 수 있을 것입니다.

 컴퓨터에서는 2진수로 처리하지만, 8진수나 16진수로 변환하면 사람이 알아보기 쉬워서 자주 사용한답니다. *삐리리*

**Point**

각 자리의 숫자를 꺼내는 방법은 크게 두 가지가 있습니다. 일단 첫 번째는 이번 예제에서 사용한 것처럼 숫자를 문자열로 표현한 뒤, 문자를 하나씩 꺼내는 방법입니다. 언어에 따라서는 10으로 나눈 나머지를 꺼내는 방법이 더 간단할 수도 있습니다.

실무에서는 두 가지 방법을 모두 사용합니다. 따라서 10으로 나눈 나머지를 꺼내서 사용하는 방법도 사용해 보기 바랍니다.

정답

**24, 64, 134, 205, 463, 660, 661, 40663**

# 나르시스트 수와 비슷한 뮌히하우젠 수

나르시스트 수는 각 자리의 숫자를 $n$제곱한 값을 사용합니다. 이와 비슷한 숫자로 '뮌히하우젠 수(Münchhausen number)'라는 것이 있습니다. 뮌히하우젠 수는 각 자리의 숫자를 해당 숫자로 거듭제곱한 값을 사용합니다. 예를 들어 3,435는 뮌히하우젠 수로 '$3^3 + 4^4 + 3^3 + 5^5 = 3,435$'가 됩니다.

참고로 '나르시스트'는 그리스 로마 신화의 '나르키소스'에서 유래한 말입니다. 신화이지만 나르키소스는 물 위에 비친 자신의 모습을 보고 사랑에 빠져서, 물에 비친 자신에게 입맞춤하려다 떨어져 익사했다고 합니다. 나르시스트와 나르키소스는 표기 방법이 다를 뿐이지 같은 의미랍니다.

그럼 뮌히하우젠 수라는 이름의 유래는 무엇일까요? 이는 영화 "바론의 대모험(The Adventures of Baron Munchausen)"의 등장인물에서 유래한 말입니다.

수학적으로 유명한 것들은 일반적으로 수학자의 이름이 붙지만, 이처럼 전혀 다른 이름이 붙는 경우도 있습니다. 이 이외에도 거듭제곱을 활용하는 것으로 '택시 수(Taxicab number)' 등도 있습니다. 마찬가지로 유래를 살펴보면 흥미롭습니다. 어떤 용어를 살펴볼 때 이러한 유래를 직접 찾아보면, 좀 더 재미있게 공부할 수 있을 것입니다.

QUIZ

# 10 올림픽 개최 도시 투표

올림픽 개최지는 IOC 위원의 투표로 정해집니다. 2016년 개최지는 4개의 도시 중에서 3회의 투표로 브라질 리우, 2020년 개최지는 3개의 도시 중에서 3회의 투표로 일본 도쿄가 정해졌습니다.

개최지를 선정할 때는 '반복 최하위 제거 규칙'을 사용합니다. 가장 많은 투표를 받은 지역이 과반수를 넘어 이겼다면, 곧바로 개최지로 선정합니다. 하지만 과반수를 넘지 못했을 경우, 꼴찌(최하위)를 제외하고 다시 투표합니다. 과반수 이상의 투표가 나올 때까지 이 방법을 반복하는 것입니다.

이때, 만약 꼴찌가 여럿 있다면, 반대로 꼴찌들을 가지고 다시 투표해서 꼴찌가 한 곳으로 결정되어 탈락시킬 때까지도 반복합니다. 즉, 꼴찌들을 가지고 다시 투표했을 때 최하위가 과반수를 넘으면 곧바로 탈락시키고, 과반수를 넘지 않는다면 그중 최상위를 제외하고 다시 꼴찌를 가리는 투표를 합니다.*

역주 [표 9]의 1회째를 보면, 이스탄불과 마드리드가 26회로 득표 수가 같습니다. 따라서 이들을 가지고 다시 2회째에서 투표해서 마드리드를 떨어뜨린 뒤에, 3회째에서 최종 투표를 하는 것입니다.

예를 들어 2016년 개최지는 [표 8]처럼 투표 결과가 나왔고, 2020년 개최지는 [표 9]처럼 나왔습니다.

[표 8] 2016년 개최지 투표 결과

| 도시 | 1회 | 2회 | 3회 |
|------|-----|-----|-----|
| 리우데자네이루 | 26 | 46 | 66 |
| 마드리드 | 28 | 29 | 32 |
| 도쿄 | 22 | 20 | – |
| 시카고 | 18 | – | – |

[표 9] 2020년 개최지 투표 결과

| 도시 | 1회 | 2회 | 3회 |
|------|-----|-----|-----|
| 도쿄 | 42 | – | 60 |
| 이스탄불 | 26 | 49 | 36 |
| 마드리드 | 26 | 45 | – |

후보지가 7개 있고 투표할 수 있을 만큼 충분히 많은 사람이 있을 때, 최종적으로 1개의 후보지가 결정될 때까지 나올 수 있는 패턴 수가 모두 몇 가지인지 구하시오. 다만, 투표를 했을 때 모든 후보지가 같은 표를 받는 경우는 없다고 합시다.

일단 개최지가 적은 경우로 생각해 봅시다. 예를 들어 개최지가 3개라면, 다음과 같은 3개의 패턴이 나올 수 있습니다.

- 1회째에서 1개가 과반수를 넘어 결정되는 경우
- 1회째에서 1개가 탈락하고, 2회째에서 남은 2개의 투표 결과로 결정되는 경우
- 1회째에서 꼴찌가 2개 나오고, 2회째에서 꼴찌 2개에 다시 투표, 3회째에서 최종 결선 투표를 하는 경우

적게 해서 생각하니까 조금은 문제를 이해할 수 있을 것 같아!

후보지가 4개인 경우에도 '1개가 과반수를 넘는 경우', '1개가 탈락하는 경우' 부분은 같겠지?

순조롭게 정답과 가까워지고 있네요. 최종적으로 '꼴찌가 여러 개 나오는 경우'를 생각해 보면 될 거에요.

꼴찌가 여러 개일 때는 패턴이 달라집니다. 후보지가 4개일 때는 하위 2개가 같이 꼴찌를 할 수도, 하위 3개가 꼴찌를 할 수도 있습니다. 또한, 후보지가 5개일 때는 꼴찌가 2개, 3개, 4개로 3가지가 나올 수 있습니다.

각각에 경우에 꼴찌가 한 곳이 될 때까지 또 투표하고, 다시 다른 후보지들과 합해서 투표합니다. 이를 소스 코드로 구현하면 다음과 같습니다.

**q10_1.py**

```python
N = 7

def vote(n):
  if n <= 2:
    return 1
  cnt = 1                   # 1개가 과반수 이상
  cnt += vote(n - 1);       # 1개가 탈락
```

```
    for i in range(2, n):        # 하위 i개가 동점인 경우
      # 하위 i개에서 1개를 선택하고, 남은 n-1개로 다시 투표
      cnt += vote(i) * vote(n - 1)
    return cnt

print(vote(N))
```

```
N = 7;

function vote(n){
  if (n <= 2) return 1;
  var cnt = 1;                   // 1개가 과반수 이상
  cnt += vote(n - 1);            // 1개가 탈락
  for (var i = 2; i < n; i++){   // 하위 i개가 동점인 경우
    // 하위 i개에서 1개를 선택하고, 남은 n-1개로 다시 투표
    cnt += vote(i) * vote(n - 1);
  }
  return cnt;
}

console.log(vote(N));
```

그렇구나 후보지의 수를 줄여서, 같은 처리를 재귀적으로 실행하면 되겠네!

이 소스 코드를 보았을 때 조금 신경 쓰이는 부분 없나요?

n-1개의 투표를 확인하는 부분이 여러 번 반복되고 있네?

1개가 탈락한 경우에서만 확인하는 것이 아니라, 하위 후보지가 동점일 때에도 이러한 후보지 수만큼 같은 처리를 반복하게 됩니다. 이러한 반복 처리는 낭비이므로, 통합해서 탐색량을 줄이도록 해 봅시다.

이전에 설명한 동적 계획법과 메모화를 사용하는 것도 방법입니다. 이번 에는 같은 작업을 한 번만 실행되게 만들겠습니다.

```
N = 7

def vote(n):
```

```python
  if n <= 2:
    return 1
  v1 = vote(n - 1)                    # 남은 n-1개로 투표
  v2 = 0
  for i in range(2, n):               # 하위 i개가 동점인 경우
    v2 += vote(i)
  return 1 + v1 + v2 * v1

print(vote(N))
```

**q10_2.js**

```javascript
N = 7;

function vote(n){
  if (n <= 2) return 1;
  var v1 = vote(n - 1);             // 남은 n-1개로 투표
  var v2 = 0;
  for (var i = 2; i < n; i++){      // 하위 i개가 동점인 경우
    v2 += vote(i);
  }
  return 1 + v1 + v2 * v1;
}

console.log(vote(N));
```

처리 효율을 의식한다면, 단순하게 문제대로 구현하면 안 되겠네요?

이전 코드가 이해하기는 더 쉬운 것 같은데?

굉장히 중요한 의견이에요. 처리 속도와 가독성처럼 다양한 시점에서 소스 코드를 어떻게 작성할지 생각해 보세요. 매우 중요한 일이랍니다.

**Point**

이번 문제의 경우 결과가 32비트 정수를 넘었습니다. 프로그래밍 언어에 따라서 변수에 저장할 때, int 자료형이 아닌 64비트 정수를 저장할 수 있는 자료형을 사용해야 합니다.

정답

**14,598,890,236가지**

QUIZ

# 11 원주율과 가까운 분수

초등학교 때부터 배운 **원주율**은 무한하게 이어지는 순환하지 않는 소수로, 기약 분수로 표현할 수 없는 숫자입니다.

일반적으로 학교에서는 '3.14'로 계산하는 경우가 많습니다. 과거에는 분수로 비슷한 숫자를 맞추려는 시도도 있었습니다. 이번 문제에서는 분모와 분자가 정수인 분수를 사용해서 원주율에 가까운 분수를 찾아봅시다.

소수 $n$번째 자리까지 원주율과 일치하는 분수 중에서, '분모가 최소인 것'을 $\pi(n)$이라고 합시다. 예를 들어 $n$이 작을 때는 [표 10]과 같습니다.

[표 10] 소수 $n$번째 자리까지 원주율과 일치하는 분수 중에서 분모가 최소인 것

| $n$ | $\pi(n)$ | 분모 |
|---|---|---|
| 1 | 19/6 = 3.166··· | 6 |
| 2 | 22/7 = 3.1428··· | 7 |
| 3 | 245/78 = 3.14102··· | 78 |

문제

$n = 11$일 때 $\pi(11)$의 분모를 구하시오.

참고로 소수점 11번째 자리까지의 원주율은 다음과 같습니다.
3.14159265358

Hint!

원주율을 구할 때는 원의 내접 다각형과 외접 다각형을 사용하는 방법이 유명합니다. 예를 들어 반지름 1인 원에 내접하는 정육각형의 둘레는 6, 외접하는 정육각형의 둘레는 $4\sqrt{3}$이므로, $6 < 2\pi < 4\sqrt{3}$, 즉 $3 < \pi < 3.46\cdots$이 됩니다. 이렇게 범위를 계속 좁혀가면서 원주율을 구합니다.

다만, 이번 문제의 경우 원주율을 알고 있으므로, 분모와 분자를 바꿔가면서 실행하면 될 겁니다. 삐리리

**생각하는 방법**

일단 $n$이 작은 경우를 생각해 봅시다. 예를 들어 $n=2$일 때 소수 2번째 자리까지는 3.14이므로, 이를 활용해서 $p/q=3.14\cdots$가 되는 분수를 찾으면 됩니다. 이를 식으로 만들면 다음과 같습니다.

$$3.14 \times q < p < 3.15 \times q$$

이와 같은 식을 만족하는 정수 $p$를 찾으려면, $3.14 \times q \neq 3.15 \times q$를 만족하는 값을 찾을 때까지 $q$를 1부터 차근차근 증가시키면 됩니다.

예를 들어 [표 11]을 살펴봅시다.

[표 11] $q$를 1씩 증가시키기

| 분모 | 3.14 × 분모 | 3.15 × 분모 | 결과 |
|---|---|---|---|
| 1 | 3.14 | 3.15 | × |
| 2 | 6.28 | 6.30 | × |
| 3 | 9.42 | 9.45 | × |
| 4 | 12.56 | 12.60 | × |
| 5 | 15.70 | 15.75 | × |
| 6 | 18.84 | 18.90 | × |
| 7 | 21.98 | 22.05 | OK(22/7) |

 그렇구나. 이러한 순서로 분모를 증가시키기만 하면 풀 수 있겠네?

 하지만 부동소수점을 계산할 때는 오차가 발생할 가능성도 있어, 정수로 계산하는 것이 좋을 것 같아!

 좋은 발상입니다. 예를 들어 '3.14...'라는 부동소수점으로 계산하지 말고, '314'라는 정수로 처리하면 오차를 없앨 수 있을 것입니다.

예를 들어 소수 2번째 자릿수까지의 계산을 정수로 처리하려면, 원주율의 소수 2번째 자리까지의 값에 대해 $10^2$을 곱한 값을 사용합니다. 이 상태에서 $10^2$으로 나눈 몫이 일치하는지를 비교하면, 분모를 구할 수 있습니다.

따라서 원주율 계산에 필요한 자릿수만큼을 미리 정수로 준비합니다. 그리고 다음과 같이 구현하면 됩니다.

**q11.py**

```python
from math import floor

N = 11
q = 1
```

```
# 지정한 자릿수의 원주율을 정수로 변환하기
pi = int("314159265358"[0:N+1])
pow = 10 ** N

while True:
  if floor(q * pi / pow) != floor(q * (pi + 1) / pow):
    # 몫이 일치하지 않는 경우
    if q * (pi + 1) % pow > 0:
      # 나머지가 0보다 클 때
      print(q)
      break
  q += 1
```

**q11.js**

```
N = 11;
var q = 1;

// 지정한 자릿수의 원주율을 정수로 변환하기
var pi = parseInt("314159265358".substring(0, N + 1));
var pow = Math.pow(10, N);

while (true){
  if (Math.floor(q * pi / pow) !=
    Math.floor(q * (pi + 1) / pow)){
    // 몫이 일치하지 않는 경우
    if (q * (pi + 1) % pow > 0){
      // 나머지가 0보다 클 때
      console.log(q);
      break;
    }
  }
  q++;
}
```

'나머지가 0보다 크다.'라는 확인은 왜 하는 것인가요?

예를 들어 $3.14 \times q < p < 3.15 \times q$와 같은 예에서 우변이 딱 정수가 되어버리는 경우 때문이에요.

정답

**265,381**

## 수학 살펴보기

## 원주율 등의 근삿값을 구할 때 사용하는 연분수

이번 문제에서는 단순한 분수를 사용했지만, 원주율의 근삿값을 구할 때는 연분수를 많이 사용합니다. 연분수는 분모에 다시 분수가 포함되는 분수를 말합니다.

예를 들어 다음과 같은 것이 연분수입니다.

$$\cfrac{1}{1+\cfrac{1}{2+\cfrac{1}{3+\cfrac{1}{4}}}}$$

앞의 예는 분자를 모두 1로 했지만, 무조건 1이어야 하는 것은 아닙니다. 예를 들어 원주율의 근삿값을 구할 때는 다음과 같은 형태를 사용한다고 알려져 있습니다.

$$\pi = 3 + \cfrac{1^2}{6+\cfrac{3^2}{6+\cfrac{5^2}{6+\cfrac{7^2}{6+\cfrac{9^2}{\ddots}}}}}$$

이와 같은 규칙성을 찾으면 프로그래밍이 매우 편리해집니다. 실제로 연분수를 사용해서 원주율의 근삿값을 구하면, 정밀도를 높일 수 있는 경우가 많습니다. $\sqrt{2}$ 또는 $\sqrt{3}$, 자연상수 $e$, 황금비율 등의 무리수도 연분수로 근삿값을 표현할 수 있습니다.

연분수를 구하는 프로그램을 범용적으로 사용할 수 있게 만들어 두면, 다양한 경우에 활용할 수 있습니다. 직접 인터넷에서 다양한 무리수의 연분수를 찾아보기 바랍니다.

QUIZ

# 12 | 카드 순서 바꾸기

1부터 차례대로 숫자가 1개씩 적힌 카드가 있습니다. 카드는 일렬로 나란히 있고, 가장 왼쪽 카드에 적혀 있는 숫자를 보고, 해당 숫자만큼의 카드를 왼쪽에서부터 선택하여 순서를 반전합니다.

이 작업을 왼쪽 끝이 1이 될 때까지 반복합니다. 예를 들어 '1~4'까지 4장이 있고, 처음 정렬 상태가 '3 4 2 1'이라면, 다음과 같이 3번 반복하고 나서 중지됩니다.

$$\boxed{3}\,\boxed{4}\,\boxed{2}\,\boxed{1}$$
↓    1번째: 왼쪽 끝이 3이므로, 왼쪽 3장을 반전합니다.
$$\boxed{2}\,\boxed{4}\,\boxed{3}\,\boxed{1}$$
↓    2번째: 왼쪽 끝이 2이므로, 왼쪽 2장을 반전합니다.
$$\boxed{4}\,\boxed{2}\,\boxed{3}\,\boxed{1}$$
↓    3번째: 왼쪽 끝이 4이므로, 4장을 모두 반전합니다.
$$\boxed{1}\,\boxed{3}\,\boxed{2}\,\boxed{4}$$

마찬가지로 4장의 카드에 대해 다른 배열로도 이와 같은 처리를 하면, 3번으로 중지되는 것은 앞의 경우와 다음 경우를 포함해서 모두 4가지입니다.

| 4 2 1 3 | 4 1 3 2 | 2 3 4 1 |
|:---:|:---:|:---:|
| ↓ | ↓ | ↓ |
| 3 1 2 4 | 2 3 1 4 | 3 2 4 1 |
| ↓ | ↓ | ↓ |
| 2 1 3 4 | 3 2 1 4 | 4 2 3 1 |
| ↓ | ↓ | ↓ |
| 1 2 3 4 | 1 2 3 4 | 1 3 2 4 |

문제

1~9까지의 숫자가 적힌 9장의 카드로, 이와 같은 처리를 반복한다고 합시다. 처리를 5번 반복해서 끝나는 경우가 몇 가지인지 구하시오.

9장의 카드 배치를 모두 확인한다면, 9!=362,880가지가 나옵니다. 각각에 대해서 5번으로 끝나는지 모두 확인하려면, 단순하게 처리해서는 시간이 너무 오래 걸릴 것입니다.

게다가 카드의 수가 더 늘어나면, 현실적인 시간 내에 처리할 수 없게 됩니다. 따라서 조금 더 생각해 봅시다.

문제 그대로 구현하면, 시간이 너무 오래 걸린다는 것이군요?

반대로 검색하면 어떨까? 왼쪽 끝이 1이 되면 종료되니까, 종료 상태부터 반대로 재생하는 형태로 만들면 좋지 않을까?

좋은 발상이에요. 반대로 확인해 보면, 시간이 크게 줄어들 거예요.

최종적으로 종료되는 시점의 패턴을 확인할 수 있게, 왼쪽 끝에 '1'이 있는 패턴을 모두 준비해 두고, 반대로 확인하며 반복하는 프로그램을 만들면 됩니다.

일단 왼쪽 끝을 제외한 8장의 카드 순열을 만들고, 차근차근 반전할 수 있는 위치를 잡아 역순으로 처리합니다. 이 처리를 지정된 횟수만큼 반복하면, 초기 상태를 구할 수 있을 것입니다.

**q12_1.py**

```python
from itertools import permutations

M, N = 9, 5

# 왼쪽 끝이 1인 경우 생성하기
seq = []
for a in permutations(list(range(2, M + 1)), M - 1):
  seq.append([1] + list(a))

log = []
log.append(seq)

# N회 이동
```

```
for i in range(0, N):
  seq = []
  for a in log[i]:
    for j in range(1, M):
      if a[j] == j + 1:
        # 정렬을 반대로 만들기
        seq.append(list(reversed(a[0:(j + 1)])) + a[(j + 1):])
  log.append(seq)
print(len(log[N]))
```

**▌q12_1.js**

```
M = 9;
N = 5;

// 순열 생성하기
Array.prototype.permutation = function(n){
  var result = [];
  for (var i = 0; i < this.length; i++){
    if (n > 1){
      var remain = this.slice(0);
      remain.splice(i, 1);
      var permu = remain.permutation(n - 1);
      for (var j = 0; j < permu.length; j++){
        result.push([this[i]].concat(permu[j]));
      }
    } else {
      result.push([this[i]]);
    }
  }
  return result;
}

// 왼쪽 끝이 1인 경우 생성하기
var temp = new Array(M - 1);
for (var i = 1; i < M; i++){
  temp[i - 1] = i + 1;
}
var permu = temp.permutation(M - 1);
var seq = [];
for (var i = 0; i < permu.length; i++){
  seq.push([1].concat(permu[i]));
}

log = [];
log.push(seq);

// N회 이동
for (var i = 0; i < N; i++){
  var s = [];
```

```
    for (var j = 0; j < log[i].length; j++){
      for (var k = 1; k < M; k++){
        if (log[i][j][k] == k + 1){
          // 정렬을 반대로 만들기
          temp = log[i][j].slice(0, k + 1).reverse();
          temp = temp.concat(log[i][j].slice(k + 1));
          s.push(temp);
        }
      }
    }
    log.push(s)
}
console.log(log[N].length);
```

왼쪽 끝의 카드에 적혀 있는 숫자의 수만큼 반전하는 거니까, 반전까지 생각하면, 왼쪽에서 $n$번째 카드의 숫자가 $n$이 될 때가 이전 단계라는 것을 알 수 있겠네요.

파이썬에는 순열을 생성하는 메서드가 있지만, 자바스크립트에는 없기 때문에 만들 필요가 있군요.

현재 정도의 문제에서는 이 코드로 충분하지만, 카드의 장 수가 늘어나면 시간이 너무 오래 걸립니다. 조금 더 생각해 봅시다.

4장의 카드로 처리하는 경우를 생각해 봅시다. 한 번에 정지되는 것은 '2134', '2143', '3214', '3412', '4231', '4321'로 6가지입니다. '21XX', '3X1X', '4XX1'의 형태에서 남은 부분을 채우는 것과 같습니다(XX의 위치에는 사용하지 않은 카드 중에서 아무것이나 넣으면 됩니다).

이와 같은 방법을 사용하면, 불필요한 검색을 생략할 수 있으므로, 가장 왼쪽 끝에 있는 카드를 설정하고 나서 필요에 따라 배치를 확인하면 됩니다. 만약 남은 부분이 무엇이라도 좋은 경우, 남은 부분의 패턴 수는 장 수의 **계승**(factorial)으로 구할 수 있습니다.

따라서 예를 들어 '21XX'의 경우, 남은 'XX' 부분은 '3'과 '4'라는 2장의 카드를 넣을 수 있으므로, 2! = 2 × 1가지가 존재합니다. 이를 활용해서 프로그램을 구현하면, 다음과 같습니다.

```python
M, N = 9, 5

# seq: 카드 배열 상태
# used: 사용한 카드(비트열)
# n: 이동 횟수
def search(seq, used, n):
  if n == 0:
    # 탐색이 완료되었다면 남은 개수의 계승을 반환
    result = 1
    cnt = len(list(filter(lambda x: x == 0, seq)))
    for i in range(1, cnt + 1):
      result *= i
    return result

  cnt = 0
  for i in range(1, M):
    # 정렬을 반대로 만들기
    new_seq = list(reversed(seq[:i + 1]))
    new_seq = new_seq + seq[i + 1:]
    if (seq[i] == 0) and (used & (1 << i)) == 0:
      new_seq[0] = i + 1
      cnt += search(new_seq, used | (1 << i), n - 1)
    elif (seq[i] == i + 1):
      cnt += search(new_seq, used, n - 1)

  return cnt

seq = [0] * M
seq[0] = 1
print(search(seq, 1, N))
```

```javascript
M = 9;
N = 5;

// seq: 카드 배열 상태
// used: 사용한 카드(비트열)
// n: 이동 횟수
function search(seq, used, n){
  if (n == 0){
    // 탐색이 완료되었다면 남은 개수의 계승을 반환
    var result = 1;
    var cnt = seq.filter(function(e){return e == 0;}).length;
    for (var i = 1; i <= cnt; i++){
      result *= i;
    }
```

```
    return result;
  }

  var cnt = 0;
  for (var i = 1; i < M; i++){
    // 정렬을 반대로 만들기
    new_seq = seq.slice(0, i + 1).reverse();
    new_seq = new_seq.concat(seq.slice(i + 1));
    if ((seq[i] == 0) && ((used & (1 << i)) == 0)){
      new_seq[0] = i + 1;
      cnt += search(new_seq, used | (1 << i), n - 1);
    } else if (seq[i] == i + 1){
      cnt += search(new_seq, used, n - 1);
    }
  }
  return cnt;
}

seq = (new Array(M)).fill(0);
seq[0] = 1;
console.log(search(seq, 1, N));
```

> 주의해야 하는 부분은 0!은 1이라는 것입니다. 0이 아니므로 주의하세요.
> 삐리리

> 이 방법을 사용하면, 카드가 15장이라도 순식간에 처리할 수 있네!

**Point**

후자의 처리에서는 사용한 카드를 표현하기 위해 비트 연산자를 사용하고 있습니다. 1에 해당하는 카드를 '0001', 2에 해당하는 카드를 '0010', 3에 해당하는 카드를 '0100', 4에 해당하는 카드를 '1000'처럼 2진수로 표현하면, 1과 4를 사용했을 경우, '1001'처럼 상태를 표현할 수 있습니다.

이렇게 하면 하나의 변수로 모든 카드의 사용 여부를 표현할 수 있으며, 처리도 간단하게 구현할 수 있습니다.

정답

**28,692가지**

QUIZ

# 13 | 현지에서 사용하기 쉽게 환전하기

최근 국내에 들어오는 외국인들이 늘어나고 있습니다. 일반적으로 여행객들은 현금을 환전해서 사용합니다. 이때, 자신이 사용하기 편리하게 동전과 지폐를 조합합니다. 물론 사용하기 편하려면 가능한 한 많은 종류를 조합하여 바꾸는 것이 좋겠지만, 너무 개수가 너무 많아지면 또 휴대하기 불편해집니다.

이번 문제에서는 '미국 달러를 원화로 환전하는 경우'를 생각해 봅시다. 동전과 지폐의 '종류'가 최대가 되는 것 중에서, 전체 개수가 최소가 되는 환전 방법을 구하고, 이때의 동전과 지폐의 전체 개수를 출력해 봅시다.

예를 들어 1달러가 1,125.4원이라고 할 때, 100달러를 원화로 환전하면 112,540원이 됩니다. 이는 [표 12]와 같은 방법으로 분배할 수 있습니다.

[표 12] 100달러를 환전하는 경우의 예

| 동전과 지폐 | 예 1 | 예 2 | 예 3 | 예 4 | 예 5 |
|---|---|---|---|---|---|
| 5만 원 | 2 | 1 | 1 | 1 | 1 |
| 1만 원 | 1 | 5 | 5 | 5 | 5 |
| 5천 원 | 0 | 2 | 2 | 1 | 2 |
| 1천 원 | 2 | 1 | 1 | 4 | 1 |
| 500원 | 1 | 2 | 1 | 4 | 2 |
| 100원 | 0 | 5 | 9 | 14 | 4 |
| 50원 | 0 | 0 | 2 | 2 | 2 |
| 10원 | 4 | 4 | 4 | 4 | 4 |
| 개수 | 10 | 20 | 25 | 35 | 21 |

예 1은 모두 5종류, 예 2는 7종류, 예 3~5는 8종류입니다. 그리고 예 3~5 중에서 전체 개수가 가장 적은 것은 예 5입니다. 따라서 답은 21이 됩니다 (이외의 패턴도 있는데, 전체 다 합쳐서 예 5가 최소입니다).

환전해야 하는 금액이 456,780원일 때, 동전과 지폐의 종류가 최대가 되고, 개수가 최소가 될 때의 개수를 구하시오.

이 문제를 풀려면, 크게 두 가지 단계로 나누어서 생각해야 합니다. 첫 번째는 '사용하는 동전과 지폐의 종류가 최대가 되는 경우 찾기', 두 번째는 '찾은 것 중에서 개수가 최소가 되는 것 찾기'입니다.

 일단 첫 번째 단계를 생각해 보면, 사용할 수 있는 동전과 지폐는 8가지 종류가 되겠네?

 이 8가지 종류의 동전과 지폐를 사용할지 또는 사용하지 않을지라는 두 개의 선택이 있으니까 최대 $2^8$가지, 즉 256가지 정도가 나오는 건가?

 그렇습니다. 그럼 두 번째 단계를 생각해 봅시다.

같은 금액을 지불하는 경우에는 작은 금액의 동전과 지폐를 사용하는 것보다 큰 금액의 동전과 지폐를 사용하는 것이 전체 개수가 줄어듭니다. 따라서 합계 개수를 최소화하려면, 가급적 큰 동전과 지폐를 사용하는 것이 좋습니다.

 5만 원이 입력될 때, 5만 원짜리라면 1장으로 충분하지만, 1만 원짜리면 5장, 5천 원짜리면 10장이 필요하겠네?

 그러면 Q05에서 등장했던 '탐욕 알고리즘'을 사용해서, 높은 금액의 지폐부터 선택하면 되겠군.

 일단 동전과 지폐를 하나씩 사용하기는 해야 하는 것이 포인트랍니다.

이 두 가지 단계를 반복문으로 구현하면, 다음과 같이 작성할 수 있습니다.

**q13_1.py**

```python
from itertools import combinations

N = 456780
coins = [50000, 10000, 5000, 1000, 500, 100, 50, 10]
result = N
for i in range(len(coins), 0, -1): # 사용할 개수를 큰 순서대로 탐색하기
  for coin in combinations(coins, i):
    remain = N - sum(coin) # 1개씩은 일단 사용하기
    if remain < 0:
      continue
    cnt = len(coin)        # 하나하나 개수 설정하기
    for c in coin:         # 큰 순서대로 최대 개수 탐색하기
      r = remain // c
      cnt += r
      remain -= c * r
    result = min([cnt, result])
  if result < N:
    break

print(result)
```

**q13_1.js**

```javascript
// 배열에 조합을 나열하는 메서드 만들기
Array.prototype.combination = function(n){
  var result = [];
  for (var i = 0; i <= this.length - n; i++){
    if (n > 1){
      var combi = this.slice(i + 1).combination(n - 1);
      for (var j = 0; j < combi.length; j++){
        result.push([this[i]].concat(combi[j]));
      }
    } else {
      result.push([this[i]]);
    }
  }
  return result;
}

// 배열 요소의 합계를 계산하는 메서드
Array.prototype.sum = function(){
  var result = 0;
  this.forEach(function(i){ result += i;});
  return result;
}

N = 456780;
```

```
var coins = [50000, 10000, 5000, 1000, 500, 100, 50, 10];
var result = N;

for (var i = coins.length; i >= 1; i--){
  // 사용할 개수를 큰 순서대로 탐색하기
  var coin = coins.combination(i);
  for (var j = 0; j < coin.length; j++){
    var remain = N - coin[j].sum();         // 1개씩은 일단 사용하기
    if (remain < 0)
      continue;
    var cnt = coin[j].length;               // 하나하나 개수 설정하기
    for (var c = 0; c < coin[j].length; c++){
      // 큰 순서대로 최대 개수 탐색하기
      var r = Math.floor(remain / coin[j][c]);
      cnt += r;
      remain -= coin[j][c] * r;
    }
    result = Math.min(result, cnt);
  }
  if (result < N)
    break;
}

console.log(result);
```

파이썬에서는 조합을 구하는 처리를 제공해 주니 정말 간단하네?

자바스크립트에서도 간단하게 재귀 함수를 사용하여 조합을 생성할 수 있습니다. *삐리리*

현재 코드도 충분히 빠르지만, 다음과 같은 방법도 생각해 보세요.

**Point**

　최대한 많은 종류의 동전과 지폐를 사용해야 하므로, 첫 단계에서 사용할 동전과 지폐를 작은 금액부터 하나씩 선택합니다. 그리고 나서 거꾸로 큰 금액부터 하나하나 확인하며 나머지 금액을 몇 개씩 선택할지 탐색합니다. 이렇게 하면, 확실히 많은 종류의 동전과 지폐를 사용하게 됩니다.

　그러나 이 방법은 작은 금액부터 먼저 확보해 버리기 때문에 전체 개수가 최소가 되지 않을 수도 있습니다. 따라서 일단 이렇게 전체 개수를 설정하고 나서, 개수를 줄일 수 있을 때는 조정하도록 해 봅시다.

이를 다음과 같이 작성하면, 어떤 금액에 대해서도 약 30번의 반복으로 처리가 완료됩니다.

**| q13_2.py**

```python
N = 456780
coins = [50000, 10000, 5000, 1000, 500, 100, 50, 10]

# 사용한 개수 설정
used = [0] * len(coins) # 초기에는 모두 0으로 초기화
remain = N

# 일단 1개씩 사용하기
for i in range(len(coins) - 1, -1, -1):
  if remain > coins[i]:
    used[i] = 1
    remain -= coins[i]

# 남은 것들 우선 설정하기
for i in range(0, len(coins)):
  used[i] += remain // coins[i]
  remain %= coins[i]

# 개수를 줄일 수 있는 것은 조정하기
for i in range(0, len(coins) - 1):
  if (used[i] == 0) and (coins[i + 1] * used[i + 1] >= coins[i]):
    used[i] = 1
    used[i + 1] -= coins[i] // coins[i + 1]

print(sum(used))
```

**| q13_2.js**

```javascript
N = 456780;
var coins = [50000, 10000, 5000, 1000, 500, 100, 50, 10];

// 사용한 개수 설정(초기에는 모두 0으로 초기화)
var used = [0, 0, 0, 0, 0, 0, 0, 0];
var remain = N;

// 배열 요소의 합계를 계산하는 메서드
Array.prototype.sum = function(){
  var result = 0;
  this.forEach(function(i){ result += i;});
  return result;
}
```

```
// 일단 1개씩 사용하기
for (var i = coins.length - 1; i >= 0; i--){
  if (remain > coins[i]){
    used[i] = 1;
    remain -= coins[i];
  }
}

// 남은 것들 우선 설정하기
for (var i = 0; i < coins.length; i++){
  used[i] += Math.floor(remain / coins[i]);
  remain %= coins[i];
}

// 개수를 줄일 수 있는 것은 조정하기
for (var i = 0; i < coins.length; i++){
  if ((used[i] == 0) && (coins[i + 1] * used[i + 1] >= coins[i])){
    used[i] = 1;
    used[i + 1] -= Math.floor(coins[i] / coins[i + 1]);
  }
}
console.log(used.sum());
```

마지막 조정이 중요하네요. 처음에 10원짜리 동전을 1개를 선택했는데, 나중에 나머지가 40원이 남으면 10원짜리 동전 대신에 50원짜리 동전 1개를 선택하는 편이 개수가 줄어드는군요.

트럼프 카드 게임을 할 때 한 장씩 분배하는 것과 같은 느낌이네?

첫 번째 분배는 거의 그런 느낌이에요. 반드시 1장씩 주는 것이지요.

3중 반복문은 2중 반복문으로, 2중 반복문은 하나의 반복문으로 처리할 수 없을지 항상 생각해 보세요. 컴퓨터에 대한 부담을 크게 줄일 수 있습니다.
삐리리

정답

**22개**

QUIZ

# 14 │ 너비 우선 이진 트리를 깊이 우선 탐색하기

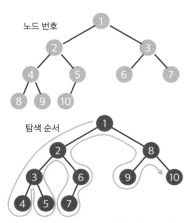

노드 번호

탐색 순서

[그림 12] 노드가 10개인 이진 트리

[그림 12]의 위쪽 그림처럼 노드가 왼쪽부터 차례대로 채워진 이진 트리를 생각해 봅시다. 이러한 이진 트리에서 루트 요소를 '1'로 두고, 너비 우선 탐색을 사용해서 차례대로 순번을 붙여봅시다 (노드의 수가 10개일 경우, 위쪽 그림처럼 번호가 붙습니다).

이러한 이진 탐색 트리로 깊이 우선 탐색을 해 봅시다. 깊이 우선 탐색은 일단 왼쪽부터 순서대로 가장 깊은 부분까지 진행합니다. 그 후에 되돌아오면서 순서대로 차근차근 검색합니다. 위쪽 그림과 같은 이진 트리라면 아래쪽 그림과 같은 순서로 노드를 타고 돌며 탐색합니다.

$m$개의 요소가 존재하는 이진 트리에 대해서 $n$번째로 탐색한 노드의 번호를 구해 봅시다.

예를 들어 $m=10$, $n=6$일 때, 아래쪽 그림에서 '6'의 위치에 있는 것은 위쪽 그림에서 '5'입니다. $m=10$, $n=8$일 때는 아래쪽 그림의 '8'의 위치에 있는 것은 위쪽 그림에서 '3'이 됩니다.

문제

$m=3000$, $n=2500$일 때, 2,500번째로 탐색하는 노드의 번호를 구하시오.

Hint!

노드 번호의 규칙성을 찾으면, 같은 처리를 반복하는 것만으로 구현할 수 있겠네?

이진 트리를 구성할 필요 없이, 노드 번호에만 주의를 기울이면 쉽게 문제를 풀 수 있습니다.

[ 생각하는 방법 ]

너비 우선 탐색과 깊이 우선 탐색은 노드의 탐색 순서가 다릅니다. 이번 문제는 너비 우선 탐색의 노드 번호를 깊이 우선 탐색으로 순회하는 문제입니다. 하지만 포인트는 "노드 번호가 어떤 순서로 할당되어 있는가?"라고 할 수 있습니다. 따라서 일단 너비 우선 탐색으로 번호를 붙일 때의 규칙성을 확인해 봅시다.

문제에 있는 [그림 12]의 위쪽 그림에서 각 노드의 왼쪽 아래와 오른쪽 아래에 있는 숫자를 살펴봅시다. 예를 들어 '2'를 보면, '2'의 왼쪽 아래에는 '4', 오른쪽 아래에는 '5'가 있습니다. 마찬가지로 '4'의 왼쪽 아래에는 '8', 오른쪽 아래에는 '9'가 있습니다.

따라서 각 노드의 왼쪽 아래에는 노드 번호의 '2배'에 해당하는 번호가, 오른쪽 아래에는 노드 번호의 '2배＋1'에 해당하는 번호가 붙는다는 것을 알 수 있습니다.

그런데 탐색할 때 위로 돌아가는 경우도 있네?

돌아갈 때는 반대로 생각하면 된답니다. 2로 나누면 구할 수 있지요.

2로 나눈 나머지를 무시하고, 몫만 보면 되겠네!

하지만 노드 번호만으로는 이어서 왼쪽 아래로 진행해야 하는지, 오른쪽 아래로 진행해야 하는지, 위로 돌아가야 하는지 알 수 없습니다. 따라서 이전에 방문했던 노드 번호를 저장하고 있어야 합니다.

만약 아래로 내려온 상태라면 이어서 왼쪽 아래, 왼쪽 아래에서 돌아온 경우라면 이어서 오른쪽 아래, 오른쪽 아래에서 돌아온 경우라면 위로 돌아가면 됩니다. 이를 코드로 구현하면 다음과 같습니다.

```python
M, N = 3000, 2500
pre, now, n = 0, 1, N

while n > 1:
  if (pre * 2 == now) or (pre * 2 + 1 == now):
    # 아래로 내려갔을 때
    if now * 2 <= M:
      # 왼쪽 아래에 노드가 남아 있는 경우
      pre, now, n = now, now * 2, n - 1
    else:
      # 노드가 남아 있지 않은 경우
      pre, now = now, now // 2
  else:
    if pre % 2 == 0:
      # 왼쪽 아래에서 돌아오는 경우
      if now * 2 + 1 <= M:
        # 오른쪽 아래에 노드가 남아 있는 경우
        pre, now, n = now, now * 2 + 1, n - 1
      else:
        # 노드가 남아 있지 않은 경우
        pre, now = now, now // 2
    else:
      # 오른쪽 아래에서 돌아오는 경우
      pre, now = now, now // 2
print(now)
```

```javascript
M = 3000;
N = 2500;

var pre = 0;
var now = 1;
var n = N;

while (n > 1){
  if ((pre * 2 == now) || (pre * 2 + 1 == now)){
    // 아래로 내려갔을 때
    if (now * 2 <= M)
      // 왼쪽 아래에 노드가 남아 있는 경우
      [pre, now, n] = [now, now * 2, n - 1];
    else
      // 노드가 남아 있지 않은 경우
      [pre, now] = [now, Math.floor(now / 2)];
  } else {
    if (pre % 2 == 0){
      // 왼쪽 아래에서 돌아오는 경우
      if (now * 2 + 1 <= M)
```

```
          // 오른쪽 아래에 노드가 남아 있는 경우
          [pre, now, n] = [now, now * 2 + 1, n - 1];
        else
          // 노드가 남아 있지 않은 경우
          [pre, now] = [now, Math.floor(now / 2)];
      } else {
        // 오른쪽 아래에서 돌아오는 경우
        [pre, now] = [now, Math.floor(now / 2)];
      }
    }
}

console.log(now);
```

n번째로 방문한 노드를 확인하려면, n부터 1개씩 줄이면서
구현해야겠군.

처음 노드에 '1'을 설정하고, 직전 노드에 '0'을 설정해 두면, 다른 부분은
같게 처리할 수 있겠네!

반복 횟수는 n번이므로, 처리 시간은 n에 비례합니다. 단순한 계산이므로
순식간에 처리할 수 있답니다.

**Point**

깊이 우선 탐색에서 방문한 노드 순서는 '전위 순회', '중위 순회', '후위 순
회'로 구분할 수 있습니다([그림 13]). 모두 탐색하는 경로 자체는 같지만, 노
드의 값을 꺼내는 시점이 다릅니다(이번 문제에서는 '전위 순회'를 사용했습니다).

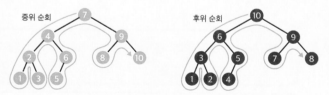

[그림 13] 중위 순회와 후위 순회

정답

**897가지**

QUIZ

# 15 기약 분수가 몇 개 있을까?

0과 1 사이에 있는 **기약 분수** 중에서 분모와 분자의 합이 '특정 수'가 되는 분수를 생각해 봅시다. 예를 들어 분모와 분자의 합이 20이 되는 기약 분수는 다음과 같습니다.

$$\frac{1}{19}, \frac{3}{17}, \frac{7}{13}, \frac{9}{11}$$

합이 20이 되는 2개의 수 조합에는 2와 18, 4와 16 등이 있지만, 이를 분수로 만들면 다음과 같이 약분할 수 있는 분수가 됩니다.

$$\frac{2}{18} = \frac{1}{9}, \quad \frac{4}{16} = \frac{2}{8} = \frac{1}{4}$$

따라서 이는 기약 분수가 아닙니다. 또한, 다음과 같은 분수도 합이 20이지만, 모두 1 이상인 수이므로 대상에서 제외합니다.

$$\frac{19}{1}, \frac{17}{3}, \frac{13}{7}, \frac{11}{9}$$

[ 문제 ]

**분모와 분자의 합이 1,234,567이 되는, 0과 1 사이에 있는 기약 분수가 몇 개인지 구하시오.**

'기약 분수'라는 것은 분모와 분자에 공통인 약수(공약수)가 없으면 되는 거지?

Hint!

공약수가 있다면 약분할 수 있지요. 따라서 2개 수의 최대공약수가 1인 것을 찾으면 된답니다.

최대공약수를 구하는 방법에는 유명한 방법이 있지!

힌트에서 언급한 것처럼 이 문제는 '2개 수의 최대공약수가 1'인 것을 찾으라는 의미입니다. 이는 2개의 수가 **서로소**인지를 묻는 말입니다. 따라서 2개의 수를 선택하고 최대공약수를 계산해서, 최대공약수가 1인 것이 몇 개인지 세면 됩니다.

최대공약수는 각 숫자의 약수를 구한 다음, 공통인 약수 중에 최댓값을 구하면 되는 거지?

더 좋은 방법이 있어. 최대공약수를 구할 때는 일반적으로 '유클리드 호제법'을 사용해.

프로그래밍 언어에 따라서 최대공약수를 구하는 함수를 제공하는 경우도 있습니다. 따라서 확인해 보는 것을 추천합니다. *삐리리*

파이썬, 루비, PHP 등의 언어에서는 기본적으로 최대공약수를 구하는 함수를 제공하므로, 이를 사용하면 됩니다. 하지만 최대공약수를 구하는 함수를 기본적으로 제공하지 않는 언어는 어떻게 해야 할까요? 지금부터 이에 대해 알아봅시다.

**Point**

> 유클리드 호제법은 '나머지'가 지닌 다음과 같은 특성을 활용해서 최대공약수를 구하는 방법입니다.
>
> **2개의 자연수 $a$, $b(a \geq b)$가 있을 때, $a$를 $b$로 나눈 나머지가 $r$이면, '$a$와 $b$의 최대공약수'와 '$b$와 $r$의 최대공약수'는 같다.**

따라서 '$a$와 $b$의 최대공약수'를 구하려면, '$b$와 $r$의 최대공약수'를 구해도 된다는 것입니다. 참고로 $b$를 $r$로 나눈 나머지를 $c$라고 하면, '$r$과 $c$의 최대공약수'를 구하는 것과 같게 됩니다.

예를 들어 86과 20의 최대공약수는 다음과 같이 반복해서 구할 수 있습니다.

$$86 \div 20 = 4 \dots 6$$
$$20 \div 6 = 3 \dots 2$$
$$6 \div 2 = 3 \dots 0$$

나머지가 0이 될 때의 제수(앞의 예에서는 2)가 바로 최대공약수입니다. 이를 구현하면, 다음과 같습니다.

**q15_1.js**

```
function gcd(a, b){
  var r = a % b;
  while (r > 0){
    a = b;
    b = r;
    r = a % b;
  }
  return b;
}
```

재귀 함수로 구현한다면, 다음과 같이 간단하게 작성할 수 있습니다.

**q15_2.js**

```
function gcd(a, b){
  if (b == 0) return a;
  return gcd(b, a % b);
}
```

각각의 약수가 무엇인지를 구할 필요는 없네?

이번 문제에서는 이러한 함수를 사용하는 것이 가장 빠를 것 같아!

분모와 분자의 합이 1,234,567이므로, 둘 중 하나만 결정하면 다른 것을 결정할 수 있습니다. 간단하게 1부터 차근차근 타고 올라가며, 최대공약수를 계산해 봅시다. 코드로 작성하면, 다음과 같습니다.

**q15.py**

```python
from fractions import gcd

N = 1234567
cnt = 0
for i in range(1, N // 2 + 1):
  if gcd(i, N - i) == 1:
    cnt += 1

print(cnt)
```

**q15_3.js**

```javascript
// 최대공약수를 재귀 함수로 구하기
function gcd(a, b){
  if (b == 0) return a;
  return gcd(b, a % b);
}

N = 1234567;
var cnt = 0;
for (var i = 1; i < N / 2; i++){
  if (gcd(i, N - i) == 1) cnt++;
}
console.log(cnt);
```

파이썬에서는 정말 간단하네요!

자바스크립트에서도 이전에 구현했던 '최대공약수를 구하는 처리'를 사용하기만 하면 되니까 복잡하지 않답니다.

정답

**612,360개**

## 뜻밖에 자주 사용하는 초등학교에서 배운 수학 지식

초등학교에서 배운 수학 지식 중에는 중고등학교 때 거의 사용하지 않는 것들이 많습니다. 예를 들어 이번 문제에서 사용한 최대공약수와 최소공배수를 포함하여, 대분수, 가분수, 나눗셈의 나머지 등은 중고등학교에서는 거의 활용하지 않습니다.

그런데 프로그래밍을 할 때는 '나눗셈의 나머지'를 사용하면 주기를 나타낼 수 있어서, 계산에 자주 사용합니다. 예를 들어 날짜를 7로 나눈 나머지로 요일을 계산하는 처리는 실무에서도 많이 사용합니다.

또한, 소수 계산에서 반올림 오차를 막기 위해 분수를 사용하는 경우도 많습니다. "수학이 미래에 무슨 도움이 될까?"라는 대답은 일반적으로 "논리적으로 생각하는 능력을 기를 수 있다."지만, 이처럼 뜻밖의 장소에서 수학을 사용하는 경우가 많답니다.

제 **2** 장

초급편

★★

메모화 등으로
처리 시간 단축하기

# 퍼즐 문제가 일반적인
# 소프트웨어 개발에 도움이 될까?

퍼즐과 같은 문제를 푸는 것이 실제 업무에 도움되는지는 커뮤니티에서 자주 논쟁거리가 되는 내용입니다. 이러한 논쟁의 핵심은 실용성입니다. 미로를 탐색하는 것과 같은 처리를 실무에서는 거의 사용하지 않을 테니까요. 또한, 퍼즐은 단시간에 풀어야 하는 것이 우선이며, 읽기 어렵고 범용성 없는 소스 코드가 만들어진다는 지적도 있습니다.

물론 실무 시스템이라면 미래의 유지보수도 고려해서, 객체 지향 개념을 적용해 정밀하게 설계해야 하는 경우가 많습니다. 하지만 퍼즐을 푸는 알고리즘을 생각할 때 객체 지향 설계를 사용하는 경우는 거의 없습니다.

그러나 퍼즐 문제를 푸는 것에 장점도 있습니다. 예를 들어 하나의 프로그램을 구현하는 데 걸리는 시간이 줄고, 문제를 풀었을 때의 기쁨을 얻을 수 있습니다. 큰 목표를 달성하는 것은 어렵더라도, 작은 목표를 여러 번 달성하다 보면 여러 가지 자극을 받을 수 있습니다. 이는 프로그래밍에만 한정된 이야기가 아닙니다. 또한, 처리 시간을 대충 예측할 수 있게 된다는 것도 장점입니다. 실제 업무 시스템에서도 데이터 개수가 적을 때는 아무 문제 없어도 데이터양이 늘어날 때 응답 속도가 늦어지는 등의 문제가 자주 일어납니다. 하지만 알고리즘의 계산량을 어느 정도 가늠할 수 있다면, 구현하기 전 단계에서 어느 정도 처리 시간을 예측할 수 있게 됩니다.

더불어 초보자라면 여러 문제를 풀면서 프로그래밍 언어로 구현하는 방법에 익숙해질 수도 있고, 디버그 등 원인을 조사하는 능력도 익힐 수 있습니다. 그리고 상급자라고 하더라도 속도 또는 정확도를 경쟁하며, 프로그래밍 대회에 참가하는 등을 즐기는 사람도 많습니다.

퍼즐을 푸는 것에 익숙해도 실무에서 시스템을 개발하지 못하는 사람이 있고, 그 반대도 있습니다. 하지만 두 가지 모두 가능하다면 프로그래밍 자체를 더욱 깊이 이해할 수 있을 것입니다.

QUIZ

# 16 그룹으로 타는 리프트

친구들끼리 모여서 스키장에서 리프트 또는 곤돌라를 타는 경우를 생각해 봅시다. 이때 친구들과 떨어지지 않고 연속해서 리프트나 곤돌라를 탄다고 합시다.

그룹 멤버를 구별하지 않고 각 리프트 또는 곤돌라에 타는 사람 수만 생각할 때, 사람 수를 배분하는 방법이 몇 가지일지 생각해 봅시다. 다만, 누구도 타지 않는 리프트 또는 곤돌라는 없다고 합시다.

[표 1] 5명이 3명까지 탈 수 있는 리프트를 타는 경우

| 패턴 | 1 대째 | 2 대째 | 3 대째 | 4 대째 | 5 대째 |
|------|--------|--------|--------|--------|--------|
| (1) | 1명 | 1명 | 1명 | 1명 | 1명 |
| (2) | 1명 | 1명 | 1명 | 2명 | – |
| (3) | 1명 | 1명 | 2명 | 1명 | – |
| (4) | 1명 | 2명 | 1명 | 1명 | – |
| (5) | 2명 | 1명 | 1명 | 1명 | – |
| (6) | 1명 | 1명 | 3명 | – | – |
| (7) | 1명 | 3명 | 1명 | – | – |
| (8) | 3명 | 1명 | 1명 | – | – |
| (9) | 1명 | 2명 | 2명 | – | – |
| (10) | 2명 | 1명 | 2명 | – | – |
| (11) | 2명 | 2명 | 1명 | – | – |
| (12) | 2명 | 3명 | – | – | – |
| (13) | 3명 | 2명 | – | – | – |

예를 들어 5명의 그룹으로 3명까지 탈 수 있는 리프트가 있다면, [표 1]과 같은 13가지 패턴이 있습니다.

[ 문제 ]

**32명이 6명까지 탈 수 있는 리프트에 탈 때, 리프트를 탈 수 있는 방법이 몇 가지인지 구하시오.**

이 책의 제0장에서 다룬 내용을 떠올려 보세요.

[ 생각하는 방법 ]

연속으로 리프트를 타므로, 첫 번째 리프트에 탄 사람 수를 제외하고, 다

시 후속 리프트에 타는 패턴을 생각하면 됩니다. 두 번째 리프트 이후도 마찬가지이므로, 간단하게 재귀 처리를 사용해서 구현할 수 있습니다. 같은 패턴이 여러 번 등장하므로, 이전 예처럼 메모화를 사용해서 구현해 봅시다.

**q16.py**

```python
MEMBER, LIFT = 32, 6

memo = {0: 1, 1: 1}
def board(remain):
  if remain in memo:
    return memo[remain]
  cnt = 0
  for i in range(1, LIFT + 1):
    if remain - i >= 0:
      cnt += board(remain - i)
  memo[remain] = cnt
  return cnt

print(board(MEMBER))
```

**q16.js**

```javascript
MEMBER = 32;
LIFT = 6;

memo = {0: 1, 1: 1}
function board(remain){
  if (memo[remain]) return memo[remain];
  var cnt = 0;
  for (var i = 1; i <= LIFT; i++){
    if (remain - i >= 0) cnt += board(remain - i);
  }
  return memo[remain] = cnt;
}

console.log(board(MEMBER));
```

 초깃값으로 0명일 때와 1명일 때를 결정해 두면, 간단하게 메모화와 재귀를 활용해서 구할 수 있네!

정답

**1,721,441,096가지**

106

# 17 비상계단에서 탈출하는 패턴

빌딩 내부에 화재가 발생한 경우, 계단을 사용해서 탈출하게 됩니다. 하지만 놀라서 침착하지 못하면 다칠 위험이 있습니다. 당연히 앞사람을 추월하는 것은 매우 위험합니다.

[그림 1]처럼 계단에 사람이 있는 상황을 생각해 봅시다. 앞칸에 다른 사람이 있으면 진행할 수 없지만, 아무도 없는 경우에는 진행할 수 있습니다. 예를 들어 3칸의 계단에서 왼쪽 그림과 같은 위치에 사람이 있다면, 한 칸씩 이동해서 3회 만에 탈출할 수 있습니다. 하지만 오른쪽 그림과 같은 위치에 사람이 있다면, 5회 걸립니다.

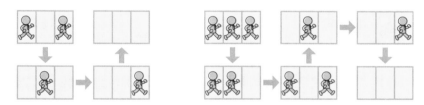

[그림 1] 계단을 내려가는 사람

계단에 있는 사람의 초기 상태 패턴에 따라 전원이 탈출할 때까지 걸리는 횟수의 합계를 구하는 경우를 생각해 봅시다. 3단이라면 [그림 2]와 같은 패턴이 있으므로 합계는 21회가 됩니다.

| 1회 | 2회 | 3회 | 3회 | 3회 | 4회 | 5회 |

[그림 2] 계단이 3단인 경우

문제

16단일 때 모든 초기 상태 패턴을 생각하고, 그때의 이동 횟수 합계를 구하시오.

사랑이 있을 수 있는 계단은 최대 16단입니다. 어떤 단에 사람이 있는지를 어떻게 표현할 수 있을지 생각해 보세요.

생각하는 방법

일단 초기 상태가 주어졌을 때, 모두가 탈출하는 데 걸리는 횟수를 구하는 함수를 만듭니다. 이어서 모든 초기 상태를 매개 변수로 전달하고, 그 반환값들을 합치면 답을 구할 수 있을 것입니다. 그럼 어느 계단에 사람이 있는지 나타내는 상태를 어떻게 표현해야 좋을까요?

배열을 사용해서 각각의 단을 표현하면 될까?

누군가가 있다면 1, 없다면 0으로 표현하면 됩니다. 삐리리

배열을 사용하면 각 요소를 복사하는 것과 조건 분기가 복잡해질 수 있습니다.
Q02에서 살펴보았던 것처럼 비트 연산을 사용해 보세요.

'0'과 '1'처럼 두 가지 종류로 표현한다면, 비트 연산자를 사용할 수 있습니다. 예를 들어 사람이 있는 위치를 '1', 사람이 없는 위치를 '0'으로 표현한다면, 앞선 [그림 1]의 왼쪽 초기 상태 예는 '101'로 표현할 수 있습니다.

또한, 아무도 없는 위치를 구하고 싶을 때는 비트를 반전하기만 하면 되고(또는 0인 위치를 찾거나), 이동은 오른쪽 시프트를 사용하면 됩니다. 물론 오른쪽에 사람이 있는 경우는 이동할 수 없지만, 이런 것도 비트 연산자로 처리할 수 있습니다.

예를 들어 이동할 수 있는 사람은 '아무도 없는 단의 왼쪽에 있는 사람'입니다. 따라서 아무도 없는 단을 왼쪽 시프트하여, 해당 단에 있는 사람만 이동하면 될 것입니다. 말로는 조금 어려우니 곧바로 코드를 살펴봅시다.

**q17_1.py**

```python
N = 16

def steps(n):
  cnt = 0
  # 탈출하지 못한 사람이 있을 경우 계속 반복하기
  while n > 0:
    cnt += 1
    # 비트를 반전해서 아무도 없는 단 찾기
    none = ~n
    # 이동할 수 있는 사람이 있는 단 찾기
    movable = (none << 1) + 1
    # 이동 후의 상태 확인하기
    n = (n & (~movable)) | ((n >> 1) & none)
  return cnt
sum = 0

# 각 단에 사람이 있는 경우 전체 탐색하기
for i in range(1, (1 << N)):
  sum += steps(i)

print(sum)
```

**q17_1.js**

```javascript
N = 16;

function steps(n){
  var cnt = 0;
  while (n > 0){
    cnt++;
    var none = ~n;
    var movable = (none << 1) + 1;
    n = (n & (~movable)) | ((n >> 1) & none);
  }
  return cnt;
}

var sum = 0;
for (var i = 1; i <= (1 << N) - 1; i++){
  sum += steps(i);
}

console.log(sum);
```

주석이 없으면 이해하기 어렵지만, 코드 자체는 짧고 단순하네요.

전체를 탐색하고 있으므로, 조금 더 처리 속도를 높이는 방법을 고민해
봅시다. 메모화를 사용하면, 20단도 빠르게 구할 수 있답니다.

## q17_2.py

```python
N = 16

memo = {0: 0, 1: 1}
def steps(n):
  global memo
  cnt = 0
  if n in memo:
    return memo[n]
  cnt += 1
  # 비트를 반전해서 아무도 없는 단 찾기
  none = ~n
  # 이동할 수 있는 사람이 있는 단 찾기
  movable = (none << 1) + 1
  # 이동 후의 상태 확인하기
  moved = (n & (~movable)) | ((n >> 1) & none)
  memo[n] = 1 + steps(moved)
  return memo[n]

sum = 0
# 각 단에 사람이 있는 경우 전체 탐색하기
for i in range(1, (1 << N)):
  sum += steps(i)

print(sum)
```

## q17_2.js

```javascript
N = 16;

var memo = [0, 1];
function steps(n){
  if (memo[n]) return memo[n];

  var none = ~n;
  var movable = (none << 1) + 1;
  var moved = (n & (~movable)) | ((n >> 1) & none);
  return memo[n] = 1 + steps(moved);
}
```

```
var sum = 0;
for (var i = 1; i < 1 << N; i++){
  sum += steps(i);
}

console.log(sum);
```

'이동 후 사람의 상태를 추출'하는 부분에서 *OR* 연산 왼쪽에서 이동 전의
상태를 초기화(*clear*)하고, 오른쪽에서 이동 후의 상태를 설정하는
부분이 포인트라고 할 수 있습니다. 삐리리

정답

**1,149,133회**

QUIZ

# 18 | 균형 잡힌 커튼 갈고리

방의 이미지를 바꾸어 주는 커튼에는 왼쪽 오른쪽으로 이동할 수 있게 해주는 '러너(runner)'라는 것들이 레일에 달려 있습니다. 이러한 러너에 갈고리(훅, hook)를 사용해 커튼을 걸게 됩니다.

새로 지은 아파트가 아니라, 다른 사람이 살던 집에 이사를 가면, 일반적으로 커튼을 걸 수 있는 위치에 러너가 남아 있습니다. 이번 문제에서는 러너의 수와 훅의 수가 주어질 때, 훅을 걸지 않은 러너가 2개 이상 연속되지 않게 커튼을 거는 방법이 몇 가지인지 구해 봅시다(훅이 걸리지 않은 러너가 연속되면, 커튼을 움직일 때 걸리는 경우가 있으니까요).

참고로 양쪽 끝의 러너는 반드시 사용해야 하며, '러너의 수'는 '훅의 수의 2배'보다는 적습니다. 예를 들어 러너가 6개이고, 훅이 4개일 때는 [그림 3]의 녹색 3가지가 나올 수 있으며, 오른쪽 아래의 그림은 불가능합니다.

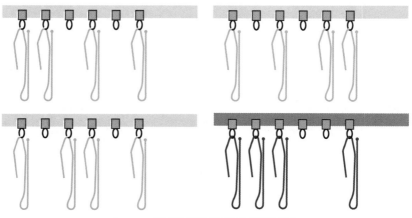

[그림 3] 러너가 6개이고 훅이 4개인 경우

러너가 50개, 훅이 35개일 때 커튼을 걸 수 있는 방법이 몇 가지인지 구하시오.

Hint!

수학적으로 생각하면, 간단하게 프로그램을 구현할 수 있습니다.

생각하는 방법

양쪽 끝의 러너는 반드시 사용해야 하므로, 첫 번째 훅에 러너를 거는 것을 시작으로 차근차근 훅을 겁니다. 그리고 마지막 러너에 마지막 훅을 걸면 됩니다.

훅이 걸려 있지 않은 러너가 2개 이상 연속되지 않는다는 것은, 하나 건너뛰는 것은 괜찮다는 거지?

훅을 걸지, 하나 건너뛸지 이를 선택하는 것을 재귀 함수로 구현하면 될까? 근데 종료 조건은 어떻게 되지?

훅이 2개 남은 경우를 생각해 봅시다.

**Point**

러너가 2개 남아 있고 훅이 2개 남아 있으면, 한 가지밖에 나오지 않습니다. 반면 러너가 3개, 훅이 2개 남아 있는 상태를 생각해 보면, 양쪽 끝에는 러너를 걸어야 하므로 오른쪽 끝의 1개는 반드시 필요합니다.*

역주 왼쪽부터 차례대로 훅을 걸고, 마지막에 훅이 2개 남는 경우를 생각하는 것이기 때문입니다.

따라서 남은 3개 중에서 오른쪽 끝에 훅을 걸면, (1) 3개 중에 왼쪽 끝에 훅을 걸고 중간을 비우는 경우와 (2) 오른쪽 두 개에 훅을 거는 경우가 됩니다. (2)의 경우는 러너가 2개 남고, 훅이 2개 남아 있는 경우와 같습니다. 따라서 종료 조건은 '러너가 2개, 훅이 2개 남아 있는 경우' 하나와 '러너가 3개, 훅이 2개 남아 있는 경우' 하나로 두 가지입니다.

이를 프로그램으로 구현하면, 다음과 같이 작성할 수 있습니다.

**q18_1.py**

```python
RUNNER = 50
HOOK = 35

memo = {
  str([2, 2]): 1,
  str([3, 2]): 1
}
def search(runner, hook):
  global memo
  key = str([runner, hook])
  if key in memo:
    return memo[key]

  if hook <= 1:
    return 0
  if runner < hook:
    return 0

  cnt = 0
  # 훅 설정
  cnt += search(runner - 1, hook - 1)
  # 하나씩 건너뛴 훅 설정
  cnt += search(runner - 2, hook - 1)
  memo[key] = cnt
  return cnt

print(search(RUNNER, HOOK))
```

**q18_1.js**

```javascript
RUNNER = 50;
HOOK = 35;

memo = {[[2, 2]] : 1, [[3, 2]] : 1}
function search(runner, hook){
  if (memo[[runner, hook]])
    return memo[[runner, hook]];

  if (hook <= 1) return 0;
  if (runner < hook) return 0;

  var cnt = 0;
  // 훅 설정
  cnt += search(runner - 1, hook - 1);
  // 하나씩 건너뛴 훅 설정
  cnt += search(runner - 2, hook - 1);
  return memo[[runner, hook]] = cnt;
```

```
}

console.log(search(RUNNER, HOOK));
```

 훅이 2개 남아 있을 때를 생각해 보면, 훅이 1개 남아 있을 때는 세지 않아도 되겠네요?

 러너보다 훅이 많을 때도 세지 않네. 정말 간단하게 재귀 처리를 구현했어!

 수학적으로 생각해 볼 수도 있어요. 예를 들어 다음과 같이 조합을 사용하는 방법은 어떨까요?

훅이 걸려 있지 않은 러너는 2개 이상 연속될 수 없으므로, 훅이 걸려 있지 않은 러너를 훅이 걸려 있는 러너로 구분한다고 생각하면 됩니다. 따라서 훅이 걸려 있는 러너의 위치를 □, 남아 있는 러너를 배치할 수 있는 위치를 ○로 표시하면, [그림 3]의 예는 ○□○□○처럼 표현할 수 있습니다. 따라서 3개의 ○에 2개의 러너를 배치하는 패턴을 구하는 문제로 생각할 수 있습니다.

따라서 이 예에서는 $_3C_2 = 3$가지가 됩니다. 러너의 수를 $r$, 훅의 수를 $h$라고 하면, $_{h-1}C_{r-h}$가 됩니다. 조합을 구하는 처리는 이전에 설명했으므로 그대로 사용해 봅시다.

**q18_2.py**

```python
RUNNER, HOOK = 50, 35

memo = {}
def nCr(n, r):
  global memo
  key = str([n, r])
  if key in memo:
    return memo[key]
  if (r == 0) or (r == n):
    return 1
  memo[key] = nCr(n - 1, r - 1) + nCr(n - 1, r)
```

```
    return memo[key]

print(nCr(HOOK - 1, RUNNER - HOOK))
```

**q18_2.js**

```
RUNNER = 50;
HOOK = 35;
var memo = {};

function nCr(n, r){
  if (memo[[n, r]]) return memo[[n, r]];
  if ((r == 0) || (r == n)) return 1;
  return memo[[n, r]] = nCr(n - 1, r - 1) + nCr(n - 1, r);
}

console.log(nCr(HOOK - 1, RUNNER - HOOK));
```

이건 전혀 생각 못했다….

문제를 단순화하고 시점을 달리하면 더 간단하게 푸는 방법이 나오네!

정답

**1,855,967,520가지**

QUIZ

# 19 술에 취한 귀갓길

늦은 밤 지하철 안에 앉아 있다 보면 꽤 졸립니다. 특히, 술을 마시고 지하철에서 자는 사람은 자주 볼 수 있습니다. 이번 문제에서는 지하철로 승차역에서 원하는 하차역까지 이동하는 경우를 생각해 봅시다. 탈 때는 원하는 하차역 방향으로 잘 타지만, 졸다가 목적지를 지나칠 수도 있다고 합시다.

단 이때, 이미 한 번 진행 방향을 바꿔 되돌아온 역이나 승차역에서는 다시 내리지 않는다고 하면, 몇 가지 패턴이 나올 수 있을지 생각해 봅시다.

예를 들어 5개의 역이 있고, 승차역이 2번째, 하차역이 3번째 역일 때는 [그림 4]와 같은 7가지 패턴이 나올 수 있습니다.

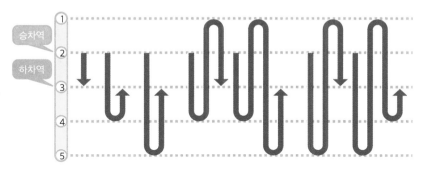

[그림 4] 5개의 역이 있는 노선에서 2번째 역이 승차역, 3번째 역이 하차역인 경우

문제

**역의 수가 15개, 승차역이 3번째 역이고, 하차역이 10번째 역이라고 할 때, 목적지인 역까지 이동하는 패턴이 몇 가지인지 구하시오.**

Hint!

각각의 역을 모두 확인해 보는 방법도 있겠지만, 효율이 조금이라도 더 좋은 방법을 생각해 봅시다.

어떤 자료 구조를 사용해야 할지 잘 모르겠네….

생각하는 방법

하차역 방향으로 진행한다고 생각하면, 방문한 역과 현재 위치만 알면, 깊이 우선 탐색으로 탐색할 수 있습니다. 방문한 역의 수만큼 배열을 준비하고 플래그를 설정한 뒤, 하차역에 도착하면 탐색을 종료하게 해 봅시다.

구현할 때 진행 방향을 딱히 생각하지 않아도 되겠네요?

재귀적으로 탐색할 경우의 종료 조건은 하차역에 도착했는지 아닌지로 판단할 수 있으므로, 간단하게 구현할 수 있습니다.

한 번 탐색한 것은 다시 탐색하지 않게 메모화해 두면, 다음과 같이 구현할 수 있습니다.

**q19_1.py**

```python
N, START, GOAL = 15, 3, 10
memo = {}

def search(used, pos):
  key = str([used, pos])
  if key in memo:
    return memo[key]
  if pos == GOAL:  # 하차역에 도착하면 종료하기
    return 1
  cnt = 0
  used[pos - 1] = True  # 사용한 경우 플래그 설정하기
  if pos < GOAL:
    for i in range(GOAL, N + 1):
      if used[i - 1] == False:
        cnt += search(used, i)
  else:
    for i in range(1, GOAL + 1):
```

```
    if used[i - 1] == False:
      cnt += search(used, i)
  used[pos - 1] = False  # 플래그 되돌리기
  memo[key] = cnt
  return cnt
print(search([False] * N, START))
```

| q19_1.js

```js
N = 15;
START = 3;
GOAL = 10;

memo = {}
function search(used, pos){
  if (memo[[used, pos]]) return memo[[used, pos]];

  if (pos == GOAL) return 1; // 하차역에 도착하면 종료하기
  var cnt = 0;
  used[pos - 1] = true; // 사용한 경우 플래그 설정하기
  if (pos < GOAL){
    for (var i = GOAL; i <= N; i++){
      if (used[i - 1] != true)
        cnt += search(used, i);
    }
  } else{
    for (var i = 1; i <= GOAL; i++){
      if (used[i - 1] != true)
        cnt += search(used, i);
    }
  }
  used[pos - 1] = false; // 플래그 되돌리기
  return memo[[used, pos]] = cnt;
}

console.log(search(new Array(N), START));
```

이동했을 때 플래그를 설정하고, 탐색이 완료되었을 때 플래그를 되돌려 놓고 있네요.

이동 방향을 하차역과의 위치 관계로 찾고 있답니다.

메모화하고 있지만, 역의 수가 16개를 넘으면 시간이 조금 걸리네요.

처리를 빠르게 하려면, 조금 다른 형태로 생각해 봐야 합니다. 진행 방향
은 번갈아 가면서 바뀝니다.* 따라서 각각의 방향에 남아 있는 역의 수를
알면, 그 패턴도 구할 수 있습니다.

> 역주 예를 들어 [그림 4]를 통해 살펴보면, 진행 방향이 아래에서 위로, 다음은 위에서 아래로, ... 처럼
> 번갈아 가면서 바뀐다는 의미입니다.

진행 방향의 앞뒤로 남아 있는 역의 수를 바꾸면서, 깊이 우선 탐색을 하
게 구현해 봅시다.

**q19_2.py**

```python
N, START, GOAL = 15, 3, 10

def count(bw, fw):
  if fw == 0:
    return 1
  return 1 + fw * count(fw - 1, bw)

if START == GOAL:
  print("1")
elif START < GOAL:
  print(count(GOAL - 2, N - GOAL))
else:
  print(count(N - GOAL - 1, GOAL - 1))
```

**q19_2.js**

```javascript
N = 15;
START = 3;
GOAL = 10;

function count(bw, fw){
  if (fw == 0) return 1;
  return 1 + fw * count(fw - 1, bw);
}

if (START == GOAL){
  console.log("1");
} else if (START < GOAL){
  console.log(count(GOAL - 2, N - GOAL));
} else {
  console.log(count(N - GOAL - 1, GOAL - 1));
}
```

120

```python
  if days == 1:
    return 1
  cnt = 0
  for i in range(1, (page - days * (days - 1) // 2) // days + 1):
    cnt += search(page - i * days, days - 1)
  memo[key] = cnt
  return cnt

cnt = 0
for i in range(1, DAYS + 1):
  cnt += search(PAGES, i)

print(cnt)
```

**q20_2.js**

```javascript
PAGES = 180;
DAYS = 14;

var memo = {};
function search(page, days){
  if (memo[[page, days]]) return memo[[page, days]];

  if (days == 1) return 1;
  var cnt = 0;
  var oneday = ((page - days * (days - 1) / 2) / days);
  for (var i = 1; i <= oneday; i++){
    cnt += search(page - i * days, days - 1);
  }
  return memo[[page, days]] = cnt;
}

var cnt = 0;
for (var i = 1; i <= DAYS; i++){
  cnt += search(PAGES, i);
}

console.log(cnt);
```

이렇게 하면 500페이지, 60일 정도도 순식간에 구할 수 있네!

메모화를 사용하는 경우에도 메모화하는 양을 생각해 보면 좋구나.

정답

**140,615,467가지**

QUIZ

# 21

# 100칸 계산에서 최솟값 찾기

단순한 수학 계산을 연습할 때 [그림 5]와 같은 표를 본 적이 있나요? 이는 세로 10칸과 가로 10칸으로 구성된 표이며, 왼쪽과 위쪽에는 0~9의 숫자가 무작위로 작성되어 있습니다. 그리고 가로와 세로가 만나는 부분에 왼쪽과 오른쪽 숫자의 합을 적어 만든 표입니다.

|   | 3 | 5 | 0 | 8 | 1 | 4 | 2 | 6 | 7 | 9 |
|---|---|---|---|---|---|---|---|---|---|---|
| 4 |   |   |   |   |   |   |   |   |   |   |
| 8 |   |   |   |   |   |   |   |   |   |   |
| 1 |   |   |   |   |   |   |   |   |   |   |
| 7 |   |   |   |   |   |   |   |   | 9 |   |
| 0 |   |   |   |   |   |   |   |   |   |   |
| 6 |   |   |   |   |   |   |   |   |   |   |
| 9 |   |   |   |   |   |   |   |   |   |   |
| 2 |   |   |   |   |   |   |   |   |   |   |
| 5 |   |   |   |   |   |   |   |   |   |   |
| 3 |   |   |   |   |   |   |   |   |   |   |

|   | 3 | 5 | 0 | 8 | 1 | 4 | 2 | 6 | 7 | 9 |
|---|---|---|---|---|---|---|---|---|---|---|
| 4 | 7 | 9 | 4 | 12 | 5 | 8 | 6 | 10 | 11 | 13 |
| 8 | 11 | 13 | 8 | 16 | 9 | 12 | 10 | 14 | 15 | 17 |
| 1 | 4 | 6 | 1 | 9 | 2 | 5 | 3 | 7 | 8 | 10 |
| 7 | 10 | 12 | 7 | 15 | 8 | 11 | 9 | 13 | 14 | 16 |
| 0 | 3 | 5 | 0 | 8 | 1 | 4 | 2 | 6 | 7 | 9 |
| 6 | 9 | 11 | 6 | 14 | 7 | 10 | 8 | 12 | 13 | 15 |
| 9 | 12 | 14 | 9 | 17 | 10 | 13 | 11 | 15 | 16 | 18 |
| 2 | 5 | 7 | 2 | 10 | 3 | 6 | 4 | 8 | 9 | 11 |
| 5 | 8 | 10 | 5 | 13 | 6 | 9 | 7 | 11 | 12 | 14 |
| 3 | 6 | 8 | 3 | 11 | 4 | 7 | 5 | 9 | 10 | 12 |

[그림 5] 100칸 계산의 예

이처럼 100칸을 모두 채우고 나서, 오른쪽 그림처럼 왼쪽 위에서 시작해서 오른쪽 아래의 숫자까지 인접한 칸을 타고 가면서 위, 아래, 오른쪽, 왼쪽으로 이동합니다. 이때, 통과한 칸에 적힌 숫자의 합이 최소가 되는 경로를 구해 봅시다.

[그림 5]의 왼쪽 그림이 주어졌다면, 오른쪽 그림과 같이 통과하는 경우가 합이 117로 최소가 되며, 이것이 답입니다. 참고로 칸의 왼쪽과 위에 있는 숫자는 한 자릿수이며, 중복될 수 있다고 합시다.

[ 문제 ]

**왼쪽의 숫자가 '5, 1, 1, 9, 1, 6, 9, 0, 9, 6', 위쪽의 숫자가 '8, 6, 8, 9, 3, 4, 1, 7, 6, 1'일 때, 통과한 칸에 적힌 숫자의 합이 최소가 되는 경로를 구하고 그때의 합을 구하시오.**

[ 생각하는 방법 ]

각 칸에 들어 있는 값은 왼쪽과 위쪽 숫자의 합이므로, 단순하게 더하면 구할 수 있습니다. 따라서 문제는 왼쪽 위에서 시작해서 오른쪽 아래 칸까지 진행할 때, 어떻게 해야 합이 최소가 되는 칸을 구할 수 있을까입니다.

이번 문제의 포인트는 위, 아래, 왼쪽, 오른쪽으로 이동할 수 있다는 것입니다. 일단 기본적인 방법은 너비 우선 탐색으로 차례대로 확인하는 **다익스트라 알고리즘**을 사용하는 것입니다(재귀 처리를 사용한 프루닝 알고리즘으로도 풀 수 있습니다*).

> 역주  프루닝(Purning) 알고리즘은 가지치기 알고리즘이라고도 부릅니다. 프루닝 알고리즘도 공부에
> 도움이 되므로 살펴보기 바랍니다.

다익스트라 알고리즘? 그게 뭐예요?

그래프 이론에서 최단 경로 문제를 푸는 방법으로 유명한 방법으로 알고 있어.

왼쪽 위의 칸에서 시작해서 오른쪽 아래로 이동하는 경로의 합이 최소가 되는 것을 차례대로 찾으면서 구하면 된답니다.

다익스트라 알고리즘으로 구현한다면, 다음과 같이 작성할 수 있습니다.

**▌ q21_1.py**

```python
# 위와 왼쪽의 값 설정하기
col = [8, 6, 8, 9, 3, 4, 1, 7, 6, 1]
row = [5, 1, 1, 9, 1, 6, 9, 0, 9, 6]

# 각 칸의 값 설정하기(왼쪽과 위의 값 더하기)
board = [0] * len(row)
cost = [0] * len(row)
# (최댓값의 초깃값을 2000으로 설정하기)
for i in range(0, len(row)):
  board[i] = [0] * len(col)
  cost[i] = [0] * len(col)
  for j in range(0, len(col)):
    board[i][j] = row[i] + col[j]
```

```python
        cost[i][j] = 2000

# 이동한 때의 최소 경로 합(비용) 기록하기
cost[0][0] = board[0][0]

queue = [[0, 0]]
while len(queue) > 0:
    # 비용이 최소가 되는 칸을 확정할 수 있게, 정렬한 뒤 추출하기
    sorted(queue, key=lambda x: cost[x[0]][x[1]])
    r, c = queue.pop()

    # 위 아래 왼쪽 오른쪽을 확인하고, 작아지는 경우 큐에 넣기
    for d in [[-1, 0], [0, -1], [1, 0], [0, 1]]:
        x, y = r + d[0], c + d[1]
        if (x >= 0) and (x < len(row)) and (y >= 0) and (y < len(col)):
            if cost[x][y] > (cost[r][c] + board[x][y]):
                cost[x][y] = cost[r][c] + board[x][y]
                queue.append([x, y])

print(cost[len(row) - 1][len(col) - 1])
```

**▌q21_1.js**

```javascript
// 위와 왼쪽의 값 설정하기
var col = [8, 6, 8, 9, 3, 4, 1, 7, 6, 1];
var row = [5, 1, 1, 9, 1, 6, 9, 0, 9, 6];

// 각 칸의 값 설정하기(왼쪽과 위의 값 더하기)
var board = new Array(row.length);
// 이동한 때의 최소 경로 합(비용) 기록하기
// (최댓값의 초깃값을 2000으로 설정하기)
var cost = new Array(row.length);
for (var i = 0; i < row.length; i++){
  board[i] = new Array(col.length);
  cost[i] = new Array(col.length);
  for (var j = 0; j < col.length; j++){
    board[i][j] = row[i] + col[j];
    cost[i][j] = 2000;
  }
}

cost[0][0] = board[0][0]

var queue = [[0, 0]];
while (queue.length > 0){
  // 비용이 최소가 되는 칸을 확정할 수 있게, 정렬한 뒤 추출하기
  queue.sort(function(a, b){
    return cost[a[0]][a[1]] < cost[b[0]][b[1]];
```

```
    });

    var r, c;
    [r, c] = queue.shift();

    // 위 아래 왼쪽 오른쪽을 확인하고, 작아지는 경우 큐에 넣기
    [[-1, 0], [0, -1], [1, 0], [0, 1]].forEach(function(d){
      var x, y;
      [x, y] = [r + d[0], c + d[1]];
      if ((x >= 0) && (x < row.length) &&
          (y >= 0) && (y < col.length)){
        if (cost[x][y] > cost[r][c] + board[x][y]){
          cost[x][y] = cost[r][c] + board[x][y];
          queue.push([x, y]);
        }
      }
    });
  }

console.log(cost[row.length - 1][col.length - 1]);
```

 위, 아래, 왼쪽, 오른쪽을 확인하지만, 합계가 커지는 경우는 추가적인 탐색을 하지 않네.

 비용이 적은 것부터 차례대로 확인한다는 것도 중요하겠어!

 이러한 퍼즐을 풀 때 유용하게 활용할 수 있는 방법이니까 꼭 기억하기 바랍니다.

참고로 위 또는 왼쪽으로 돌아 간 경우는 최소가 되지 않는다는 것이 증명되면, 오른쪽 아래로만 이동하면 되므로 문제를 더 쉽게 해결할 수 있습니다. [그림 6]과 같 은 이동을 가정해 봅시다.

|  | a | b | c |
|---|---|---|---|
| A |  |  |  |
| B |  |  |  |
| C |  |  |  |
| D |  |  |  |
| E |  |  |  |

[그림 6] 왼쪽으로의 이동이 포함된 경우

왼쪽 위에서 오른쪽 아래로 이동할 때, 합은 다음과 같습니다.

$$(1)\ 3A + B + 3C + D + 3E + 4a + 3b + 4c$$

반면 쭉 아래로 이동하고, 오른쪽으로 이동한 경우의 합은 다음과 같습니다.

(2) $A + B + C + D + 3E + 5a + b + c$

그리고 쭉 오른쪽으로 이동하고 아래로 이동한 경우의 합은 다음과 같습니다.

(3) $3A + B + C + D + E + a + b + 5c$

만약 [그림 6]처럼 이동한다면, (1)이 다른 두 경우보다 작기 때문일 것입니다. 식으로 만들면 (1) < (2)이고 (1) < (3)이며, 이를 정리하면 다음과 같습니다.

(1) < (2) ⋯ $2A + 2C - a + 2b + 3c < 0$

(1) < (3) ⋯ $2C + 2E + 3a + 2b - c < 0$

첫 번째 식을 변경하면 $2A + 2C + 2b + 3c < a$가 되며, 양쪽 변을 3배하면 다음과 같습니다.

(4) $6A + 6C + 6b + 9c < 3a$

또한, 두 번째 식을 변경하면 $3a < c - 2C - 2E - 2b$가 되며, 식 (4)와 합쳐 보면 다음과 같습니다.

(5) $6A + 6C + 6b + 9c < c - 2C - 2E - 2b$

이를 이항하여 정리하면 다음과 같습니다.

(6) $6A + 8C + 2E + 8b + 8c < 0$

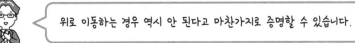

A~E와 a~c는 모두 0 이상의 정수니까, 식이 거짓이겠네요?

위로 이동하는 경우 역시 안 된다고 마찬가지로 증명할 수 있습니다.

답을 빠르게 구하는 방법으로 동적 계획법과 메모화, 재귀 등을 생각할 수 있습니다. 이번에는 구현이 간단한 동적 계획법을 사용해 봅시다. 여기서는 각 칸에 대해 위로부터와 왼쪽으로부터의 이동 중에서 경로의 합이 최소가 되는 쪽을 선택하고, 그 경로의 합을 기록하면서 탐색해 나가고 있습니다.

**q21_2.py**

```python
# 위와 왼쪽의 값 설정하기
col = [8, 6, 8, 9, 3, 4, 1, 7, 6, 1]
row = [5, 1, 1, 9, 1, 6, 9, 0, 9, 6]

# 각 칸의 값 설정하기(왼쪽과 위의 값 더하기)
board = [0] * len(row)
for i in range(0, len(row)):
  board[i] = [0] * len(col)
  for j in range(0, len(col)):
    board[i][j] = row[i] + col[j]

# 위와 왼쪽부터 작은 값 중에서, 작은 쪽의 값을 더하기
for i in range(0, len(row)):
  for j in range(0, len(col)):
    if (i == 0) and (j == 0):# 첫 칸
      next
    elif i == 0:            # 1번째 행 설정하기
      board[i][j] += board[i][j - 1]
    elif j == 0:            # 1번째 열 설정하기
      board[i][j] += board[i - 1][j]
    else:                   # 나머지
      board[i][j] += min([board[i][j - 1], board[i - 1][j]])

# 결과 출력하기
print(board[len(row) - 1][len(col) - 1])
```

**q21_2.js**

```javascript
// 위와 왼쪽의 값 설정하기
var col = [8, 6, 8, 9, 3, 4, 1, 7, 6, 1];
var row = [5, 1, 1, 9, 1, 6, 9, 0, 9, 6];

// 각 칸의 값 설정하기(왼쪽과 위의 값 더하기)
var board = new Array(row.length);
for (var i = 0; i < row.length; i++){
  board[i] = new Array(col.length);
  for (var j = 0; j < col.length; j++){
```

```
      board[i][j] = row[i] + col[j];
  }
}

// 위와 왼쪽부터 작은 값 중에서, 작은 쪽의 값을 더하기
for (var i = 0; i < row.length; i++){
  for (var j = 0; j < col.length; j++){
    if ((i == 0) && (j == 0)){// 첫 칸
      continue;
    } else if (i == 0){    // 1번째 행 설정하기
      board[i][j] += board[i][j - 1];
    } else if (j == 0){    // 1번째 열 설정하기
      board[i][j] += board[i - 1][j];
    } else {               // 나머지
      board[i][j] += Math.min(board[i][j - 1], board[i - 1][j]);
    }
  }
}

// 결과 출력하기
console.log(board[row.length - 1][col.length - 1]);
```

**122**

QUIZ

# 22 세미나 좌석 정렬하기

세미나실에 좌석을 배치한다고 합시다. 강사와 수강자가 서로 바라보기 쉽도록, 전체적으로 직사각형 모양의 좌우 대칭으로 배치한다고 합시다. 또한, 하나의 열로만 배치할 수는 없도록, 좌석의 가로 방향과 세로 방향으로 반드시 2개 이상이 이웃하게 배치되어야 한다고 합시다.

더불어 통로는 세로 방향으로만 설치할 수 있으며, 가장 앞의 열을 제외하면 모든 좌석 앞에 다른 좌석이 있어야 합니다. 이때 6좌석 이상이 가로로 함께 있으면 이동이 어려울 수 있으므로, 반드시 통로를 넣도록 합시다.

예를 들어 12개의 좌석을 배치한다면, [그림 7]의 위쪽 6가지 패턴을 생각할 수 있습니다. 아래의 왼쪽 그림은 6좌석 이상이 가로로 붙어 있어서 불가능, 아래의 가운데 그림은 통로가 막혀서 불가능(또한 앞에 좌석이 없는 경우도 있습니다), 아래의 오른쪽 그림은 좌우 대칭이 아니라서 불가능합니다.

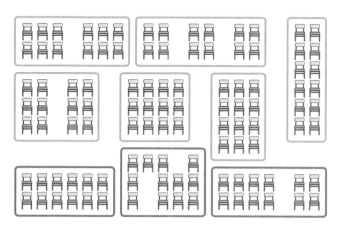

[그림 7] 12개의 좌석을 배치하는 경우

**좌석의 수가 100개일 때, 몇 가지 배치 패턴이 나올 수 있는지 구하시오.**

생각하는 방법

전체적인 모습이 직사각형이 되므로, 인원수를 가로 × 세로 형태로 나눌 수 있는 정수로 정합시다. 그리고 나서 중간에 들어갈 수 있는 통로를 배치해 봅시다.

가로 방향으로는 제약이 있지만, 세로 방향으로는 제약이 따로 없네요?

그렇습니다. 따라서 가로 방향 어디에 통로를 넣어 구분할지를 생각하는 것이 가장 중요하다고 할 수 있습니다.

문제의 전제에서 가로로 나열된 좌석에 통로를 넣으면, 6자리 미만에서는 통로를 넣지 않는 경우를 생각할 수 있습니다. 또한, 통로를 넣는 경우 2~5좌석마다 좌우 대칭이 되게 양쪽에 통로를 넣어야 합

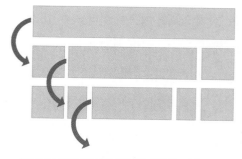

[그림 8] 중앙 이외의 위치에 통로를 넣을 경우

니다. 좌우 대칭으로 통로를 넣어야 하므로, 중앙에 넣는 경우와 이외의 경우를 나누어서 생각해 봅시다.

중앙 이외의 위치에 통로를 넣을 경우, 이 통로 사이에 있는 좌석에 마찬가지의 방법으로 또 통로를 넣을 수 있습니다([그림 8]). 따라서 재귀적으로 생각하면 간단하게 구현할 수 있을 것입니다.

처리를 빠르게 할 수 있게, 한번 탐색한 좌석 수를 메모화해 두는 형태로 구현하면 다음과 같습니다.

**q22.py**

```python
N = 100

memo = {}
def splits(n):
  if n in memo:
    return memo[n]
  result = 0
  if n < 6:  # 6자리 미만에서 통로를 넣지 않을 때
    result += 1
  for i in range(2, 5 + 1):
    if n - i * 2 > 1:
      # 끝부터 통로를 넣어도 중앙이 남을 때
      result += splits(n - i * 2)
    # 딱 중간에 통로를 넣을 수 있을 때
    if n - i * 2 == 0:
      result += 1
  memo[n] = result
  return result

cnt = 0
for i in range(2, N):
  if N % i == 0:  # 가로세로 방향 모두 정수가 될 때
    cnt += splits(i)

print(cnt)
```

**q22.js**

```javascript
N = 100;

var memo = [];
function splits(n){
  if (memo[n]) return memo[n];
  var result = 0;
  if (n < 6) result += 1; // 6자리 미만에서 통로를 넣지 않을 때
  for (var i = 2; i <= 5; i++){
    if (n - i * 2 > 1){
      // 끝부터 통로를 넣어도 중앙이 남는 때
      result += splits(n - i * 2);
    }
    // 딱 중간에 통로를 넣을 수 있을 때
    if (n - i * 2 == 0) result++;
  }
  return memo[n] = result;
}

var cnt = 0;
```

```
for (var i = 2; i < N; i++){
  if (N % i == 0){ // 가로세로 방향 모두 정수가 될 때
    cnt += splits(i);
  }
}

console.log(cnt);
```

 양쪽 끝에서부터 차근차근 통로를 넣는 처리를 재귀적으로 반복하는 게 포인트네요!

 통로를 넣는 패턴은 2~5좌석 중에 어떤 값을 선택하는지로 구분할 수 있습니다. 따라서 점화식으로도 생각할 수 있답니다.

**Point**

가로 방향 좌석 수를 $n$이라고 할 때, 패턴 수 seat($n$)은 바깥쪽에 추가하는 좌석 수를 뺀 것들의 합이라고 할 수 있습니다. 말이 조금 어렵지만, 점화식으로 표현하면 다음과 같습니다.

$$\text{seat}(n) = \text{seat}(n-4) + \text{seat}(n-6) + \text{seat}(n-8) + \text{seat}(n-10)$$

처음에 $n=0$~9까지의 seat($n$)의 값을 초기식으로 계산해 두면, 이후에는 이 식을 반복해서 값을 구하기만 하면 됩니다. 가로 방향 좌석 수를 정하고, 각각에 대해 이 점화식으로 패턴의 개수를 구해 모두 더하면 답을 구할 수 있습니다.

 통로의 양쪽에 좌석을 붙여 나가는 방법도 사용할 수 있을 것 같아요!

좋은 아이디어에요. 꼭 구현해 보기 바랍니다.

정답

**30,904가지**

QUIZ

# 23 예약으로 꽉 찬 지정석

설날과 추석에 기차를 예약한다고 생각해 봅시다. 이때 기차는 [그림 9]처럼 2인용과 3인용 좌석이 있다고 합시다. 일반적으로 여러 명이 함께 이동한다면, 붙어 앉는 것이 기본일 것입니다.

이번 문제에서는 [표 4]와 같은 규칙으로 좌석을 확보한다고 합시다.

[표 4] 좌석을 확보하는 규칙

| 그룹 | 확보할 수 있는 좌석 |
|---|---|
| 6명 그룹 | 3인용 좌석을 2개 붙여서 앉음 |
| 5명 그룹 | 2인용 좌석과 3인용 좌석을 붙여서 나란히 앉음 |
| 4명 그룹 | 2인용 좌석을 2개 붙여서 앉음 |
| 3명 그룹 | 3인용 좌석에 앉음 |
| 2명 그룹 | 3인용 좌석에 이웃해서 앉거나, 2인용 좌석에 앉음 |
| 1명 | 임의의 좌석 |

예를 들어 [그림 9]의 왼쪽은 배치할 수 있는 형태지만, 오른쪽은 배치할 수 없는 형태입니다.

배치할 수 있는 패턴 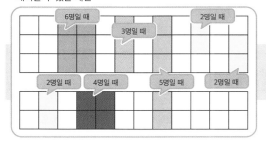 배치할 수 없는 패턴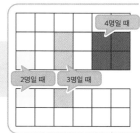

[그림 9] 배치할 수 있는 예와 배치할 수 없는 예

※ **7명 이상의 그룹이 승차하는 경우는 없다고 합시다. 또한, 개별적인 좌석에 누가 앉는지는 따로 고려하지 말고, 그냥 그룹 단위로만 생각합니다.**

**좌석이 12열 있을 때, 그룹을 좌석에 배치하는 패턴이 몇 가지인지 구하시오.**

생각하는 방법

좌석이 1열만 있다면, 그룹으로 좌석을 배치하는 패턴이 [그림 10]과 같이 9가지가 나옵니다(하나의 색은 하나의 그룹을 나타냅니다).

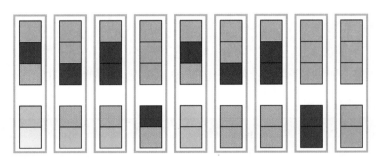

[그림 10] 1열의 좌석에 배치할 수 있는 패턴

하지만 4명 그룹과 6명 그룹처럼 여러 열을 사용해야 하는 패턴도 생각해야 합니다. 비어 있는 좌석부터 차근차근 배치해도 괜찮지만, 2인용 좌석과 3인용 좌석 각각에 대해 몇 명 그룹을 배치할 수 있을지 생각해 보면 간단하게 구현할 수 있습니다.

2인용 좌석에는 2명 그룹과 4명 그룹, 3인용 좌석에는 3명 그룹과 6명 그룹이지? 그런데 1명과 5명 그룹은 어떻게 해야 할까?

5명 그룹은 한 열을 모두 쓰게 앉히면 될 것 같아. 문제는 1명을 어떻게 다룰 것인지가 되겠네?

마찬가지로 2인용 좌석과 3인용 좌석에 대한 패턴으로 생각해 봅시다.

2인용 좌석에 1명을 앉히면, 다른 한쪽도 1명이 앉아야 합니다. 따라서 2명 좌석을 사용할 수 있는 기본적인 방법은 '각각 1명씩 2명을 앉히는 방법'과 '2명 그룹을 앉히는 방법'입니다.

3인용 좌석은 '1명씩 3명을 앉히는 방법', '1명과 2명 그룹을 앉히는 방법' 2가지, '3명 그룹을 앉히는 방법'으로 모두 4가지가 됩니다.

이러한 방법으로 왼쪽 열부터 오른쪽 열까지 차근차근 재귀적으로 채우면, 다음과 같은 코드로 구현할 수 있습니다. 참고로 4명 그룹은 2인용 좌석을 2열 채우게 했고, 6명 그룹은 3인용 좌석을 2열 채우게 했습니다. 또한, 빠른 계산을 위해서 메모화를 사용했습니다.

**q23_1.py**

```python
N = 12

memo = {str([N, N]): 1}
def search(duo, trio):
  key = str([duo, trio])
  if key in memo:
    return memo[key]
  if (duo > N) or (trio > N):
    return 0
  cnt = 0
  if duo == trio:
    cnt += 2 * search(duo + 1, trio)      # 2인용 1열
    cnt += search(duo + 1, trio + 1)      # 5명 그룹
    cnt += search(duo + 2, trio)          # 2인용으로 4명 그룹
  elif duo < trio:
    cnt += 2 * search(duo + 1, trio)      # 2인용 1열
    cnt += search(duo + 2, trio)          # 2인용으로 4명 그룹
  else:
    cnt += 4 * search(duo, trio + 1)      # 3인용 1열
    cnt += search(duo, trio + 2)          # 3인용으로 6명 그룹
  memo[key] = cnt
  return cnt

print(search(0, 0))
```

**q23_1.js**

```javascript
N = 12;
var memo = {[[N, N]]: 1};
function search(duo, trio){
  if (memo[[duo, trio]]) return memo[[duo, trio]];
  if ((duo > N) || (trio > N)) return 0;
  var cnt = 0;
  if (duo == trio){
    cnt += 2 * search(duo + 1, trio);     // 2인용 1열
```

```
      cnt += search(duo + 1, trio + 1);      // 5명 그룹
      cnt += search(duo + 2, trio);          // 2인용으로 4명 그룹
    } else if (duo < trio){
      cnt += 2 * search(duo + 1, trio);      // 2인용 1열
      cnt += search(duo + 2, trio);          // 2인용으로 4명 그룹
    } else {
      cnt += 4 * search(duo, trio + 1);      // 3인용 1열
      cnt += search(duo, trio + 2);          // 3인용으로 6명 그룹
    }
    return memo[[duo, trio]] = cnt;
}
console.log(search(0, 0));
```

 if 조건문을 사용해서 크게 3가지로 구분하는데, 각각 어떤 상황이지?

 처음 조건은 2인용 좌석과 3인용 좌석이 같은 위치까지 채운 경우입니다. 다른 것은 2인용 좌석이 적은 경우, 3인용 좌석이 적은 경우입니다. 삐리리

 같은 위치까지 채운 경우에만, 5명 그룹을 앉힐 수 있네?

search의 매개 변수가 '2인용 좌석'과 '3인용 좌석'의 열 번호를 나타내므로, 마지막까지 차근차근 채우면서 수를 셉니다. 또한, 한쪽이 상한을 넘어버리는 경우는 좌석 채우는 방법 자체가 잘못된 것이므로, 0을 반환해서 수를 세지 않게 만듭니다.

 5명 그룹에 주목해서 문제를 푸는 방법도 있답니다.

**Point**

5명 그룹은 일렬로 나열해야 하므로, 이를 분할선처럼 생각할 수 있습니다. 예를 들어 가장 왼쪽에 5명을 배치했다면, 이를 빼고 남은 오른쪽 부분에 사람들을 배치하면 될 것입니다. 즉, 이렇게 하면 2인용 좌석과 3인용 좌석을 따로 생각할 수 있습니다.

이를 활용해서 재귀적으로 코드를 구현하면 다음과 같습니다.

**q23_2.py**

```python
N = 12

duo_memo = {-1: 0, 0: 1}
def duo(n):
  global duo_memo
  if n in duo_memo:
    return duo_memo[n]
  # 2인용 1열 설정 또는 4명 그룹
  value = duo(n - 1) * 2 + duo(n - 2)
  duo_memo[n] = value
  return value

trio_memo = {-1: 0, 0: 1}
def trio(n):
  global trio_memo
  if n in trio_memo:
    return trio_memo[n]
  # 3인용 1열 설정 또는 6명 그룹
  value = trio(n - 1) * 4 + trio(n - 2)
  trio_memo[n] = value
  return value

memo = {}
def search(n):
  global memo
  if n in memo:
    return memo[n]
  sum = duo(n) * trio(n)  # 5명 그룹 아님
  for i in range(0, n):   # 5명 그룹의 위치
    sum += duo(i) * trio(i) * search(n - i - 1)
  memo[n] = sum
  return sum

print(search(N))
```

**q23_2.js**

```javascript
N = 12;

var duo_memo = [1];
function duo(n){
  if (duo_memo[n]) return duo_memo[n];
  if (n < 0) return 0;
  // 2인용 1열 설정 또는 4명 그룹
  return duo_memo[n] = duo(n - 1) * 2 + duo(n - 2);
}
```

```
var trio_memo = [1];
function trio(n){
  if (trio_memo[n]) return trio_memo[n];
  if (n < 0) return 0;
  // 3인용 1열 설정 또는 6명 그룹
  return trio_memo[n] = trio(n - 1) * 4 + trio(n - 2);
}

var memo = [];
function search(n){
  if (memo[n]) return memo[n];
  var sum = duo(n) * trio(n);  // 5명 그룹 아님
  for (var i = 0; i < n; i++){ // 5명 그룹의 위치
    sum += duo(i) * trio(i) * search(n - i - 1);
  }
  return memo[n] = sum;
}
console.log(search(N));
```

2인용 좌석과 3인용 좌석을 나눠서 생각하면, 처리가 정말 간단해지네?

두 가지 방법 모두 빠르게 답을 구할 수 있어!

정답

**2,754,844,344,633가지**

## 온라인 알고리즘과 오프라인 알고리즘

이번 문제는 기차의 좌석을 예약하는 경우였습니다. 좌석 예약으로 어떤 좌석을 확보할지 생각하는 등의 알고리즘은 **온라인 알고리즘**으로 분류됩니다. 온라인 알고리즘이란 전체적인 입력 정보를 모르는 상태에서 데이터를 차례대로 읽어들여 처리하는 알고리즘입니다.

좌석 예약의 경우, 좌석을 결정하는 단계에서 다른 좌석이 어떻게 채워져 있는지 알 수 없습니다. 모든 좌석이 '채워질지' 또는 '안 채워질지'도 모르는 상태라고 할 수 있습니다.

반면 처음부터 모든 입력 데이터를 알고 있는 상태에서 처리하는 알고리즘을 **오프라인 알고리즘**이라고 부릅니다. 삽입 정렬(Insertion Sort), 선택 정렬(Selection Sort)이 유명한 오프라인 알고리즘의 예입니다.*

> 역주 정렬은 처음부터 '데이터가 몇 개인지' 등의 입력 정보를 알 수 있으므로, 오프라인 알고리즘입니다.

최근에는 IoT처럼 센서에서 들어오는 데이터가 계속해서 변경되는 시스템이 많습니다. 따라서 되도록 온라인 알고리즘을 고려하는 것이 좋습니다.

알고리즘을 선택할 때는 실시간으로 데이터가 늘어나는 경우도 가정해야 하며, 처리를 시작할 때까지 대기할 수도 있는 등을 모든 것을 검토해야 합니다.

QUIZ

# 24 | 좌우 대칭 이진 탐색 트리

자료 구조를 배울 때 피할 수 없는 것이 바로 이진 트리입니다. 특히, **이진 탐색 트리**는 정렬이나 검색 등의 알고리즘을 배울 때도 매우 중요합니다. 이진 탐색 트리에서는 모든 노드가 '노드의 왼쪽은 현재 노드보다 작은 값', '노드의 오른쪽은 현재 노드보다 큰 값'으로 설정되어 있습니다.

입력으로 $n$이 주어질 때, 1~$n$까지 $n$개의 노드를 지닌 이진 탐색 트리를 만듭니다. 이때 만들 수 있는 이진 탐색 트리 중에서, 좌우가 대칭인 이진 트리가 몇 가지인지 구해 봅시다.

예를 들어 $n=7$이라면, [그림 11]처럼 5가지가 나옵니다.

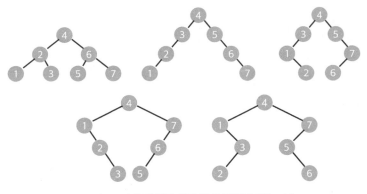

[그림 11] 좌우 대칭인 이진 탐색 트리의 예($n=7$)

문제

$n=39$일 때, 좌우 대칭으로 배치할 수 있는 트리는 몇 가지 종류인지 구하시오.

Hint!

좌우 대칭이라는 것은 가운데를 어떤 수로 결정했을 때, 양쪽에 있는 노드 수가 같다는 것이군요?

문제 그대로 생각해도 괜찮지만, 수학적으로 풀 수 없을까도 고민해 봅시다.

생각하는 방법

가장 위에 있는 노드는 반드시 있어야 합니다. 따라서 좌우 대칭으로 배치할 수 있는 $n$은 홀수로 제한됩니다. 만약 $n$이 짝수라면, 좌우 대칭이 될 수 없으므로 0가지가 됩니다.

이어서 좌우 대칭이므로 왼쪽 또는 오른쪽만 생각하고, 다른 한쪽은 같게 만들면 됩니다. 따라서 한쪽을 어떻게 배치할 수 있을지만 생각하면 됩니다.

왼쪽 형태만 생각하면, 오른쪽 형태가 자동으로 결정되네!

왼쪽에 있는 노드 수는 전체 노드 수에서 가장 위의 노드 1개를 빼고 반으로 나누면 구할 수 있어.

따라서 왼쪽 노드가 트리 구조로 어떻게 될지만 생각하면 된답니다.

이번 예제는 이진 트리이므로, 위에 있는 노드를 선택하고 그 왼쪽 오른쪽에 연결된 트리 구조를 재귀적으로 탐색하여 트리 구조를 만들 수 있습니다. 다만, 이번 문제는 트리를 만드는 것이 목적이 아니고 트리 구조의 수만 알면 충분하므로, 재귀적으로 수를 세면 됩니다.

노드 번호를 차례대로 변경하면서 노드 아래에 있는 트리 구조 수를 구하는 형식을 사용하면, 다음과 같이 구현할 수 있습니다.

**q24_1.py**

```
N = 39

memo = {0: 1, 1: 1}
def tree(n):
```

```
  if n in memo:
    return memo[n]

  cnt = 0
  for i in range(1, n + 1): # 노드 번호
    cnt += tree(i - 1) * tree(n - i)
  memo[n] = cnt
  return cnt

if N % 2 == 0:
  print("0")
else:
  print(tree((N - 1) // 2))
```

**q24_1.js**

```
N = 39;

var memo = [1, 1];
function tree(n){
  if (memo[n]) return memo[n];

  var cnt = 0;
  for (var i = 1; i <= n; i++){ // 노드 번호
    cnt += tree(i - 1) * tree(n - i);
  }
  return memo[n] = cnt;
}

if (N % 2 == 0){
  console.log(0);
} else {
  console.log(tree((N - 1) / 2));
}
```

노드를 기준으로 보면, 왼쪽과 오른쪽의 수를 곱해서 구할 수 있네!

메모화를 사용하니까 빠르게 답을 구할 수 있어.

수학적으로도 생각할 수 있답니다.

$n+1$개의 노드로 만들 수 있는 이진 트리 수는 **카탈란 수**(Catalan number)를 사용해서 다음과 같이 구할 수 있다고 알려져 있습니다.

$$\frac{(2n)!}{(n+1)! \times n!}$$

다만, 이 식은 $n$이 커지면, 분모와 분자의 값이 기하급수적으로 커지므로, 다음과 같은 점화식으로 변형해서 사용하도록 합시다.

$$C_0 = 1, C_n = \sum_{i=0}^{n-1} C_i \times C_{n-1-i}$$

이번 예제는 $N$개의 노드이므로, $C(n-1)$을 사용합니다.

**▌ q24_2.py**

```python
N = 39

# 카탈란 수
memo = { 0: 1 }
def catalan(n):
  if n in memo:
    return memo[n]
  sum = 0
  for i in range(0, n):
    sum += catalan(i) * catalan(n - 1 - i)
  memo[n] = sum
  return sum

if N % 2 == 0:
  print("0")
else:
  print(catalan((N - 1) // 2))
```

**▌ q24_2.js**

```javascript
N = 39;

// 카탈란 수
var memo = {0: 1};
function catalan(n){
  if (memo[n]) return memo[n];
  var sum = 0;
  for (var i = 0; i < n; i++){
```

```
    sum += catalan(i) * catalan(n - 1 - i);
  }
  return memo[n] = sum;
}
if (N % 2 == 0){
  console.log("0");
} else {
  console.log(catalan((N - 1) / 2));
}
```

**1,767,263,190가지**

QUIZ

# 25 | 횟수 지정 "가위 바위 보"

　가위 바위 보는 누구나 할 수 있는 간단한 것이지만, 한 번에 승부가 결정되면 조금 재미가 없습니다. 그래서 가위 바위 보의 승패를 기반으로, 각각 가지고 있는 동전을 서로 뺏는 게임을 생각해 보기로 했습니다.

　2명이 가위 바위 보를 1회 할 때마다, 진 사람이 이긴 사람에게 동전을 1개 줍니다. 예를 들어 A가 3개, B가 2개의 동전을 가지고 있다면, [표 5]처럼 동전 개수가 변할 수 있습니다.

　한쪽의 동전이 없어지면, 가위 바위 보를 종료합니다([표 5]의 경우는 5회에서 종료된 것입니다).

　양쪽이 계속 번갈아 가면서 이기고 지다 보면 게임이 영원히 끝나지 않을 수 있으므로, 횟수 제한도 지정합니다.

[표 5] 동전 수의 변화 예

| 게임 횟수 | 승패 | A | B |
|---|---|---|---|
| 0 | 게임 이전 상태 | 3개 | 2개 |
| 1 | B 승리 | 2개 | 3개 |
| 2 | A 승리 | 3개 | 2개 |
| 3 | A 승리 | 4개 | 1개 |
| 4 | 비김 | 4개 | 1개 |
| 5 | A 승리 | 5개 | 0개 |

**문제**

A의 동전이 10개, B의 동전도 10개, 횟수 제한은 24회라고 할 때, 횟수 제한 이내에 한쪽의 동전이 모두 없어지는 패턴이 모두 몇 가지 나올 수 있는지 구하시오.

Hint!

　비겼을 때는 게임 횟수가 증가하지만, 동전 개수에는 변화가 없겠네!

　게임이 종료되었는지를 효율적으로 판정하는 방법에 대해서 생각해 봅시다.

**생각하는 방법**

　각자 낼 수 있는 방법을 고려하면, A가 가위 바위 보로 3가지, B도 가위 바위 보로 3가지가 있습니다. 한 번의 가위 바위 보에서 9가지 경우가 나올 수 있으므로, 이를 24회 반복하면 $9^{24}$가지 경우가 됩니다. 이는 계산하기 어려운 커다란 숫자입니다.

물론 이번 문제에서는 결과만 보면 되므로 'A의 승리', 'B의 승리', '비긴 경우'의 3가지만 생각해도 됩니다. 하지만 그래도 $3^{24}$가지가 나옵니다. 따라서 조금 더 생각해 봅시다. 각각의 사람이 가진 동전 수와 남은 게임 횟수를 기반으로 어떻게 하면 이러한 연산 횟수를 줄일 수 있을까요?

 동전 개수 패턴만 세어도 어마어마하게 나올 것 같아요.

 잠시 2회로 생각해 봅시다. A ─→ B 순서로 이긴 경우와 B ─→ A 순서로 이긴 경우는 남아 있는 동전의 수와 남아 있는 게임 횟수가 같답니다.

 그렇게 생각하면, '남아 있는 동전의 수'와 '남아 있는 게임 횟수'에 대한 패턴 개수만 구하면 되니까, 재귀적인 처리로 구현할 수 있겠네요?

 같은 상태가 여러 번 나올 수 있으므로, 한 번 계산한 결과를 메모화하면 좋습니다. 삐리리

이를 구현해 보면, 다음과 같이 구현할 수 있습니다.

| q25_1.py

```python
A, B, LIMIT = 10, 10, 24

memo = {}
def game(a, b, limit):
  global memo
  key = str([a, b, limit])
  if key in memo:
    return memo[key]
  if (a == 0) or (b == 0):        # 승자 결정
    return 1
  if limit == 0:                  # 횟수 제한 도달
    return 0
  cnt = 0
  cnt += game(a + 1, b - 1, limit - 1)      # A의 승리
  cnt += game(a, b, limit - 1)              # 비김
  cnt += game(a - 1, b + 1, limit - 1)      # B의 승리
```

```
  memo[key] = cnt
  return cnt

print(game(A, B, LIMIT))
```

**q25_1.js**

```
A = 10;
B = 10;
LIMIT = 24;

memo = {};
function game(a, b, limit){
  if (memo[[a, b, limit]]) return memo[[a, b, limit]];
  if ((a == 0) || (b == 0)) return 1;      // 승자 결정
  if (limit == 0) return 0;                // 횟수 제한 도달
  var cnt = 0;
  cnt += game(a + 1, b - 1, limit - 1);    // A의 승리
  cnt += game(a, b, limit - 1);            // 비김
  cnt += game(a - 1, b + 1, limit - 1);    // B의 승리
  return memo[[a, b, limit]] = cnt;
}

console.log(game(A, B, LIMIT));
```

이기고 지고 비기는 패턴으로 동전의 수를 변화시키기만 하면 되네요?

처리도 매우 빨라서 수가 늘어나도 문제 없을 것 같아!

이러한 코드로도 아무 문제 없지만, 조금 더 생각해 보면 개선할 수 있는 부분이 있답니다.

앞에서는 A와 B의 동전을 구분해서 생각했지만, 동전 수의 합을 생각하면 항상 일정할 것입니다. 따라서 한쪽이 가지고 있는 동전의 수만 저장하고 있어도, 다른 쪽이 가지고 있는 동전의 수를 알 수 있습니다. 이를 활용해서 프로그램을 바꿔 봅시다.

**q25_2.py**

```
A, B, LIMIT = 10, 10, 24

memo = {}
def game(a, limit):
```

```
    key = str([a, limit])
    if key in memo:
      return memo[key]
    if (a == 0) or (a == A + B):        # 승자 결정
      return 1
    if limit == 0:                      # 횟수 제한 도달
      return 0
    cnt = 0
    cnt += game(a + 1, limit - 1)    # A의 승리
    cnt += game(a, limit - 1)        # 비김
    cnt += game(a - 1, limit - 1)    # B의 승리
    memo[key] = cnt
    return cnt

print(game(A, LIMIT))
```

**q25_2.js**

```
A = 10;
B = 10;
LIMIT = 24;

memo = {};
function game(a, limit){
  if (memo[[a, limit]]) return memo[[a, limit]];
  if ((a == 0) || (a == A + B)) return 1;    // 승자 결정
  if (limit == 0) return 0;                  // 횟수 제한 도달
  var cnt = 0;
  cnt += game(a + 1, limit - 1);             // A의 승리
  cnt += game(a, limit - 1);                 // 비김
  cnt += game(a - 1, limit - 1);             // B의 승리
  return memo[[a, limit]] = cnt;
}

console.log(game(A, LIMIT));
```

그렇구나! 한쪽의 동전 수를 알면 다른 쪽의 동전 수를 알 수 있으니까, 매개 변수를 두 개나 넣을 필요가 없네.

이번 문제 정도에서는 큰 차이가 없지만, 문제에 따라서는 이렇게 바꿨을 때 처리 속도가 상당히 빨라질 수 있답니다.

정답

**1,469,180,016가지**

QUIZ

# 26 │ 대가족 초콜릿 나누기

직사각형 모양의 초콜릿을 나누어 먹어본 경험이 있나요? 직사각형 모양의 초콜릿은 대부분 [그림 12]처럼 칸이 나누어져 있어서 쉽게 잘라 먹을 수 있습니다. 이러한 칸의 경계선을 따라 초콜릿을 뜯으면, 한 번에 가로 또는 세로로 일직선으로 잘립니다.

[그림 12] 직사각형 모양의 판 초콜릿

일직선으로 한 번에 잘리므로, 초콜릿 칸을 중간까지만 자르는 것은 불가능합니다. 어쨌거나 이러한 초콜릿을 인원수대로 차례차례 잘라서 나눈다고 합시다(각자의 양은 중요하지 않습니다).

사람 수가 주어졌을 때, 모두가 나누어 먹을 수 있는 방법이 몇 가지인지 생각해 봅시다. 예를 들어 가로로 4칸, 세로로 3칸인 초콜릿을 3명이 나누어 먹는다면, [그림 13]처럼 16가지 방법이 나올 수 있습니다.

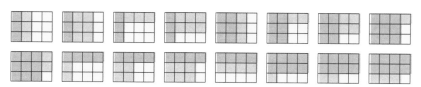

[그림 13] 3명이 나누어 먹는 경우

가로세로 칸이 각각 20개, 10명이 나누어 먹는다고 할 때, 나눌 수 있는 방법이 몇 가지 인지 구하시오.

자른 후에도 사각형이 되므로, 같은 방법을 반복하면 되겠네!

생각하는 방법

세로 또는 가로, 어떤 방향으로 분할해도, 남아 있는 초콜릿의 형태는 항상 직사각형입니다. 따라서 어떤 사람이 분할한 뒤에, 남은 초콜릿을 남은 사람 수로 또 분할하는 처리를 재귀적으로 반복하면 됩니다.

세로 방향으로 나누는 위치를 생각하면, 4칸의 경우 3가지가 있을 수 있네. 그러니까 가로 칸 수보다 1이 적은 수라고 생각하면 될 거야.

가로 방향도 마찬가지로 세로 칸 수보다 1이 적은 만큼으로 자를 수 있겠네?

마지막 한 명이 남을 때까지 처리를 반복하면 된답니다.

'세로→가로 순서로 왼쪽부터 1번째 칸, 위에서 1번째 칸의 위치로 분할할 때'와 '가로→세로 순서로 위에서부터 1번째 칸, 왼쪽에서부터 1번째 칸의 위치로 분할할 때'는 남은 형태가 같습니다. 따라서 메모화를 사용하면 좋습니다. 문제를 푸는 코드를 구현하면, 다음과 같습니다.

**q26_1.py**

```python
H, W, N = 20, 20, 10

memo = {}
def cut(h, w, n):
  key = str([h, w, n])
  if key in memo:
    return memo[key]
```

```python
    if n == 1:
        return 1
    cnt = 0
    for i in range(1, h):
        cnt += cut(i, w, n - 1)
    for i in range(1, w):
        cnt += cut(h, i, n - 1)
    memo[key] = cnt
    return cnt

print(cut(H, W, N))
```

**▌ q26_1.js**

```javascript
H = 20;
W = 20;
N = 10;

memo = {};
function cut(h, w, n){
  if (memo[[h, w, n]]) return memo[[h, w, n]];

  if (n == 1) return 1;
  var cnt = 0;
  for (var i = 1; i < h; i++){
    cnt += cut(i, w, n - 1);
  }
  for (var i = 1; i < w; i++){
    cnt += cut(h, i, n - 1);
  }
  return memo[[h, w, n]] = cnt;
}

console.log(cut(H, W, N));
```

가로 방향과 세로 방향으로 분할하는 위치를 생각하기만 하면 되니까 정말 간단하네!

초콜릿의 크기가 아무리 커도 금방 답을 구할 수 있어.

메모화의 효과라고 할 수 있습니다. 문제를 다른 수학적인 방법으로 풀 수 없을지 한번 생각해 봅시다.

$n$명으로 나눈다는 것은 가로 또는 세로로 $n-1$번 나눈다는 의미입니다. 여기에서 가로로 $x$번, 세로로 $y$번 나눈다고 생각하면, $x+y=n-1$이 됩니다. 또한, 어디에서 자를지 생각해 보면, 가로 방향으로 나누는 위치는 세로 칸 수보다 1만큼 적고, 세로 방향으로 나누는 위치는 가로 칸 수보다 1만큼 적습니다. 따라서 세로 칸 수를 $H$, 가로 칸 수를 $W$라고 할 때, 각각 $_{H-1}C_x$ 가지, $_{W-1}C_y$가지가 됩니다.

또한, 각각에 대해 가로 방향과 세로 방향으로 나누는 순서도 생각해야 합니다. $n-1$번 중에서 $x$번이 가로 방향이 되므로, $_{n-1}C_x$라고 할 수 있습니다. 이렇게 가로로 나누는 횟수를 바꿔가며 합을 구하면, 답이 나올 것입니다.

이를 활용하면 다음과 같은 프로그램으로 구현할 수 있습니다.

**q26_2.py**

```python
H, W, N = 20, 20, 10

# n개에서 r개를 선택하는 조합 수 구하기
memo = {}
def nCr(n, r):
  key = str([n, r])
  if key in memo:
    return memo[key]
  if (r == 0) or (r == n):
    return 1
  result = nCr(n - 1, r - 1) + nCr(n - 1, r)
  memo[key] = result
  return result

cnt = 0
for x in range(0, N):
  y = N - 1 - x
  cnt += nCr(W - 1, x) * nCr(H - 1, y) * nCr(N - 1, x)
print(cnt)
```

**q26_2.js**

```javascript
H = 20;
W = 20;
N = 10;
```

```
var memo = {};
function nCr(n, r){
  if (memo[[n, r]]) return memo[[n, r]];
  if ((r == 0) || (r == n)) return 1;
  return memo[[n, r]] = nCr(n - 1, r - 1) + nCr(n - 1, r);
}

var cnt = 0;
for (var x = 0; x < N; x++){
  y = N - 1 - x;
  cnt += nCr(W - 1, x) * nCr(H - 1, y) * nCr(N - 1, x);
}
console.log(cnt);
```

조합은 이러한 곳에도 사용하는구나!

조합을 구하는 처리는 상당히 자주 사용합니다. 또한, 조합을 사용하면
대부분의 처리를 짧은 시간 내에 수행할 수 있답니다. 삐리리

정답

**16,420,955,656가지**

QUIZ

# 27 | 퍼팅 골프 코스 설계하기

퍼팅 골프 코스*를 새로 만들게 되었습니다. 각 홀의 표준 타수를 어떻게 설계하면 좋을지 생각해 봅시다.

> 역주 골프에서 골프 홀과 가까운 위치에서 짧게 쳐서 골프 공을 홀에 넣는 행위를 '퍼팅'이라고
> 부릅니다. 국내에는 스크린 골프장이 많아 찾아보기 어렵지만, 일본에서는 퍼팅만 연습할 수 있는
> 실내 골프장이 있습니다. 이러한 골프장에서 퍼팅 코스를 설계하는 문제라고 생각하면
> 되겠습니다.

일반적인 골프 코스는 18홀 기준으로 표준 합계 타수가 72입니다. 이번 퍼팅 골프 코스도 이러한 기준을 따르기로 했습니다. 다만, 일반적인 골프 코스와는 달리 각 홀의 표준 타수를 1 이상, 5 이하여야 한다고 정했습니다. 예를 들어 3홀에서 합계가 12인 경우를 생각해 보면, [표 6]과 같은 10가지가 나올 수 있습니다.

[표 6] 3홀에서 표준 타수 합계가 12인 경우

| 패턴 | 홀 1 | 홀 2 | 홀 3 |
|------|------|------|------|
| (1) | 2타 | 5타 | 5타 |
| (2) | 3타 | 4타 | 5타 |
| (3) | 3타 | 5타 | 4타 |
| (4) | 4타 | 3타 | 5타 |
| (5) | 4타 | 4타 | 4타 |
| (6) | 4타 | 5타 | 3타 |
| (7) | 5타 | 2타 | 5타 |
| (8) | 5타 | 3타 | 4타 |
| (9) | 5타 | 4타 | 3타 |
| (10) | 5타 | 5타 | 2타 |

[ 문제 ]

18홀에서 표준 타수 합계가 72가 되는 패턴이 몇 가지 나올 수 있는지 구하시오.

158

표준 타수에 상한이 있으므로, 이를 기반으로 차례차례 탐색해 보면 쉽게 답을 구할 수 있을 겁니다.

같은 타수를 가진 홀이 있을 수도 있으니까, 이때 순서에 주의해야 할 것 같네.

생각하는 방법

18홀을 기반으로 차례대로 타수를 결정하면서, 모든 홀에 대해 타수 결정이 끝났을 때, 타수 합계가 72인 것을 찾으면 됩니다. 타수의 범위는 1~5이므로, 타수를 변화시키면서 탐색하면 됩니다.

각 홀에서 1~5까지의 타수가 가능하고, 18홀이라면 $5^{18}$만큼 탐색해야 할 텐데, 괜찮을까?

'홀 1에 3타, 홀 2에 4타를 넣을 때'와 '홀 1에 4타, 홀 2에 3타를 넣을 때'는 남은 타수와 홀의 수가 같으니까, 탐색 결과를 메모화해서 재사용하면 좋을 것 같아…!

그렇습니다. 홀의 수와 타수를 기반으로 메모화하면 좋을 겁니다.

남은 홀의 수와 남은 타수를 매개 변수로 전달해서 재귀적으로 구현한다면, 다음과 같이 작성할 수 있습니다.

**q27_1.py**

```
HOLE, PAR = 18, 72

memo = {}
def golf(hole, par):
  key = str([hole, par])
  if key in memo:
    return memo[key]
  if (hole <= 0) or (par <= 0):
    return 0
  if (hole == 1) and (par <= 5):
```

```
    return 1
  cnt = 0
  for i in range(1, 5 + 1):
    cnt += golf(hole - 1, par - i)
  memo[key] = cnt
  return cnt

print(golf(HOLE, PAR))
```

**q27_1.js**

```
HOLE = 18;
PAR = 72;

memo = {};
function golf(hole, par){
  if (memo[[hole, par]]) return memo[[hole, par]];
  if ((hole <= 0) || (par <= 0)) return 0;
  if ((hole == 1) && (par <= 5)) return 1;
  var cnt = 0;
  for (var i = 1; i <= 5; i++){
    cnt += golf(hole - 1, par - i);
  }
  return memo[[hole, par]] = cnt;
}

console.log(golf(HOLE, PAR));
```

이런 간단한 형태의 프로그램으로도 충분하네요. 종료 조건도 쉽게 알 수 있고, 코드도 매우 빠르게 동작해요!

이 방법으로도 충분하지만, 조금 더 고칠 수 있는 부분은 없을지 생각해 봅시다.

타수의 '순열'이 아니라, '조합'으로 생각해 봅시다. [표6]의 예에서는 '2, 5, 5', '3, 4, 5', '4, 4, 4'라는 조합을 어떻게 배열할지를 구하는 것과 같다고 할 수 있습니다. 따라서 타수의 조합을 생각한 다음, 배열하는 방법으로 구해 봅시다. 처리 속도에 큰 변화가 있지는 않지만, 이러한 형태로도 문제를 풀 수 있다는 점을 알아 둡시다.

**q27_2.py**

```python
HOLE, PAR = 18, 72

def calc(log):
  result = 1
  n = 0
  for i in range(1, len(log)):
    n += log[i]
  for i in range(1, n + 1):
    result *= i
  for i in range(1, len(log)):
    div = 1
    for j in range(1, log[i] + 1):
      div *= j
    result //= div
  return result

def golf(hole, par, log):
  if (hole <= 0) or (par <= 0):
    return 0
  if (hole == 1) and (par <= 5):
    return calc(log)
  cnt = 0
  for i in range(5, 1 - 1, -1):
    log[i] += 1
    cnt += golf(hole - 1, par - i, log)
    log[i] -= 1
    if log[i] > 0:
      break
  return cnt

print(golf(HOLE, PAR, [0] * 6))
```

**q27_2.js**

```javascript
HOLE = 18;
PAR = 72;

function calc(log){
  var result = 1;
  var n = 0;
  for (var i = 1; i < log.length; i++){
    n += log[i];
  }
  for (var i = 1; i <= n; i++)
    result *= i;
  for (var i = 1; i < log.length; i++){
    var div = 1;
```

```
    for (var j = 1; j <= log[i]; j++)
      div *= j;
    result /= div;
  }
  return result;
}

function golf(hole, par, log){
  if ((hole <= 0) || (par <= 0)) return 0;
  if ((hole == 1) && (par <= 5)) return calc(log);
  var cnt = 0;
  for (var i = 5; i >= 1; i--){
    log[i] += 1;
    cnt += golf(hole - 1, par - i, log);
    log[i] -= 1;
    if (log[i] > 0) break;
  }
  return cnt;
}

console.log(golf(HOLE, PAR, new Array(0, 0, 0, 0, 0, 0)));
```

QUIZ

# 28 공평하게 케이크 자르기

케이크를 공평하게 두 조각으로 나누는 방법으로 다음과 같은 이야기를 들어본 적 있나요?

**첫 번째 사람이 자신이 생각하는 공평한 형태로 케이크를 자르고,
두 번째 사람이 잘린 케이크 중에 원하는 것을 선택해서 가져간다.
첫 번째 사람은 남은 케이크를 선택해서 가져간다.**

이를 확장해서 $m$명의 사람이 공평하게 케이크를 나누는 방법이 몇 가지 있을지 생각해 봅시다. 너비가 $n$인 직사각형 모양의 케이크를 왼쪽부터 차례대로 자신이 생각하는 공평한 형태로 수직으로 자르고, 마지막에 자른 사람부터 차례대로 자신이 원하는 것을 선택해서 가져가는 형태입니다.

자른 케이크의 너비는 정수가 된다고 합시다. 이때, 너비가 최대인 케이크와 최소인 케이크의 너비 차이가 $w$ 이하가 되게 하는 방법이 몇 가지인지 구해 봅시다.

또한, 케이크를 자르지 않는다는 선택도 할 수 있습니다. 더불어 중간에 케이크의 너비가 너무 좁아져서 더 이상 자를 수 없으면, 케이크를 더 이상 자르지 않습니다. 마지막 사람부터 차례대로 선택하므로 초반에 자른 사람이 케이크를 받지 못하는 경우가 있지만(이때의 케이크 너비가 0), 나름대로 공평하기는 하다고 할 수 있을 것입니다.

예를 들어 $m = 3$, $n = 5$, $w = 1$이라면 [그림 14]의 왼쪽에 있는 3가지를 생각해 볼 수 있습니다. 오른쪽에 있는 패턴은 조건을 만족하지 않으므로 무시합니다.

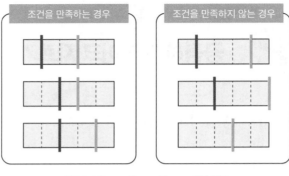

| 조건을 만족하는 경우 | 조건을 만족하지 않는 경우 |

[그림 14] $m = 3$, $n = 5$, $w = 1$일 때*

역주 오른쪽에 있는 것들이 너비가 0인 경우가 나와서 조건에 만족하지 않는다고 오해할 수 있습니다. 하지만 가장 너비가 넓은 케이크 조각(3)과 가장 좁은 조각(0 또는 1)의 차이가 $w$(1)보다 크기 때문에 안 되는 것입니다. 오해하지 말기 바랍니다.

---

문제

$m = 30$, $n = 40$, $w = 10$일 때 자르는 방법이 몇 가지인지 구하시오.

---

생각하는 방법

케이크를 자르지 않는 경우는 너비가 0이 됩니다. 너비를 0부터 차례대로 바꿔가며 탐색하면, 모든 패턴을 구할 수 있습니다. 이때, 한번 자른 후에는 남은 너비가 짧아지므로, 남은 사람의 수를 사용해서 재귀적으로 반복하면 됩니다.

왼쪽부터 차례대로 자르면 되니까 간단하네?

하지만 너비가 정수라면 모두 가능하니까, 사람 수와 너비가 증가하면 처리 시간이 오래 걸리지 않을까?

따라서 중간에 빨리 조건을 탈출할 수 있는 경우를 찾는 것이 중요하답니다.

탐색을 할 때 남은 사람들이 모두 케이크를 잘랐다고 가정한 경우의 '최대 너비와 최소 너비의 차이'를 확인하고, 이 값이 $w$를 넘을 경우 곧바로 탐색을 중단하게 해야 합니다.

따라서 지금까지 너비의 최댓값과 최솟값을 매개 변수로 넘겨서, 이 차이가 지정된 값을 넘으면 이후에 탐색을 하지 않게 만듭시다. 또한, 메모화를 활용해서 같은 형식을 여러 번 계산하지 않게 만들어 봅시다.

**q28_1.py**

```python
M, N, W = 20, 40, 10

memo = {}
def cut(m, n, min_value, max_value):
  key = str([m, n, min_value, max_value])
  if key in memo:
    return memo[key]
  # 최대와 최소의 차이가 지정한 값을 넘는 경우 종료하기
  global W
  if max_value - min_value > W:
    return 0
  # 모든 사람이 자른 경우 종료하기
  if m == 0:
    return 1 if n == 0 else 0
  cnt = 0
  for w in range(0, n + 1): # 가로 폭을 변경하면서 재귀적으로 탐색하기
    cnt += cut(m - 1, n - w, min([min_value, w]), max([max_value, w]))
  memo[key] = cnt
  return cnt

print(cut(M, N, N, 0))
```

**q28_1.js**

```javascript
M = 20;
N = 40;
W = 10;

var memo = {};
function cut(m, n, min, max){
  if (memo[[m, n, min, max]]) return memo[[m, n, min, max]];
  // 최대와 최소의 차이가 지정한 값을 넘는 경우 종료하기
  if (max - min > W) return 0;
  // 모든 사람이 자른 경우 종료하기
  if (m == 0) return (n == 0) ? 1 : 0;
  var cnt = 0;
  for (var w = 0; w <= n; w++){ // 가로 폭을 변경하면서 재귀적으로 탐색하기
    cnt += cut(m - 1, n - w, Math.min(min, w), Math.max(max, w));
  }
```

```
    return memo[[m, n, min, max]] = cnt;
  }

  console.log(cut(M, N, N, 0));
```

최솟값과 최댓값을 매번 확인하는 것이 조금 의미 없는 것 같아요. 더 좋은 방법은 없을까요?

최솟값을 변화시키면서, 최대와 최소의 차이를 지정된 범위 내부에서만 탐색하게 하는 방법도 있겠네요.

길이 $n$인 케이크를 자를 때 지정할 수 있는 너비의 최솟값을 $a$라고 했을 때, 처음부터 너비 $a$인 것을 $m$개만큼 제외해 버립니다. 이렇게 제외하고 남은 부분을 사용해서, 너비 0이 $p$명, 너비 1이 $q$명, 너비 2가 $r$명 … 처럼 자른다면, 다음과 같은 식을 만들 수 있습니다.

$$\frac{m!}{p!\,q!\,r!\cdots}$$

이 식을 사용한다면, 다음과 같이 구할 수 있습니다.

**q28_2.py**
```
M, N, W = 20, 40, 10

memo = {0: 1}
def facorial(n):
  if n in memo:
    return memo[n]
  result = n * facorial(n - 1)
  memo[n] = result
  return result

def cut(m, n, length, x):
  if length == 0:
    return x // facorial(m + 1)
  cnt = 0
  for i in range(max([0, n - m * (length - 1)]), n // length + 1):
    # 길이 length를 기반으로 자른 사람 수를 변경하면서 실행하기
    cnt += cut(m - i, n - i * length, length - 1, x // facorial(i))
  return cnt
```

```python
cnt = 0
for i in range(0, N // M + 1): # 너비의 최솟값
  cnt += cut(M - 1, N - i * M, W, facorial(M))
print(cnt)
```

## q28_2.js

```javascript
M = 20;
N = 40;
W = 10;

var memo = [1];
function facorial(n){
  if (memo[n]) return memo[n];
  return memo[n] = n * facorial(n - 1);
}

function cut(m, n, len, x){
  if (len == 0) return x / facorial(m + 1);
  var cnt = 0;
  for (var i = Math.max(0, n - m * (len - 1)); i <= n / len; i++){
    // 길이 len을 기반으로 자른 사람 수를 변경하면서 실행하기
    cnt += cut(m - i, n - i * len, len - 1, x / facorial(i));
  }
  return cnt;
}

var cnt = 0;
for (var i = 0; i <= N / M; i++){ // 너비의 최솟값
  cnt += cut(M - 1, N - i * M, W, facorial(M));
}
console.log(cnt);
```

정답

**1,169,801,856,636,575가지**

QUIZ

# 29 서로 뺏는 카드 게임

카드 뭉치에서 몇 장을 뽑는 것을 두 명이 반복한다고 합시다. 그리고 최종적으로 마지막에 카드를 뽑은 사람이 가진 카드의 수가 많을 때, 이긴다고 합시다. 반대로 마지막에 카드를 뽑은 사람이 가진 카드 수의 합계가 상대방보다 적거나 같으면 지는 것입니다.

한 번에 뽑을 수 있는 카드 수에는 상한이 있습니다. 따라서 1장에서 상한 사이의 수만큼 뽑을 수 있습니다. 이때, 먼저 뽑은 사람이 이기는 경우가 몇 가지 나올 수 있는지 구해 봅시다.

예를 들어 카드가 6장, 한 번에 뽑을 수 있는 카드 수의 상한이 1장이라면, 서로 번갈아 가면서 1장씩밖에 뽑을 수 없으므로 먼저 뽑은 사람이 항상 이기게 됩니다. 카드가 6장, 한 번에 뽑을 수 있는 카드 수의 상한이 2장이라면, [그림 15]처럼 이기는 경우가 4가지 나올 수 있습니다.

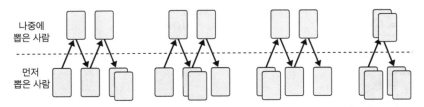

나중에
뽑은 사람

먼저
뽑은 사람

[그림 15] 카드가 6장이고, 한 번에 뽑을 수 있는 카드 수의 상한이 2장일 때

문제

카드가 32장이고, 한 번에 뽑을 수 있는 카드 수의 상한이 10장일 때, 먼저 카드를 뽑은 사람이 이길 수 있는 패턴이 몇 가지인지 구하시오.

마지막으로 카드를 뽑을 때까지 깊이 우선 탐색을 하면 쉽게 구할 수 있겠네요?

좋습니다. 다만, 처리 시간에 주의합시다.

[ 생각하는 방법 ]

남은 카드 수가 차례대로 줄어들 것이므로, 모든 카드가 없어질 때까지 재귀적으로 처리를 반복하면 모든 패턴을 찾을 수 있습니다. 하지만 카드 수가 늘어나면, 모두 탐색하기에는 시간이 너무 오래 걸리게 됩니다.

따라서 조금 더 생각해 봅시다. '남은 카드 수', '먼저 뽑은 사람이 가진 카드 수', '현재 턴(현재 누가 카드를 뽑는지)'가 같은 경우가 여러 번 발생할 수 있으므로, 메모화를 꼭 사용해야 합니다.

혹시 먼저 카드를 뽑은 사람이 뽑은 카드 수만 알면, 다른 사람은 알 필요가 없지 않을까?

그렇습니다. 남은 카드 수를 알고 있다면, 먼저 카드를 뽑은 사람이 뽑은 카드 수로 계산할 수 있답니다.

최종적으로 승패를 판정하려면, 누구의 턴인지도 중요하겠네.

서로 번갈아 가며 카드를 뽑는 처리는 턴을 true(먼저 뽑은 사람의 턴)와 false(나중에 뽑은 사람의 턴)로 반전시켜서 구현하겠습니다. 여기에 재귀적인 탐색을 추가하면, 다음과 같이 코드를 작성할 수 있습니다.

**q29_1.py**

```python
CARDS, LIMIT = 32, 10

memo = {}
def check(remain, fw, turn):
  global memo
```

```python
key = str([remain, fw, turn])
if key in memo:
  return memo[key]

if remain == 0:
  # 먼저 뽑은 사람의 턴에서 절반 이상 뽑았다면 승리
  return 1 if (not turn) and (fw > CARDS / 2) else 0

cnt = 0
for i in range(1, LIMIT + 1):
  if turn:      # 먼저 뽑은 사람의 턴
    if remain >= i:
      cnt += check(remain - i, fw + i, not turn)
  else:          # 나중에 뽑은 사람의 턴
    if remain >= i:
      cnt += check(remain - i, fw, not turn)
memo[key] = cnt
return cnt

print(check(CARDS, 0, True))
```

**▌ q29_1.js**

```javascript
CARDS = 32;
LIMIT = 10;

var memo = {};
function check(remain, fw, turn){
  if (memo[[remain, fw, turn]]) return memo[[remain, fw, turn]];

  if (remain == 0){
    // 먼저 뽑은 사람의 턴에서 절반 이상 뽑았다면 승리
    return ((!turn) && (fw > CARDS / 2))?1:0;
  }
  var cnt = 0;
  for (var i = 1; i <= LIMIT; i++){
    if (turn){   // 먼저 뽑은 사람의 턴
      if (remain >= i) cnt += check(remain - i, fw + i, !turn);
    } else {     // 나중에 뽑은 사람의 턴
      if (remain >= i) cnt += check(remain - i, fw, !turn);
    }
  }
  return memo[[remain, fw, turn]] = cnt;
}

console.log(check(CARDS, 0, true));
```

남은 카드가 없을 때*, turn을 반전시켜서 확인하는 처리는 왜 하는 것인가요?

역주 remain == 0 조건 부분을 나타냅니다.

먼저 뽑은 사람이 뽑을 수 있는 카드가 0장이므로(즉, 게임이 이미 끝난 상태이기 때문에), 먼저 뽑은 사람의 턴이 아니기 때문입니다.

앞의 코드는 재귀적인 처리로 풀어본 것입니다. 당연히 동적 계획법으로도 풀 수 있습니다. 처리 시간은 크게 변하지 않지만, 반복으로 처리하므로스택을 많이 소비하지 않는다는 장점이 있습니다.

**q29_2.py**

```python
CARDS, LIMIT = 32, 10
memo = {}

for i in range(0, CARDS + 1):
  for j in range(0, CARDS + 1):
    memo[str([i, j, 0])] = 0
    memo[str([i, j, 1])] = 0
memo[str([0, 0, 0])] = 1
for i in range(1, CARDS + 1):
  for j in range(1, i + 1):
    for k in range(1, min([LIMIT, i]) + 1):
      memo[str([i, j, 0])] += memo[str([i - k, i - j, 1])]
      memo[str([i, j, 1])] += memo[str([i - k, i - j, 0])]

cnt = 0
for i in range(CARDS, CARDS // 2, -1):
  cnt += memo[str([CARDS, i, 1])]

print(cnt)
```

**q29_2.js**

```javascript
const CARDS = 32;
const LIMIT = 10;

const memo = {};
for (let i = 0; i <= CARDS; i++){
  for (let j = 0; j <= CARDS; j++){
    memo[[i, j, 0]] = 0;
    memo[[i, j, 1]] = 0;
```

```
    }
}
memo[[0, 0, 0]] = 1;
for (let i = 1; i <= CARDS; i++){
  for (let j = 1; j <= i; j++){
    for (let k = 1; k <= Math.min(LIMIT, i); k++){
      memo[[i, j, 0]] += memo[[i - k, i - j, 1]];
      memo[[i, j, 1]] += memo[[i - k, i - j, 0]];
    }
  }
}

let cnt = 0;
for (i = CARDS; i > CARDS / 2; i--){
  if (memo[[CARDS, i, 1]] !== undefined)
    cnt += memo[[CARDS, i, 1]];
}
console.log(cnt);
```

> 정답

**607,836,582가지**

QUIZ

# 30 정렬되지 않는 카드

1~$n$까지의 정수가 하나씩 적혀 있는 $n$장의 카드를 가로로 나열합니다. 카드를 왼쪽부터 차례대로 한 장씩 살펴보고, 적혀 있는 숫자가 $i$라면 왼쪽부터 $i$번째 카드와 교환하는 조작을 오른쪽 끝까지 반복합니다.

예를 들어 3, 2, 5, 4, 1 순서로 나열된 경우, 첫 번째 카드가 3이므로, 3번째의 카드인 5와 교환합니다. 따라서 5, 2, 3, 4, 1이 됩니다. 이어서 다음 카드는 2이므로, 2번째 카드와 교환합니다(자기 자신이므로 교환이 발생하지 않습니다). 이어서 다음 카드는 3이므로 3번째 카드와 교환(교환이 발생하지 않습니다), 그다음 카드는 4이므로 4번째 카드와 교환(교환이 발생하지 않습니다), 그다음 카드는 1이므로 1번째 카드인 5와 교환합니다. 이렇게 하면 1, 2, 3, 4, 5가 되어, 오름 차순으로 정렬됩니다.

물론 오른쪽 끝까지 처리를 반복해도 오름차순으로 정렬되지 않을 수 있습니다. 이처럼 숫자가 오름차순으로 정렬되지 않는 초기 위치가 몇 가지인지 구해 봅시다. 예를 들어 $n=4$라면, 24가지가 있습니다. 그중 몇 가지 정렬되지 않는 예를 적어보면 다음과 같습니다.

- $\boxed{2}\boxed{3}\boxed{4}\boxed{1}$ ($\boxed{3}\boxed{2}\boxed{1}\boxed{4}$로 종료)
- $\boxed{3}\boxed{4}\boxed{2}\boxed{1}$ ($\boxed{2}\boxed{1}\boxed{3}\boxed{4}$로 종료)
- $\boxed{4}\boxed{3}\boxed{1}\boxed{2}$ ($\boxed{2}\boxed{1}\boxed{3}\boxed{4}$로 종료)

문제

$n=8$일 때, 오름차순으로 정렬되지 않은 초기 위치가 몇 가지인지 구하시오.

$n=8$일 때는 문제 그대로 구현해도 충분하지만, 어느 정도 처리 속도를 빠르게 할 방법은 없는지 생각해 봅시다.

Hint!

$n$이 클 때도 빠르게 처리하려면, 카드 하나하나에 신경 쓰지 말고 전체를 바라봐야 합니다. 삐리리

생각하는 방법

카드의 초기 배치는 $n$장을 정렬하는 순열을 생각하면, 모든 패턴을 구할 수 있습니다. 이렇게 구한 순열 중에서 문제대로 교환했을 때, 정렬이 제대로 되지 않는 것만 세면 문제를 풀 수 있습니다.

왼쪽부터 차례대로 적혀 있는 숫자를 보고 교환하면 될까?

오름차순으로 나열되어 있는지 판정은 정렬된 상태와 일치하는지를 확인하면 되겠네!

왼쪽부터 차례대로 교환할 위치를 결정하고 적혀 있는 숫자의 위치와 교환하는 것을 반복하면 되므로, 배열 내부에 있는 요소 위치를 변경할 수만 있다면 쉽게 구현할 수 있습니다. 이와 같이 문제대로 구현하면, 다음과 같이 작성할 수 있습니다.

q30_1.py

```python
from itertools import permutations

N = 8
unsort = 0
for ary in permutations(range(1, N + 1), N):
  ary = list(ary)
  for i in range(0, N):
    pos = ary[i] - 1
    ary[i], ary[pos] = ary[pos], ary[i]
  if ary != list(range(1, N + 1)):
    unsort += 1

print(unsort)
```

**q30_1.js**

```javascript
N = 8;

// 순열 생성하기
Array.prototype.permutation = function(n){
  var result = [];
  for (var i = 0; i < this.length; i++){
    if (n > 1){
      var remain = this.slice(0);
      remain.splice(i, 1);
      var permu = remain.permutation(n - 1);
      for (var j = 0; j < permu.length; j++){
        result.push([this[i]].concat(permu[j]));
      }
    } else {
      result.push([this[i]]);
    }
  }
  return result;
}

var unsort = 0;
var sorted = new Array(N);
for (var i = 0; i < N; i++){
  sorted[i] = i + 1;
}
var permu = sorted.permutation(N);
for (var i = 0; i < permu.length; i++){
  for (var j = 0; j < N; j++){
    var pos = permu[i][j] - 1;
    var temp = permu[i][j];
    permu[i][j] = permu[i][pos];
    permu[i][pos] = temp;
  }
  if (permu[i].toString() != sorted.toString()) unsort++;
}

console.log(unsort);
```

 이 방법으로는 순열 생성 시간이 너무 오래 걸려서, n=8 정도 이상의 상황에서는 쓸 수 없을 것 같아….

카드의 수가 늘어나는 경우에도 사용할 수 있는 방법을 고민해 봅시다. 왼쪽부터 차례대로 카드를 살펴보았을 때, $i$번째 값이 $i$보다 작은 경우는 해당 위치보다 왼쪽의 카드와 교환합니다. 반대로 $i$보다 큰 경우는 오른쪽 카드와 교환합니다.

이렇게 되어야 $i$번째 카드에 적혀 있는 값과 위치가 제대로 됩니다. 검색 범위를 생각할 때는 $i$보다 작은 경우와 큰 경우를 나누어서 생각하면 매우 간단해집니다.

> 무슨 말을 하는지 잘 모르겠어요.

> 구체적인 예를 통해 살펴봅시다.

### Point

예를 들어 6장의 카드가 왼쪽부터 차례대로 '$a, b, c, d, e, f$'로 정렬되어 있고, 3번째의 '$c$'에 어떤 처리를 하는 경우를 생각해 봅시다. $c$가 3 이하일 때, 다음과 같이 교환할 수 있습니다.

| c | b | a | d | e | f |   ($c$ = 1일 때)
| a | c | b | d | e | f |   ($c$ = 2일 때)
| a | b | c | d | e | f |   ($c$ = 3일 때)

어떤 경우에도 '$c$'의 위치는 제대로 됩니다. 따라서 이제 남은 '$a, b, d, e, f$'에 대해서, 어떻게 정렬할지 생각하면 됩니다. 이때 앞에 있는 '$a$'와 '$b$'는 차례가 지났으므로 뒤에 있는 '$d, e, f$' 3가지만 탐색하면 됩니다.

이어서 $c$가 4 이상인 경우를 생각해 보면, 다음과 같이 교환할 수 있습니다.

| a | b | d | c | e | f |   ($c$ = 4일 때)
| a | b | e | d | c | f |   ($c$ = 5일 때)
| a | b | f | d | e | c |   ($c$ = 6일 때)

이때도 '$c$'의 위치는 제대로 됩니다. 따라서 이제 남은 '$a, b, d, e, f$'에 대해서, 어떻게 정렬할지 생각하면 됩니다. 하지만 '$d, e, f$' 중의 하나는 '$c$'로 교환되었기 때문에 나머지 2가지만 탐색하면 됩니다.

176

따라서 교환할 위치를 생각하면, 카드의 장수를 조금씩 줄여나가면서 탐색할 수 있다는 거네요!

그렇답니다. 카드의 장 수와 교환할 위치가 결정되면, 재귀적으로 탐색할 수 있답니다.

카드의 $i$번째부터 시작해서 오름차순으로 정렬되지 않는 경우를 구하는 함수를 만들어 봅시다. 카드 수보다도 교환하는 횟수가 많아지면, 끝까지 탐색했다는 것입니다. 이때 남은 카드의 장 수가 정렬된 상태를 제외하기 위해서, 남은 카드의 정렬 방법을 순열로 구한 뒤 제대로 정렬된 1개를 제외하면, 패턴 수를 구할 수 있습니다.

이를 구현하면, 다음과 같습니다.

**q30_2.py**

```python
N = 8
def factorial(n):
  result = 1
  for i in range(1, n + 1):
    result *= i
  return result

memo = {}
def search(cards, pos):
  key = str([cards, pos])
  if key in memo:
    return memo[key]
  if cards == 0:
    return 0
  if cards == pos - 1:
    return factorial(cards) - 1

  # 교환할 카드가 왼쪽으로 이동할 때
  cnt = pos * search(cards - 1, pos)
  # 교환할 카드가 오른쪽으로 이동할 때
  cnt += (cards - pos) * search(cards - 1, pos + 1)
  memo[key] = cnt
  return cnt

print(search(N, 1))
```

```
N = 8;

function factorial(n){
  var result = 1;
  for (var i = 1; i <= n; i++){
    result *= i;
  }
  return result;
}

var memo = {};
function search(cards, pos){
  if (memo[[cards, pos]]) return memo[[cards, pos]];
  if (cards == 0) return 0;
  if (cards == pos - 1) return factorial(cards) - 1;

  // 교환할 카드가 왼쪽으로 이동할 때
  var cnt = pos * search(cards - 1, pos);
  // 교환할 카드가 오른쪽으로 이동할 때
  cnt += (cards - pos) * search(cards - 1, pos + 1);
  return memo[[cards, pos]] = cnt;
}

console.log(search(N, 1));
```

굉장해요. *n*이 30, 40이라도 순식간에 풀 수 있네요!

각각의 카드를 기반으로 생각하는 것이 아니라, 카드 수를 기반으로 생각한다는 부분이 포인트네요.

작은 수로 규칙성을 생각해 보고 나서 구현하면, 효율적으로 구현할 수 있을 겁니다.

정답

**28,630가지**

## 수학 살·펴·보·기
## 규칙성을 기반으로 하는 카드 마술

카드 마술에는 대부분 '규칙'이 있습니다. 그래서 여러 번 반복해도, 항상 같은 결과가 나오는 경우가 많습니다. 일종의 프로그래밍이라고 생각해도 됩니다.

이러한 규칙을 명확하게 해두면, 규칙을 수행하는 것만으로 마술이 이루어집니다. 카드를 사용한 마술은 꽤 많습니다. 몇 가지를 살펴보면 좋은 수학 공부이자 프로그래밍 공부가 될 수 있을 것으로 생각합니다.

예를 들어 유명한 카드 마술로 '21 카드 트릭'이 있습니다. 21장의 카드를 사용해서, 3개의 카드 뭉치를 3번 만들어, 상대방이 생각한 카드를 맞추는 마술입니다.*

역주 유튜브 등에서 '21 Card Trick'으로 검색하면, 어떤 것인지 감을 잡을 수 있습니다.

수학적으로 생각하면 충분히 이해할 수 있는 마술이지만, 처음 본 사람을 놀라게 하기에는 충분합니다. 해당 카드를 사용하는 이유를 포함해서, 여러 가지 행동의 이유를 확인해 보세요.

QUIZ

# 31 승객들의 매너가 너무 좋은 지하철

진행 방향의 왼쪽과 오른쪽으로 문이 있고, 역의 승강장 위치에 따라 한 쪽 문이 열리는 지하철을 생각해 봅시다(두 문이 동시에 열리는 경우는 없습니다).

지하철이 붐비는 경우, 문 바로 앞에 서게 됩니다. 하지만 이런 경우 자신이 내려야 하는 목적지가 아니더라도, 내리는 사람들을 위해서 역마다 내렸다가 다시 타야 합니다. 여기에서는 다음과 같은 행동을 하는 2명의 승객을 생각해 봅시다.

- 타고 있는 쪽에서 문이 열리면, 해당 역에서 내린다.
- 반대쪽 문이 열리면, 따로 반응하지 않는다.
- 첫 번째 사람은 진행 방향의 왼쪽에서, 두 번째 사람은 진행 방향의 오른쪽에서 각각 지하철에 탑승한다.

열차가 편도로 진행하는 동안, 2명의 승객이 각각 다른 역에서 타고 다른 역에서 내린다고 합시다. 이 2명은 각각 반대쪽 문에 서고, 앞에서 언급한 대로 행동합니다.

예를 들어 역이 4개 있고, A역부터 D역으로 지하철이 진행한다면, [표 7] 의 6가지 방법이 나옵니다. 다만, [표 8]과 같은 승강장 배치의 경우, 앞서 언급한 행동 자체를 할 수 없습니다.

[표 7] 역이 4개인 경우

| 승강장 배치 (열리는 문) | | | | 승객의 이동 (타는 곳 → 내리는 곳) | |
|---|---|---|---|---|---|
| A역 | B역 | C역 | D역 | 1번째 사람 | 2번째 사람 |
| 왼쪽 | 왼쪽 | 오른쪽 | 오른쪽 | A→B | C→D |
| 왼쪽 | 오른쪽 | 왼쪽 | 오른쪽 | A→C | B→D |
| 왼쪽 | 오른쪽 | 오른쪽 | 왼쪽 | A→D | B→C |

| 오른쪽 | 왼쪽 | 왼쪽 | 오른쪽 | B→C | A→D |
| 오른쪽 | 왼쪽 | 오른쪽 | 왼쪽 | B→D | A→C |
| 오른쪽 | 오른쪽 | 왼쪽 | 왼쪽 | C→D | A→B |

[표 8] 승강장 위치를 변경한 예

| 승강장 배치 (열리는 문) | | | |
| --- | --- | --- | --- |
| A역 | B역 | C역 | D역 |
| 왼쪽 | 왼쪽 | 오른쪽 | 왼쪽 |
| 승객의 이동 (타는 곳 → 내리는 곳) | | | |
| 1번째 사람 | | 2번째 사람 | |
| A→B | | C→? | |
| B→D | | C→? | |

참고로 이 노선은 순환 노선이 아니며, 승객들은 새치기 없이 한 방향으로 줄을 서서 탄다고 가정합니다. 또한, 내린 역에서 다시 타거나, 탄 역에서 다시 내리거나 하지 않습니다. 2명이 지하철을 안 타는 경우도 없다고 합니다.

[ 문제 ]

**전부 14개의 역이 있을 때, 앞서와 같은 행동에 따른 '승강장 배치'와 '승객의 이동'은 몇 가지가 있을지 구하시오.**

[ 생각하는 방법 ]

일단 승강장의 배치에 대해서 생각해 봅시다. 각각의 승강장에서는 왼쪽 또는 오른쪽 문이 열릴 수 있으므로, 배치의 가짓수는 기본적으로 $2^{14}$가지가 됩니다. 이러한 배치에 대해서 승객이 어떻게 이동할지를 생각해 봅시다.

1번째 사람이 타는 역은 내리는 역을 제외해야 하니까, 왼쪽 문이 열리는 역이 A개 있다고 하면, A - 1가지라고 생각해야 하겠네?

2번째 사람도 마찬가지로, 오른쪽 문이 열리는 역이 B개 있다고 할 때, B - 1가지겠네?

> 승강장의 배치는 '왼쪽을 0', '오른쪽을 1'로 구현하면, 2진수 또는 배열로 표현할 수 있답니다.

모든 승강장의 배치를 나열하고 각각에 대해서 승차 위치를 생각하는 형태로 구현한다면, 다음과 같이 작성할 수 있습니다.*

> 역주 다음 코드들에 있는 bit_count() 함수를 보면 조금 당황할 수 있습니다. 이는 '숫자를 비트(2진수)로 표현했을 때, 비트 내부에서 1로 되어 있는 숫자'를 세는 Hamming Weight라는 알고리즘입니다. 조금 어려운 알고리즘인데요. 단순하게 '비트에서 1을 세는 함수'라고 생각해도 됩니다(고정적인 코드라서 필요할 때 그냥 붙여넣어서 사용하면 됩니다). Hamming Weight 알고리즘에 관심 있다면 위키피디아를 참고하기 바랍니다.

**q31_1.py**

```python
N = 14

# 정수에 포함된 1로 표현된 비트 수 세기
def bit_count(n):
  n = (n & 0x55555555) + (n >> 1 & 0x55555555)
  n = (n & 0x33333333) + (n >> 2 & 0x33333333)
  n = (n & 0x0f0f0f0f) + (n >> 4 & 0x0f0f0f0f)
  n = (n & 0x00ff00ff) + (n >> 8 & 0x00ff00ff)
  return (n & 0x0000ffff) + (n >>16 & 0x0000ffff)

cnt = 0
for i in range(0, 2 ** N):
  a = bit_count(i) # 오른쪽 문이 열리는 역의 수
  b = N - a        # 왼쪽 문이 열리는 역의 수
  if (a > 1) and (b > 1):
    cnt += (a - 1) * (b - 1)
print(cnt)
```

**q31_1.js**

```javascript
N = 14;

// 정수에 포함된 1로 표현된 비트 수 세기
function bit_count(n)
{
  n = (n & 0x55555555) + (n >> 1 & 0x55555555);
  n = (n & 0x33333333) + (n >> 2 & 0x33333333);
  n = (n & 0x0f0f0f0f) + (n >> 4 & 0x0f0f0f0f);
  n = (n & 0x00ff00ff) + (n >> 8 & 0x00ff00ff);
 return (n & 0x0000ffff) + (n >>16 & 0x0000ffff);
}

var cnt = 0;
```

```
for (var i = 0; i < Math.pow(2, N) - 1; i++){
  var a = bit_count(i);  // 오른쪽 문이 열리는 역의 수
  var b = N - a;         // 왼쪽 문이 열리는 역의 수
  if ((a > 1) && (b > 1)){
    cnt += (a - 1) * (b - 1);
  }
}
console.log(cnt);
```

이렇게 풀어도 충분히 답을 구할 수 있지만, 역의 수가 늘어날수록 탐색량이 너무 커집니다. 예를 들어 역이 24개면 $2^{24}$만큼의 반복이 이루어지므로, 처리에 시간이 너무 오래 걸립니다.

따라서 조금 더 생각해 봅시다. 왼쪽 문이 열리는 역의 수를 차례대로 확인하고, 각각의 경우에 대해서 승강장의 위치와 승객의 이동이 어떻게 될지 생각해 봅시다. 역의 수가 전부 $n$개, 왼쪽 문이 열리는 역의 수가 $r$개라고 하면, 이때의 패턴 수는 다음과 같은 식으로 구할 수 있습니다.

$$_nC_r \times (r - 1) \times (n - r - 1)$$

즉, 왼쪽 문이 열리는 위치는 '$n$개 중에서 $r$개를 고르는 조합'이고, 왼쪽에서 타는 승차 위치는 '$r-1$'가지, 오른쪽에서 타는 승차 위치는 '$n-r-1$가지'입니다. 따라서 이를 차례대로 더해 나가면, 다음과 같이 구현할 수 있습니다.

**q31_2.py**

```
N = 14

# n개에서 r개를 선택하는 조합 수 구하기
memo = {}
def nCr(n, r):
  global memo
  key = str([n, r])
  if key in memo:
    return memo[key]
  if (r == 0) or (r == n):
    return 1
  memo[key] = nCr(n - 1, r - 1) + nCr(n - 1, r)
  return memo[key]
```

```
cnt = 0
for i in range(2, N - 1):
  cnt += nCr(N, i) * (N - i - 1) * (i - 1)
print(cnt)
```

## q31_2.js

```
N = 14;

// n개에서 r개를 선택하는 조합 수 구하기
var memo = {};
function nCr(n, r){
  if (memo[[n, r]]) return memo[[n, r]];
  if ((r == 0) || (r == n)) return 1;
  return memo[[n, r]] = nCr(n - 1, r - 1) + nCr(n - 1, r);
}

var cnt = 0;
for (var i = 2; i < N - 1; i++){
  cnt += nCr(N, i) * (N - i - 1) * (i - 1);
}

console.log(cnt);
```

역이 50개라도 순식간에 답을 구할 수 있네!

정답

**532,506가지**

QUIZ

# 32 화이트데이 답례

화이트데이 때는 밸런타인데이 때 받은 초콜릿에 대해 답례를 합니다. 받은 초콜릿의 가격은 알 수 없으므로, 받은 개수를 기반으로 답례를 한다고 합시다.*

> 역주 본문에 '의무 초콜릿'은 가족에게 주는 의무적인 초콜릿, '의리 초콜릿'은 친구가 불쌍하니까 주는 초콜릿, '사랑 초콜릿'은 사랑해서 주는 초콜릿이라는 의미입니다. 일본에서는 밸런타인 초콜릿을 이렇게 구분해 포장해서 팔고 있습니다.

- 의무 초콜릿은 받은 수와 같은 수
- 의리 초콜릿은 받은 수의 2배 수
- 사랑 초콜릿은 받은 수의 3배 수

밸런타인데이 때 합계 $m$개의 초콜릿을 받았다고 합시다. 답례로 준비한 개수가 $n$개라고 할 때, 받은 초콜릿의 종류를 의무 초콜릿, 의리 초콜릿, 사랑 초콜릿의 어떤 조합으로 분배할 수 있을지 생각해 봅시다.

[표 9] $m=5$, $n=10$의 경우

| 패턴 | 의무 초콜릿 | 의리 초콜릿 | 사랑 초콜릿 |
|---|---|---|---|
| (1) | 0개 | 5개 | 0개 |
| (2) | 1개 | 3개 | 1개 |
| (3) | 2개 | 1개 | 2개 |

예를 들어 $m=5$, $n=10$이라면, [표 9]와 같은 3가지가 나올 수 있습니다.

> 문제

$m=543210$, $n=987654$일 때, 가능한 의무 초콜릿, 의리 초콜릿, 사랑 초콜릿의 개수 조합이 몇 가지인지 구하시오.

Hint!

> 개수가 늘어나더라도 시간상으로 무리 없이 처리할 수 있게, 수학적인 방법으로 생각해 봅시다.

> 생각하는 방법

의무 초콜릿과 의리 초콜릿의 수를 결정하면, 사랑 초콜릿의 수가 곧바로 결정됩니다. 따라서 단순하게 의무 초콜릿과 의리 초콜릿을 1부터 차례대로 세는 처리를 2중 반복문으로 구현해 봅시다.

"정말 간단하네요?"라고 생각했지만, 프로그램을 만들어서 돌리니 시간이 엄청나게 오래 걸리네요….

$m$과 $n$의 값이 작은 경우에는 문제 없지만, 지금처럼 $m$과 $n$의 값이 큰 경우에는 조금 더 생각해 봐야 한답니다.

**q32_1.py**
```python
M, N = 543210, 987654
cnt = 0

for i in range(0, M + 1):
  for j in range(0, M + 1):
    if i + j * 2 + (M - i - j) * 3 == N:
      cnt += 1

print(cnt)
```

**q32_1.js**
```javascript
M = 543210;
N = 987654;

var cnt = 0;
for (var i = 0; i <= M; i++){
  for (var j = 0; j <= M; j++){
    if (i + j * 2 + (M - i - j) * 3 == N) cnt++;
  }
}
console.log(cnt);
```

따라서 수학적으로 생각해 봅시다. 의무 초콜릿을 $x$개, 의리 초콜릿을 $y$개로 정하면, 사랑 초콜릿은 $m-(x+y)$개가 됩니다. 따라서 다음과 같은 식이 성립합니다.

$$x + 2y + 3(m - x - y) = n$$

이를 이항하여 정리하면 다음과 같습니다.

$$y = -2x + 3m - n \quad \cdots \quad (1)$$

이는 $x \geqq 0$, $y \geqq 0$, $m - (x + y) \geqq 0$에서 만족합니다. 한 번 좌표 평면에 나타내 봅시다. 개수는 정수이므로, 앞의 식에서 $x$가 정수가 되는 점을 [그림 16]의 색칠한 부분에서 찾으면 됩니다.

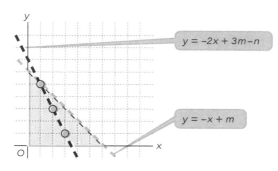

[그림 16] 직선 (1) 위에서 $x$가 정수가 되는 점 구하기

[그림 16]에서 직선 2개의 교점을 구하려면, 다음 방정식을 풀면 됩니다.

$$-2x + 3m - n = -x + m$$

따라서 교점의 $x$좌표는 $2m - n$, $y$좌표는 $-m + n$이 됩니다. 이때 교점이 그림의 색칠한 범위에 있는지 또는 없는지, 즉 교점의 $x$좌표가 $x < 0$인지 $x \geqq 0$인지에 따라서 식이 바뀝니다.

그렇구나. $y = -x + m$의 그래프와 어디서 교차하는지가 중요하겠네! $x > m$에서 교차하면 $y < 0$에서 교차하니까, 이 부분은 따로 생각하지 않아도 될 것 같아!

그렇습니다. [표 9]의 문제 예를 기반으로 생각해 보면 조금 더 쉽게 이해할 수 있을 거예요.

**Point**

$x < 0$부분에서 교차하면, 색칠한 부분 내부에 있는 점의 개수가 '직선 (1) 이 $x$축과 교차하는 좌표'가 됩니다. 반면 $x \geqq 0$ 부분에서 교차하면, 색칠한 부분 내부에 있는 점의 개수는 '직선 (1)이 $x$축과 교차하는 좌표'에서 '교점의 $x$좌표'를 뺀 것이 됩니다.

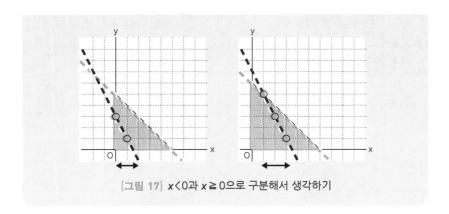

[그림 17] $x < 0$과 $x \geq 0$으로 구분해서 생각하기

이를 정리하면, 다음과 같이 구현할 수 있습니다.

**q32_2.py**

```python
M, N = 543210, 987654

x = 2 * M - N
if x > 0:
  print((3 * M - N) // 2 - x + 1)
else:
  print((3 * M - N) // 2 + 1)
```

**q32_2.js**

```javascript
M = 543210;
N = 987654;

var x = 2 * M - N;
if (x > 0)
  console.log(Math.floor((3 * M - N) / 2) - x + 1);
else
  console.log(Math.floor((3 * M - N) / 2) + 1);
```

답이 순식간에 구해지네요!

수학적인 지식이 있다면 훨씬 더 편하게 구현할 수 있습니다. 또한, 처리 시간도 단축할 수 있답니다.

정답

**222,223가지**

QUIZ

# 33 왼쪽으로 오른쪽으로 오고 가기

12개의 칸이 일렬로 나열되어 있고, 왼쪽부터 11개의 칸에는 1~11 중의 숫자가 하나 써져 있고, 가장 오른쪽에는 0이 써져 있습니다. 이러한 칸을 적혀 있는 숫자 수만큼 왼쪽 또는 오른쪽으로 이동합니다. 이때 진행 방향은 '왼쪽'과 '오른쪽'을 번갈아 반복합니다.

일단 왼쪽 끝에서 오른쪽을 향해 시작해서, 오른쪽 끝의 칸에 도달할 수 있는 숫자의 배치를 생각해 봅시다. 오른쪽 끝의 칸은 0이므로, 오른쪽 끝의 칸에 도달한 시점에서 처리가 종료됩니다.

또한, 왼쪽 끝의 칸보다 왼쪽, 오른쪽 끝의 칸보다 오른쪽으로는 이동할 수 없으므로, 이런 숫자 배치는 나올 수 없는 것으로 합시다. 예를 들어 6칸의 왼쪽 5칸에 1~5까지의 숫자가 [그림 18]처럼 배치되어 있으면, 화살표 방향처럼 이동할 수 있습니다.

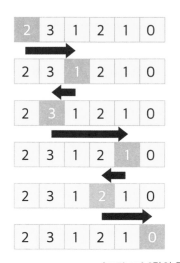

$n = 6$ 일 때의 배치

| 3 | 4 | 2 | 1 | 3 | 0 |
| --- | --- | --- | --- | --- | --- |

| 3 | 3 | 3 | 2 | 2 | 0 |
| --- | --- | --- | --- | --- | --- |

| 4 | 4 | 1 | 2 | 2 | 0 |
| --- | --- | --- | --- | --- | --- |

| 4 | 2 | 3 | 1 | 3 | 0 |
| --- | --- | --- | --- | --- | --- |

[그림 18] 6칸의 경우 나올 수 있는 패턴

이처럼 왼쪽 끝에 도달할 수 있는 숫자의 배치 중에서, 모든 칸에서 정확히 한 번만 멈추는 경우가 몇 가지인지 구해 봅시다. 6칸의 경우, 왼쪽 그림과 함께 오른쪽 그림에 있는 모두 5가지 패턴이 나올 수 있습니다.

**12칸이 있을 때, 모든 칸에서 한 번씩 멈추는 배치가 모두 몇 가지인지 구하시오.**

오른쪽 방향으로 시작해서, '왼쪽'과 '오른쪽'을 번갈아 가면서 이동하므로, 칸의 수가 홀수 개라면 최종적으로 오른쪽 끝에 도달할 수 없습니다. 이번 문제는 칸의 수가 12개이므로, 도달하는 패턴은 있을 것입니다.

칸에 숫자가 들어 있다면, 어떤 때 멈춰야 하는지 쉽게 판정할 수 있겠네?

이동하면서 칸에 숫자를 넣어 나가면 어떨까?

숫자를 넣고, 그 숫자만큼 이동하는 방법을 사용하려는 것이군요. 직접 만들어 봅시다.

모든 칸에 '0'을 설정해서 시작하고, 가능한 숫자를 차례대로 넣는 방법으로 프로그램을 만들어 봅시다. 차례대로 숫자를 넣어 나가면, 탐색 범위가 점점 줄어들게 됩니다.

예를 들어, 다음과 같이 구현할 수 있습니다.

**q33_1.py**

```
N = 12

def search(cell, pos, dir):
  # 오른쪽 끝에 도달했다면, 오른쪽 끝을 확인하고 "0"일 때만 성공
  if pos == N - 1:
    return 1 if cell.count(0) == 1 else 0
  cnt = 0
  for i in range(1, N - 1): # 셀에 1부터 차례대로 넣어서 확인해 보기
```

```
    if (pos + dir * i >= 0) and (pos + dir * i < N):
      # 이동 대상이 범위 내부에 있으면 시도하기
      if cell[pos + dir * i] == 0:
        cell[pos] = i
        cnt += search(cell, pos + dir * i, -dir)
        cell[pos] = 0

  return cnt

print(search([0] * N, 0, 1))
```

**q33_1.js**

```javascript
N = 12

function search(cell, pos, dir){
  // 오른쪽 끝에 도달했다면, 오른쪽 끝을 확인하고 "0"일 때만 성공
  if (pos == N - 1){
    for (var i = 0; i < N - 1; i++){
      if (cell[i] == 0) return 0;
    }
    return 1;
  }

  var cnt = 0;
  for (var i = 1; i < N - 1; i++){
    // 셀에 1부터 차례대로 넣어서 확인해 보기
    if ((pos + dir * i >= 0) && (pos + dir * i < N)){
      // 이동 대상이 범위 내부에 있으면 시도하기
      if (cell[pos + dir * i] == 0){
        cell[pos] = i;
        cnt += search(cell, pos + dir * i, -dir);
        cell[pos] = 0;
      }
    }
  }
  return cnt;
}

var cell = [];
for (var i = 0; i < N; i++) cell[i] = 0;

console.log(search(cell, 0, 1));
```

191

이번 문제의 경우에는 1초 정도면 답을 구할 수 있지만, 칸의 수가 많아지면 처리 시간이 급격하게 늘어나겠네….

번갈아 이동하는 것뿐이므로, 현재 위치의 왼쪽 오른쪽에 있는 '사용하지 않은 숫자'의 개수를 확인해 보면 어떨까요?

이동할 때마다 진행 방향 앞뒤에 있는 '사용하지 않은 숫자'를 확인하고, 이것이 0개가 될 때 종료하면 됩니다. 또한, 중간에 진행 방향의 숫자가 0이 되어도 종료합니다. 이는 다음과 같이 재귀 처리를 메모화해서 구현할 수 있습니다.

**| q33_2.py**

```python
N = 12

memo = {str([0, 0]): 1}
def search(bw, fw):
  key = str([bw, fw])
  if key in memo:
    return memo[key]
  if fw == 0:
    return 0
  cnt = 0
  for i in range(1, fw + 1):
    cnt += search(fw - i, bw + i - 1)
  memo[key] = cnt
  return cnt

if N % 2 == 0:
  print(search(0, N - 2))
else:
  print("0")
```

**| q33_2.js**

```javascript
N = 12;

var memo = {[[0, 0]]: 1};
function search(bw, fw){
  if (memo[[bw, fw]]) return memo[[bw, fw]];
  if (fw == 0) return 0;
  var cnt = 0;
```

```
  for (var i = 1; i <= fw; i++){
    cnt += search(fw - i, bw + i - 1);
  }
  return memo[[bw, fw]] = cnt;
}

if (N % 2 == 0){
  console.log(search(0, N - 2));
} else {
  console.log("0");
}
```

이렇게 구현하면 칸의 수가 20, 30개라도 매우 빠른 속도로 답을 냅니다. 문제를 살펴볼 때는 이러한 특징에 주목해 보기 바랍니다.

정답

**50,521가지**

QUIZ

# 34 | 영리한 총무의 돈 걷는 방법

송년회 등의 회식에서 돈을 관리하는 총무의 고민은 바로 거스름돈 처리입니다. 거스름돈이 발생하지 않게 참가자들에게 돈을 딱 받아 두면 좋겠지만, 사실 그렇게 쉬운 일이 아닙니다.*

> 역주 이해하기 쉽게 예를 들어 보겠습니다. 분식집에서 3명이 6천 원 어치를 먹고, 더치페이를 하려고 합니다. 각자 2천 원씩 내면 되겠지만, 종종 1천 원짜리 지폐가 없다며 5천 원 또는 1만 원짜리를 내는 사람이 있을 수 있습니다. 이번 문제는 이러한 상황을 나타냅니다.

거스름돈이 부족하지 않은 순서로 회비를 모으는 경우를 생각해 봅시다. 예를 들어 회비가 4만 원일 때를 생각해 봅시다. 만 원 지폐를 사용해서 내는 사람이 1명 있다면, 이후에 5만 원 지폐로 4명이 내도 거스름돈을 제대로 처리할 수 있습니다.

이번 문제에서는 회비가 3만 원일 때, '1만 원짜리로 내는 사람 $m$명'과 '5만 원짜리로 내는 사람 $n$명'에 대해서, '어떤 순서로 돈을 걷어야 거스름돈이 부족하지 않은지' 모든 패턴을 구해 봅시다(지폐의 종류만 생각하고, 어떤 사람이 내는지는 고려하지 않습니다).

예를 들어 $m=3$, $n=2$라면 다음과 같은 5가지 방법이 나올 수 있습니다.

(1) 1만 원 지폐 → 1만 원 지폐 → 1만 원 지폐 → 5만 원 지폐 → 5만 원 지폐
(2) 1만 원 지폐 → 1만 원 지폐 → 5만 원 지폐 → 1만 원 지폐 → 5만 원 지폐
(3) 1만 원 지폐 → 1만 원 지폐 → 5만 원 지폐 → 5만 원 지폐 → 1만 원 지폐
(4) 1만 원 지폐 → 5만 원 지폐 → 1만 원 지폐 → 1만 원 지폐 → 5만 원 지폐
(5) 1만 원 지폐 → 5만 원 지폐 → 1만 원 지폐 → 5만 원 지폐 → 1만 원 지폐

> 문제

**회식 참가자가 모두 32명일 때, 1만 원 지폐와 5만 원 지폐를 내는 사람 수의 조합을 모두 구하고, 각각의 경우에서 거스름돈이 부족하지 않은 순서의 가짓수를 모두 구하여 합계를 계산하시오.**\*

> 역주 앞에서 언급한 것처럼 회비는 3만 원입니다.

> 사실 총무 입장에서는 모두가 1만 원 지폐로 내주면 좋겠네요.

> 1만 원 지폐가 충분히 남아 있어야, 5만 원 지폐로 내는 사람에게 거스름돈을 줄 수 있겠네요?

> 재귀적인 처리로 잘 구현해 보면, 프로그램을 간단하게 만들 수 있을 거에요.

생각하는 방법

예를 들어 참가자 수가 5명이라면, 1만 원 지폐와 5만 원 지폐를 내는 사람의 조합 중에서 잔돈이 부족하지 않은 순서의 패턴 수를 생각하면, [표 10]과 같습니다.

[표 10] 참가자가 5명인 경우

| 1만 원 지폐 | 5만 원 지폐 | 패턴 수 |
|---|---|---|
| 0명 | 5명 | 0가지 |
| 1명 | 4명 | 0가지 |
| 2명 | 3명 | 2가지 |
| 3명 | 2명 | 5가지 |
| 4명 | 1명 | 4가지 |
| 5명 | 0명 | 1가지 |
| 합계 | | 12가지 |

참가자가 1만 원 지폐를 사용하는지, 5만 원 지폐를 사용하는지에 따라서 총무가 갖게 되는 1만 원 지폐의 수가 달라집니다. 따라서 1만 원 지폐를 사용하는 사람, 5만 원 지폐를 사용하는 사람, 총무에게 남은 1만 원 지폐의 수를 매개 변수로 받는 함수를 구현해 봅시다.

1만 원 지폐를 사용하는 사람의 수를 $m$명, 5만 원 지폐를 사용하는 사람의 수를 $n$명이라고 하면, 다음과 같이 재귀적인 처리를 사용해서 구현할 수 있습니다.

**q34_1.py**

```python
N = 32

memo = {}
def check(m, n, remain):
  key = str([m, n, remain])
  if key in memo:
    return memo[key]
  # 수금 완료
  if (m == 0) and (n == 0):
    return 1

  cnt = 0
  # 1만 원 지폐 세기
  if m > 0:
    cnt += check(m - 1, n, remain + 3)
  if n > 0:
    # 5만 원 지폐 세기
    if remain >= 2:
      cnt += check(m, n - 1, remain - 2)
  memo[key] = cnt
  return cnt

cnt = 0
for i in range(0, N + 1):
  cnt += check(i, N - i, 0)
print(cnt)
```

**q34_1.js**

```javascript
N = 32;

memo = {};
function check(m, n, remain){
  if (memo[[m, n, remain]]) return memo[[m, n, remain]];
  // 수금 완료
  if ((m == 0) && (n == 0)) return 1;

  var cnt = 0;
  // 1만 원 지폐 세기
  if (m > 0) cnt += check(m - 1, n, remain + 3);
  if (n > 0){
    // 5만 원 지폐 세기
    if (remain >= 2) cnt += check(m, n - 1, remain - 2);
  }
  return memo[[m, n, remain]] = cnt;
}
```

```
var cnt = 0;
for (var i = 0; i <= N; i++){
  cnt += check(i, N - i, 0);
}
console.log(cnt);
```

1만 원 지폐를 가진 사람과 5만 원 지폐를 가진 사람이 있는 경우, 어떤 경우라도 총무에게 남은 1만 원 지폐의 수를 변화시키면서 답을 구하고 있네?

1만 원 지폐를 사용하는 사람의 수가 결정되면, 5만 원 지폐를 가진 사람의 수도 정해지니까 변수를 두 개나 두는 것은 쓸데없는 것 같아….

그럼 1만 원 지폐의 수와 남은 참가자 수만 사용해서 구하는 경우를 생각해 봅시다.

1만 원 지폐의 수에 여유가 있으면 5만 원 지폐도 받고, 여유가 없으면 1만 원 지폐만 받게 코드를 구현하면, 다음과 같이 작성할 수 있습니다.

**q34_2.py**

```
N = 32

memo = {}
def check(bill, remain):
  key = str([bill, remain])
  if key in memo:
    return memo[key]
  if remain == 0:
    return 1
  cnt = check(bill + 3, remain - 1)
  if bill >= 2:
    cnt += check(bill - 2, remain - 1)
  memo[key] = cnt
  return cnt

print(check(0, N))
```

**q34_2.js**

```
N = 32;

memo = {};
```

```
function check(bill, remain){
  if (memo[[bill, remain]]) return memo[[bill, remain]];
  if (remain == 0) return 1;
  var cnt = check(bill + 3, remain - 1);
  if (bill >= 2){
    cnt += check(bill - 2, remain - 1);
  }
  return memo[[bill, remain]] = cnt;
}

console.log(check(0, N));
```

bill이라는 것이 1만 원 지폐의 개수, remain이 남은 참가자의 수가 되는 거네? 코드가 정말 간단해졌어!

1만 원이 2장 있다면, 거스름돈을 줄 수 있다는 거네.

메모하는 양도 그렇게 많지 않으므로, 컴퓨터에 부담도 되지 않습니다.
삐리리

> 정답

**1,143,455,572가지**

QUIZ

# 35 위 아래 왼쪽 오른쪽을 반전한 문자

[그림 19]처럼 7개의 세그먼트 디스플레이를 사용한 숫자 출력 장치가 있습니다. 이러한 숫자 출력 장치의 위 아래 왼쪽 오른쪽을 반전한 경우를 생각해 봅시다. 예를 들어 '0625'를 반전하면, '5290'으로 읽을 수 있습니다.

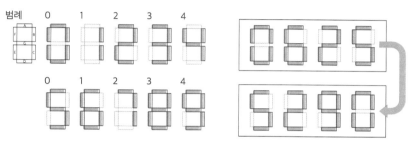

[그림 19] 7개의 세그먼트 디스플레이와 위 아래 왼쪽 오른쪽을 반전한 예

반전할 때 대응하는 숫자는 다음과 같습니다.

$$0 \longleftrightarrow 0 \quad 1 \longleftrightarrow 1 \quad 2 \longleftrightarrow 2$$
$$5 \longleftrightarrow 5 \quad 6 \longleftrightarrow 9 \quad 8 \longleftrightarrow 8$$

※ '1'은 반전했을 때 위치가 조금 바뀌지만, '1'로 읽는 데 문제 없으므로 가능한 것으로 합니다.

┌─────┐
│ 문제 │
└─────┘

12자리 숫자를 출력할 수 있는 숫자 출력 장비가 있을 때, 일반적인 배치 방법에 비해 위 아래 왼쪽 오른쪽을 반전한 경우가 더 큰 숫자가 되는 경우는 몇 가지인지 구하시오.

Hint!

예를 들어 2자리 숫자라면, 다음과 같은 *21가지*가 나옵니다. *삐리리*
*01, 02, 05, 06, 08, 09, 12, 15, 16, 18, 19, 25, 26, 28, 29, 56, 58,*
*59, 66, 68, 86*

　위 아래 왼쪽 오른쪽을 반전해서 배치할 때, 숫자를 읽을 수 있는 숫자는 앞서 살펴본 0, 1, 2, 5, 6, 8, 9라는 7가지뿐입니다. 이 숫자를 사용해서 반전했을 경우가 더 큰 경우를 찾으면 됩니다.

　일단 이미 배치된 숫자열의 오른쪽 끝에, 방금 언급한 7가지 숫자 중에서 1개를 선택해서 추가해 봅시다. 추가한 숫자가 왼쪽 끝의 숫자를 반전한 것과 같다면, 해당 숫자들을 제외한 숫자(안쪽에 있는 숫자)를 반전했을 때 더 큰 값이 되어야 합니다([그림 20]).

[그림 20] 왼쪽 끝의 수를 반전한 것과 같은 경우는 안쪽의 숫자를 고려해야 함

 양쪽 끝은 반전해서 배치해도 변하지 않으므로, 사이에 있는 부분이 반전했을 때 커야 한다는 거군.

 그렇다면 $n$자리 숫자의 경우는 $n-2$자리를 확인하면 되네?

 사이에 숫자가 1개만 들어 있는 경우는 6→9가 되는 경우만 생각하면 됩니다.

　한편, 추가한 숫자가 왼쪽 끝의 숫자를 반전한 것과 다를 때를 생각해 봅시다. 이때, 왼쪽 끝의 숫자를 반전한 것보다 작은 숫자는 오른쪽에 추가할 수 없습니다. 또한, 반전해서 커지는 숫자를 추가했다면, 중간에 들어가는 숫자는 앞의 7가지 숫자 중에 어떠한 것이라도 상관없습니다. 따라서 오른쪽 끝에 추가할 수 있는 숫자는 다음과 같습니다.

- 왼쪽 끝을 반전한 것이 0일 때 → 1, 2, 5, 6, 8, 9
- 왼쪽 끝을 반전한 것이 1일 때 → 2, 5, 6, 8, 9
- …

- 왼쪽 끝을 반전한 것이 8일 때 → 9
- 왼쪽 끝을 반전한 것이 9일 때 → 없음

이러한 패턴은 재귀적으로 처리할 수 있습니다. 구현은 다음과 같습니다.

**q35_1.py**

```python
N = 12
memo = {0: 0, 1: 1}

def check(n):
  if n in memo:
    return memo[n]
  cnt = 0
  for i in range(0, 7):
    cnt += check(n - 2) + i * (7 ** (n - 2))
  memo[n] = cnt
  return cnt

print(check(N))
```

**q35_1.js**

```javascript
N = 12;

var memo = {0: 0, 1: 1};
function check(n){
  if (memo[n] != undefined) return memo[n];

  var cnt = 0;
  for (var i = 0; i < 7; i++)
    cnt += check(n - 2) + i * Math.pow(7, n - 2);
  return memo[n] = cnt;
}

console.log(check(N));
```

반복문 내부에 있는 덧셈 연산의 왼쪽 항이 '양쪽 끝이 같은 경우', 오른쪽 항이 '양쪽 끝이 다른 경우'를 나타내고 있군요.

초깃값을 설정하기만 하면 처리되는 간단한 함수로 구현할 수 있네요!

사실 큰 문제 없는 코드지만, 조금 더 생각해 봅시다. 반복이 과연 필요할까요?

비슷한 처리를 여러 번 반복하는 경우, 단순한 식으로 나타냈을 때 반복을 제외할 수 있는 경우가 있습니다. 예를 들어 이번 예에서 check$(n-2)$ 부분을 $A$, $7^{n-2}$ 부분을 $B$라고 두면, 다음과 같은 식으로 표현할 수 있습니다.

$$(A + 0 \times B) + (A + 1 \times B) + (A + 2 \times B) + \cdots + (A + 6 \times B)$$

수열의 합으로 생각하면 $7A + 7 \times 3B$가 되는데, $B$에 해당하는 부분이 $7^{n-2}$이므로 다음과 같이 구현할 수 있습니다.

**▌ q35_2.py**

```
N = 12

def check(n):
  if n <= 1:
    return n
  return 7 * check(n - 2) + 3 * (7 ** (n - 1))

print(check(N))
```

**▌ q35_2.js**

```
N = 12;

function check(n){
  if (n <= 1) return n;
  return 7 * check(n - 2) + 3 * Math.pow(7, n - 1);
}

console.log(check(N));
```

 와! 한 번밖에 호출하지 않으니까 메모화도 필요 없네?

 반복을 작성할 때는 조금 더 주의를 기울이면 좋을 것 같아.

 컴퓨터는 반복해도 처리하는 데 아무 문제 없지만, 역시 반복하지 않아도 괜찮다면 안 하는 것이 좋습니다. 삐리리

정답

**6,920,584,776가지**

QUIZ

# 36 다이얼 자물쇠 해제하기

최근에는 개인 정보에 대한 인식 향상으로 인해, 우편함 등에 다이얼 자물쇠를 사용하기도 합니다. 이러한 다이얼 자물쇠는 일반적으로 다이얼을 왼쪽 오른쪽으로 번갈아 가며 회전해서, 특정 자릿수의 숫자를 만들게 됩니다.

그럼 다이얼이 초기에 '0'으로 설정되어 있고, 왼쪽으로 회전하는 것부터 시작한다고 합시다(이때 암호는 '0' 이외의 숫자로 시작하며, 같은 숫자가 반복되는 경우는 없습니다).

예를 들어 '528'이라는 번호가 걸려 있다면, 왼쪽으로 '5'까지 회전하고, 이어서 오른쪽으로 '2'까지 회전하고, 마지막으로 왼쪽으로 '8'까지 회전합니다. 이때에 돌려야 하는 눈금의 수를 생각해 봅시다. '528'의 경우, [그림 21]처럼 5+3+6=14가 됩니다!

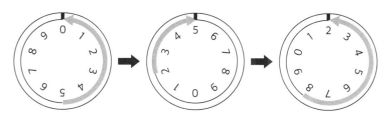

[그림 21] 암호가 '528'인 경우

그런데 자릿수와 돌려야 하는 눈금의 수는 기억하고 있지만, 정작 암호를 잊어버렸습니다(세상에는 이상한 사람이 많습니다). 이번 문제는 자릿수와 돌려야 하는 눈금의 수를 알고 있을 때, 번호를 추측하는 것입니다.

문제

10자리 숫자 자물쇠에서 돌려야 하는 눈금의 수가 50개로 제한된다면, 생각할 수 있는 암호는 모두 몇 가지인지 구하시오.

3자리 숫자 암호에서 돌려야 하는 눈금의 수가 5개인 것은 다음과 같은 10가지입니다.
104, 178, 180, 192, 202, 214, 290, 312, 324, 434

생각하는 방법

다이얼을 돌렸을 때 같은 번호가 연속되지 않으므로, 무조건 왼쪽 오른쪽으로 회전해야 합니다. 또한, 한 바퀴 회전하면 모든 번호를 지나게 되므로, 여러 바퀴를 돌리는 경우도 없습니다. 따라서 한 번 돌릴 때 나올 수 있는 눈금의 수는 1~9의 범위가 됩니다.

이러한 범위 안에서 다이얼을 돌릴 때 나올 수 있는 순서를 확인해 봅시다. 암호의 숫자를 하나씩 찾을 때마다, 회전 방향은 반대가 됩니다. 암호의 숫자를 하나씩 찾을 때마다 남아 있는 암호의 자릿수는 하나씩 줄어들고, 돌려야 하는 눈금의 개수도 그만큼 줄어들 것입니다. 이 작업을 반복해서 남아 있는 암호의 자릿수가 0이 되고, 남아 있는 돌려야 하는 눈금의 수가 0인 경우가 바로 우리가 원하는 암호들입니다.

회전하는 방향을 반전하는 것만으로는 처리가 크게 달라질 것 같지 않네?

남아 있는 암호의 자릿수가 없을 때, 정확하게 남아 있는 돌려야 하는 눈금의 수가 0인 것들을 찾으면 될까?

그렇습니다. 처리가 같으므로, 매개 변수만 변경해 주면 재귀적으로 구현할 수 있답니다.

0의 위치에서 왼쪽으로 회전을 시작하고, 1~9의 범위에서 움직이는 조작을 재귀적으로 반복합니다. 지금까지의 내용을 모두 조합해서 메모화를 사용해 구현한다면, 다음과 같이 작성할 수 있습니다.

**q36_1.py**

```python
M, N = 10, 50

memo = {}
def search(m, n, pos, turn):
  key = str([m, n, pos, turn])
  if key in memo:
    return memo[key]
  if n < 0:
    return 0
  if m == 0:
    return 1 if n == 0 else 0
  cnt = 0
  for i in range(1, 9 + 1):
    # 눈금의 수만큼 회전하고, 방향을 반전
    cnt += search(m - 1, n - i, pos + (i if turn else -i), not turn)
  memo[key] = cnt
  return cnt

print(search(M, N, 0, True))
```

**q36_1.js**

```javascript
M = 10;
N = 50;
memo = {};

function search(m, n, pos, turn){
  if (memo[[m, n, pos, turn]]) return memo[[m, n, pos, turn]];
  if (n < 0) return 0;
  if (m == 0) return (n == 0)?1:0;
  var cnt = 0;
  for (var i = 1; i <= 9; i++){
    // 눈금의 수만큼 회전하고, 방향을 반전
    cnt += search(m - 1, n - i, pos + ((turn)?i:-i), !turn);
  }
  return memo[[m, n, pos, turn]] = cnt;
}

console.log(search(M, N, 0, true));
```

지금까지 살펴보았던 재귀 처리와 크게 다르지 않네? 이제 조금 익숙해져서 문제를 쉽게 풀 수 있군!

소스 코드를 보았을 때, 조금 신경 쓰이는 부분은 없나요?

 이번 코드에는 눈금의 위치를 이리저리 움직이는 부분이 있지만, 사실 따로 사용하지 않아도 괜찮을 것 같은데….

**Point**

회전할 방향을 바꾸면서, 현재 가리키는 눈금을 움직이는 코드가 있지만, 잘 보면 실제로 크게 활용되지 않습니다. 사실 남아 있는 암호의 자릿수와 눈금의 수만 알면 풀 수 있는 문제입니다.

따라서 다음과 같은 소스 코드로도 충분합니다.

**q36_2.py**

```python
M, N = 10, 50

memo = {}
def search(m, n):
  key = str([m, n])
  if key in memo:
    return memo[key]
  if n < 0:
    return 0
  if m == 0:
    return 1 if n == 0 else 0
  cnt = 0
  for i in range(1, 9 + 1):
    cnt += search(m - 1, n - i)
  memo[key] = cnt
  return cnt

print(search(M, N))
```

**q36_2.js**

```javascript
M = 10;
N = 50;

memo = {};
function search(m, n){
  if (memo[[m, n]]) return memo[[m, n]];
```

```
  if (n < 0) return 0;
  if (m == 0) return (n == 0)?1:0;
  var cnt = 0;
  for (var i = 1; i <= 9; i++){
    cnt += search(m - 1, n - i);
  }
  return memo[[m, n]] = cnt;
}

console.log(search(M, N));
```

이렇게 해도 문제를 풀 수 있구나…. 역시 문제 그대로 구현하려고 하기 전에, 문제를 조금 더 분석하면서 생각해 보는 것이 좋을 것 같아!

이 정도 규모에서는 사실 처리 속도가 크게 바뀌지는 않지만, 메모화를 사용할 때의 메모리 사용량 등을 생각해 보면 이렇게 구현하는 것이 좋습니다. *삐리리*

정답

**167,729,959가지**

QUIZ

# 37 | 모든 사람이 함께 움직이는 자리바꿈

중고등학교 때 교실에서 불만으로 자주 나오는 것 중의 하나가 "자리를 바꾸기로 해서 모두 자리를 바꿨는데, 나는 그대로예요."입니다. 뭔가 기분 전환을 할 수 있다고 생각했는데, 주변의 친구들은 바뀌었는데, 나는 제자리에 있다면 조금 슬퍼질 때가 있습니다.

그래서 모든 사람이 자리를 바꾸면서 '같은 행', '같은 열'에 배치되지 않게 자리를 바꾸기로 했습니다. 예를 들어 가로로 2자리, 세로로 3자리, 모두 6자리가 있다면, [그림 22]처럼 4가지 패턴이 나올 수 있습니다.

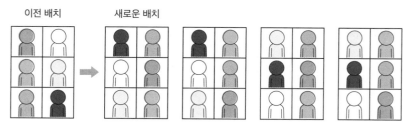

[그림 22] 가로 2자리, 세로 3자리의 경우

문제

가로로 4자리, 세로로 4자리, 모두 16자리가 있을 때, 이러한 패턴이 몇 가지 나올 수 있는지 구하시오.

이동 전의 위치는 이미 결정되어 있으니까, 각각의 위치가 같은 행과 같은 열이 되지 않게 배치하기만 하면 되겠네요?

Hint!
배치 이후에 자리가 어떻게 되는지를 구하는 것이 아니라, 몇 가지 경우가 있는지를 구하는 것뿐입니다. 어떤 자료 구조를 사용하면 좋을지 생각해 봅시다.

생각하는 방법

　왼쪽 위의 좌석부터 차례대로 이전 좌석과 같은 행, 같은 열이 나오지 않게 사람을 배치하면 됩니다. 하지만 좌석 수가 더 늘어난다면, 인원이 많아져서 탐색 시간이 길어질 것입니다.

　일단 어떤 자료 구조를 사용할지 생각해 봅시다. 예를 들어 좌석을 1차원 배열로 표현하고, 좌석 변경 전의 배치 상태일 때 앉아 있는 사람에게 차례대로 0부터 숫자를 붙여 봅시다. 예로 들었던 '가로로 2자리, 세로로 3자리'라면 '0, 1, 2, 3, 4, 5'처럼 표현할 수 있습니다.

 같은 행, 같은 열이라는 것은 어떻게 판정해야 좋을까?

 가로 좌석 수로 나눈 몫과 나머지를 비교하면 되지 않을까?

그렇습니다. '5'를 가진 사람은 5÷2 = 2…1이므로, 2번째 행의 1번째 열이 됩니다. 0부터 숫자를 세기 때문에 2번째 행, 1번째 열로 나왔지만, 실제로는 3번째 행, 2번째 열이 된답니다.

　각각의 배치를 구할 때는 일단 빈 배열을 준비합니다. 그리고 각각의 사람이 이전과 다른 자리 배치가 되도록 왼쪽 위(배열의 가장 왼쪽)부터 차례대로 배치하기만 하면 됩니다.

　이렇게 해서 예를 들어 [그림 22]에서 새로 배치된 자리 그림 중 첫 번째 것은 [5, 4, 1, 0, 3, 2]와 같이 배치할 수 있으면 완료입니다. 이를 재귀적으로 구현하면, 다음과 같이 작성할 수 있습니다.

**q37_1.py**

```
W, H = 4, 4

def search(n, seat):
  if n < 0:
    return 1
  cnt = 0
  for i in range(0, W * H):
    if (i // W != n // W) and (i % W != n % W):
      if seat[i] == 0:
```

```
      seat[i] = n
      cnt += search(n - 1, seat)
      seat[i] = 0
  return cnt

print(search(W * H - 1, [0] * (W * H)))
```

**▌ q37_1.js**

```
W = 4;
H = 4;

function search(n, seat){
  if (n < 0) return 1;
  var cnt = 0;
  for (var i = 0; i < W * H; i++){
    if ((Math.floor(i / W) != Math.floor(n / W)) &&
       (i % W != n % W)){
      if (seat[i] == 0){
        seat[i] = n;
        cnt += search(n - 1, seat);
        seat[i] = 0;
      }
    }
  }
  return cnt;
}

var seat = new Array(W * H);
for (var i = 0; i < W * H; i++) seat[i] = 0;
console.log(search(W * H - 1, seat));
```

 가로로 3자리, 세로로 4자리 정도인 경우에는 구할 수 있지만, 가로로 4자리, 세로로 4자리가 되면 처리 시간이 너무 길어져 버리는데….

 같은 패턴이 적으니까, 메모화를 하더라도 큰 효과가 없을 것 같아.

 자리에 누가 앉아 있는지는 관계없다는 것을 기억하고, 자료 구조를 조금 더 생각해 보도록 합시다.

배치 여부만 확인하면 되므로, 좌석의 배치를 배열이 아닌 **비트열**로 저장하도록 합시다. 배치되었을 때 비트를 1로 변경하면, 같은 위치에 배치된 패턴은 여러 번 등장하므로 메모화를 적용해서 빠르게 만들 수 있습니다.

**q37_2.py**

```python
W, H = 4, 4

memo = {}
def search(n, seat):
  key = str([n, seat])
  if key in memo:
    return memo[key]
  if n < 0:
    return 1
  cnt = 0
  for i in range(0, W * H):
    if (i // W != n // W) and (i % W != n % W):
      if (seat & (1 << i)) == 0:
        cnt += search(n - 1, seat | (1 << i))
  memo[key] = cnt
  return cnt

print(search(W * H - 1, 0))
```

**q37_2.js**

```javascript
W = 4;
H = 4;

var memo = {};
function search(n, seat){
  if (memo[n, seat]) return memo[n, seat];
  if (n < 0) return 1;
  var cnt = 0;
  for (var i = 0; i < W * H; i++){
    if ((Math.floor(i / W) != Math.floor(n / W)) &&
        (i % W != n % W)){
      if ((seat & (1 << i)) == 0){
        cnt += search(n - 1, seat | (1 << i))
      }
    }
  }
  return memo[n, seat] = cnt;
}

console.log(search(W * H - 1, 0));
```

정답

**3,089,972,673가지**

# 제 **3** 장

중급편

★★★

수학적인 방법으로
구현하기

# 작은 규모로 생각해 보며 규칙성 찾기

문제를 푸는 방법을 생각할 때, 처음에는 프로그램으로 구현하는 것부터 생각하지 않는 편이 좋을 때가 있습니다. 일단 문제에 대한 작은 규모의 예부터 차근차근 살펴보면서 어떻게 풀어야 할지 여러 가지로 생각해 봅시다.

규모가 커지면 컴퓨터의 연산 능력이 필요하겠지만, 작은 규모라면 손으로도 생각하면서 풀 수 있습니다. 따라서 항상 주변에 종이와 펜을 준비해 두기 바랍니다.

필자가 문제를 만들 때도 반드시 주변에 종이와 펜을 준비한답니다. 실제로 작은 문제를 풀 때는 컴퓨터를 사용하기보다 손으로 적어 나간다면 생각이 끊기지 않습니다.

작은 크기로 문제를 생각해 보면, 해당 문제가 지닌 규칙성과 특징을 쉽게 찾을 수 있습니다. 경우에 따라서는 문제를 획기적으로 풀 수 있는 '숨어 있는 방법'도 찾을 수 있을 것입니다.

규칙이 한 번에 잘 찾아지지 않는다면, 조금 더 큰 규모로도 생각해 봅시다. 몇 가지 예를 확인하다 보면, '비슷한 것이 반복되는 것'을 느낄 수 있을 것입니다.

문제 그대로 생각하면 단순하게 풀 수 있을 것 같은 문제라도, 이처럼 작은 규모로 계속 생각하다 보면 여러 규칙성을 찾을 수 있고, 더 간단한 풀이 방법을 발견할 수 있을 것입니다.

참고로 이 책에서는 특정 입력에 대해서 답을 구할 수 있게 문제를 설정했습니다.* 하지만 다른 입력에 대해서도 같은 방법으로 문제를 풀 수 있을지 고민하는 것이 중요합니다. 프로그램을 만들 때도 다른 입력도 생각해 보면서 작성하는 것이 좋습니다.

역주 문제에 나와 있는 예 하나만 확장해 보면, 문제에서 요구하는 것을 곧바로 구할 수 있다는 의미입니다. 하지만 실제로 문제를 풀 때는 여러 예를 확인해 봐야 한다는 의미입니다.

이 책에서 다루는 퍼즐 문제를 풀 때뿐만 아니라, 실무에서도 특정 입력만 생각하지 말고 될 수 있으면 규칙성을 찾아 범용적으로 사용할 수 있는 알고리즘을 생각하는 것이 중요합니다.

QUIZ

# 38 이웃하면 사라지는 색깔

이번 문제는 같은 색이 이웃하면 사라져 버리는 퍼즐 게임입니다. 따라서 같은 색이 이웃하지 않게 색을 칠할 수 있는 경우가 몇 가지인지 구해 봅시다.

일렬로 정렬된 $2n$개의 칸을 $n$가지 색으로 2개씩 칠합니다. 이때 이웃한 칸의 색이 같으면 안 됩니다. 이러한 색 구분 방법이 몇 가지가 나올 수 있을지 생각해 봅시다.

예를 들어 $n=3$일 때, 3가지 색을 칠하는 방법은 [그림 1]처럼 5가지입니다.

> ※ 어떤 색을 칠하는지는 중요하게 생각하지 않습니다. 같은 색이 어디에 오는지 배치만 생각합니다.

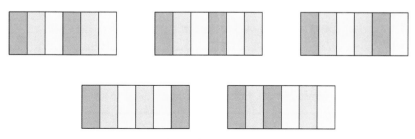

[그림 1] $n=3$일 때

문제

$n=11$일 때 나눠서 칠할 수 있는 방법이 몇 가지인지 구하시오.

**Hint!**

색의 종류가 늘어나면, 패턴의 수가 기하급수적으로 늘어납니다. 이번 문제처럼 11가지 색이라면, 답이 32비트 숫자 범위로는 표현할 수 없는 정도가 되어 버립니다. 따라서 정수 자료형의 범위에 주의하면서 구현해 봅시다.

**생각하는 방법**

일단 문제 그대로 구현해 봅시다. 왼쪽부터 차례대로 이웃한 것과 다른 색을 사용하며 색을 채워서, 마지막까지 채울 수 있는지 하나하나 확인합니다. 더불어 2번 칠한 색은 더 이상 사용할 수 없으므로, 각각의 색을 몇 번 사용했는지 상태도 기록해 두어야 합니다.

[그림 1]과 같이 $n=3$일 때의 예를 생각해 보면, 왼쪽부터 2곳은 자동으로 결정됩니다. 그 후 사용하지 않은 색 또는 한 번만 사용한 색을 차근차근 칠해가면 됩니다.

이웃한 색을 기록해 두기만 하면 안 되겠지?

어떤 자료 구조를 사용해야 좋을까?

매개 변수로 '사용하지 않은 색', '한 번만 사용한 색', '이웃한 색'의 수를 전달해 보기 바랍니다.

매개 변수로 이러한 값을 전달하게 함수를 작성하면, 다음과 같이 재귀적으로 구현할 수 있습니다. 처리 속도 향상을 위해서 메모화를 사용했습니다.

**q38_1.py**

```
N = 11

# unused : 사용하지 않은 색의 수
# onetime : 한 번만 사용한 색
# neighbor : 이웃한 색
```

```
memo = { str([0, 0, 0]): 1}
def pair(unused, onetime, neighbor):
  key = str([unused, onetime, neighbor])
  if key in memo:
    # 이미 탐색한 경우, 탐색 결과를 재사용
    return memo[key]
  cnt = 0
  if unused > 0:  # 아직 사용하지 않은 색이 남아 있는 경우
    cnt += pair(unused - 1, onetime + neighbor, 1)
  if onetime > 0: # 한 번만 사용한 색이 남아 있는 경우
    cnt += onetime * pair(unused, onetime - 1 + neighbor, 0)
  memo[key] = cnt
  return cnt

print(pair(N, 0, 0))
```

**q38_1.js**

```
N = 11;

var memo = {};
memo[[0, 0, 0]] = 1;
function pair(unused, onetime, neighbor){
  if (memo[[unused, onetime, neighbor]])
    return memo[[unused, onetime, neighbor]];
  var cnt = 0;
  if (unused > 0)
    cnt += pair(unused - 1, onetime + neighbor, 1);
  if (onetime > 0)
    cnt += onetime * pair(unused, onetime - 1 + neighbor, 0);
  return memo[[unused, onetime, neighbor]] = cnt;
}

console.log(pair(N, 0, 0));
```

 탐색한 결과를 메모화해서 재사용하므로, 처리 속도가 매우 빠르답니다.

 $n=50$이라도 순식간에 답을 구할 수 있네요!

 조금 더 수학적으로 생각해 볼 수 있는 부분은 없을까?

$2n$개의 칸을 $n$개의 색으로 구분해서 칠하는 방법을 $\text{pair}(n)$이라고 합시

다. 이때 $2(n-1)$개의 색으로 구분된 칸에 새롭게 2개의 칸을 추가한다면 어떨까요? 그러면 점화식으로 pair($n$)과 pair($n-1$)의 관계를 표현할 수 있을 것입니다.

추가할 2개의 칸 중에서 1개는 반드시 왼쪽 끝에 추가하는 것으로 합시다(2개의 칸이 같은 색이므로 하나의 위치를 고정하고 세면 빠짐없이 모든 경우를 셀 수 있습니다). 이때 남은 1개를 어디에 넣어야 할까요? 이미 색칠한 $2(n-1)$개의 칸이 문제 의도를 만족하고 있을 경우, 각각의 칸 오른쪽에 추가하면 되므로, $2(n-1)$가지가 나오게 됩니다([그림 2]).

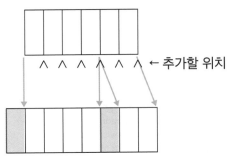

[그림 2] 기존 칸의 오른쪽에 추가하기

따라서 이러한 경우는 $2(n-1) \times$ pair($n-1$)이라고 계산할 수 있습니다.

 정말 이해하기 쉽네요!

 이는 이미 문제의 의도에 맞게 색이 구분되어 칠해진 경우만 생각한 것이 아닌가요?

 그렇습니다. 같은 색이 연속될 때는 그 사이에 추가해야 합니다.

$n-2$가지 색이 문제의 의도를 만족하는 경우, 같은 색이 연속되는 부분 사이에 배치합니다([그림 3]에서는 색칠한 부분이 2칸 이어져 있는데, 이 사이에 새로운 색을 추가하면 됩니다).

이러한 경우에는 $(2n-3) \times \text{pair}(n-2)$처럼 계산할 수 있습니다.

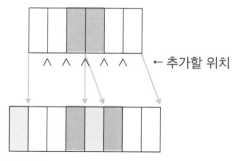

[그림 3] 같은 색이 이어지는 부분 사이에 추가하기

마찬가지로 $n-3$가지 색, $n-4$가지 색, … 일 때에도 차례대로 생각해 보면, $i$가지 색이 문제의 의도를 만족할 경우, 추가할 패턴의 수는 $(2i+1) \times \text{pair}(i)$로 일반화할 수 있습니다. 하지만 이를 모두 더하여 다음과 같이 작성하면, 앞에서 구한 $i=n-1$일 때는 $2i \times \text{pair}(i)$이므로 식이 맞지 않습니다.

$$\text{total}(n) = \sum_{i=0}^{n-1} \left( (2i + 1) \times \text{pair}(i) \right)$$

따라서 한번 더 더해진 $\text{pair}(n-1)$만 빼내면, 다음과 같이 표현할 수 있습니다.

$$\text{pair}(n) = \text{total}(n) - \text{pair}(n-1)$$

또한, $\text{total}(n)$은 다음과 같은 점화식으로 표현할 수 있습니다.

$$\text{total}(n) = \text{total}(n-1) + (2n-1) \times \text{pair}(n-1)$$

이 2개의 점화식을 수학적으로 풀면, 다음과 같이 표현할 수 있습니다.

$$\text{pair}(n) = (2(n-1) + 1) \times \text{pair}(n-1) + \text{pair}(n-2)$$

이를 코드로 구현하면, 다음과 같습니다.

```python
N = 11

memo = {1: 0, 2: 1}
def pair(n):
  if n in memo:
    return memo[n]
  memo[n] = (2 * (n - 1) + 1) * pair(n - 1) + pair(n - 2)
  return memo[n]

print(pair(N))
```

```javascript
N = 11;

var memo = [];
function pair(n){
  if (memo[n]) return memo[n];
  if (n == 1) return 0;
  if (n == 2) return 1;
  return memo[n] = (2 * (n - 1) + 1) * pair(n - 1) + pair(n - 2);
}

console.log(pair(N));
```

색이 많아지면 재귀 함수 호출이 증가하므로, 배열과 반복문을 사용해 다음과 같이 사용하는 것도 좋은 방법입니다. 두 방법 모두 $n=50$이라도 매우 빠르게 답을 구할 수 있습니다.

```python
N = 11
pair = [0] * (N + 1)

pair[1] = 0
pair[2] = 1

for i in range(3, N + 1):
  pair[i] = (2 * (i - 1) + 1) * pair[i - 1] + pair[i - 2]

print(pair[N])
```

**q38_3.js**

```javascript
N = 11;
var pair = [];
pair[1] = 0;
pair[2] = 1;
for (var i = 3; i <= N; i++){
  pair[i] = (2 * (i - 1) + 1) * pair[i - 1] + pair[i - 2];
}
console.log(pair[N]);
```

역시 수학적으로 생각하면 프로그램이 매우 간단해지는 것은 물론이고 처리 속도도 빨라지네!

하지만 이런 식을 어떻게 생각해 낼 수 있지?

규칙성이 있을 때는 잠시 멈추고 더 생각해 보세요. 그런 것에 익숙해지면 할 수 있게 된답니다.

제 **3** 장

종료판

★
★
★

정답

**4,939,227,215가지**

QUIZ

# 39 | 가라앉는 섬에서 만나는 배

바다의 수위에 따라 떠오르거나 가라앉는 섬의 양쪽 반대편에서 2척의 배가 같은 속도로 서로를 향해서 일직선으로 이동한다고 합시다. 이때 수면은 만조와 간조를 반복하며 오르내리지만, 두 척의 배는 물에 떠있으므로 항상 같은 높이에 있습니다. 따라서 수면이 내려가기 시작하면, 양쪽 배모두 섬의 경사를 따라서 내려가야 합니다(앞으로 나아가지 못하는 경우에는 뒤로 진행하게 됩니다).

다만, 수면이 시작 시점보다 아래로 내려가지는 않으며, 배가 섬보다 위로 떠오를 때까지 올라가지도 않는다고 합시다.* 또한, 섬의 경사는 45도밖에 없으며, 오르막인지 내리막인지는 1[m]마다 바뀔 수 있다고 합시다.

역주 만조와 간조는 달의 힘에 의해서 바닷물이 오르고 내리는 것을 말하지만 이번 문제에서는 바다의 수위가 정해진 최고점과 최저점을 오르내리는 것이 아니라, 문제의 조건에 맞게 오르내리는 것으로 생각합니다.

시작 위치가 수평 거리로 $n$[m] 떨어진 섬이 있습니다. 2척의 배가 서로를 향해 일직선으로 이동하여 만날 때까지의 이동 거리가 최대가 되는 섬의 형태를 찾고, 이때 2척의 이동 거리 합계를 구해 봅시다 단, 이동 거리는 수평 거리로 나타냅니다.

예를 들어 $n=8$이고, 섬의 형태가 [그림 4]의 왼쪽과 같다면, ①~④처럼 이동할 수 있으므로 배가 이동한 거리는 각각 5[m]씩, 10[m]입니다. 하지만 섬의 형태가 오른쪽과 같다면, ①~⑥처럼 이동할 수 있으므로 합계는 12[m]입니다. 따라서 $n=8$일 때 출력해야 하는 답은 12입니다.

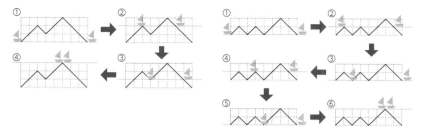

[그림 4] $n = 8$일 때의 예

### 문제

$n = 12$일 때, 이동 거리가 최대가 되는 섬의 형태를 구하고, 이때 두 배의 이동 거리 합계를 구하시오.

**Hint!** 간단한 식으로 구할 수 있다고 생각하기 쉽지만, $n$이 늘어날 때 복잡해지는 섬 형태도 생각해야 한답니다.

### 생각하는 방법

직감적으로 배의 진행 방법을 다음과 같이 3가지로 생각할 수 있습니다.

· 양쪽 배가 위로 뜨면서 가까워지는 경우
· 양쪽 배가 아래로 내려가면서 가까워지는 경우
· 같은 높이에서 같은 기울기로 이동하는 경우(배의 거리가 변화하지 않는 경우)

 앞의 두 개는 배의 거리가 가까워지는 경우이고, 다른 하나는 변하지 않는 경우네요. 두 배가 멀어지는 경우는 따로 탐색할 필요가 없어서 그런 거군요?

 그렇구나, 그럼 의미 없는 탐색을 하지 않아도 되는 거죠?

 그렇게 계산할 수 있다면 쉽게 답을 수할 수 있겠지만, 그렇게 단순한 문제는 아니랍니다.

단순하게 한쪽 배만 앞으로 나아간다면, $n$[m] 떨어져 있을 때의 이동 횟수는 최대 $n$회입니다. 마지막으로 만나는 곳이 산의 정점인 것도 생각해 보면, 이동 거리는 $n-2$가 됩니다($n=2$일 때는 1회).*

> **역주** 이해하기 어렵다면 [그림 4]를 살펴봅시다. 이러한 형태로 한쪽 배가 못 움직이게 고정하고, 다른 쪽 배만 움직이게 하면, 왼쪽 배가 $n-2$만큼 이동하게 됩니다.

두 배가 서로 만날 때까지 각자 이동한 거리는 같으므로, 한쪽 배의 이동 거리의 2배를 구하면 다음과 같이 생각할 수 있습니다.

- $n>2$일 때  $2(n-2)$
- $n=2$일 때  $2$

이번 문제에서 $n=12$를 대입하면, $2 \times 10 = 20$이 되므로, 정답을 구할 수 있습니다. 하지만, $n$이 커지면 이러한 식이 성립하지 않는 경우가 발생합니다. 예를 들어 $n=16$일 때, [그림 5]와 같은 섬 형태를 생각해 봅시다.

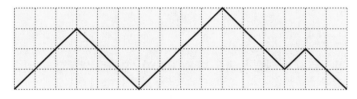

[그림 5] $n=16$일 때 생각할 수 있는 형태의 예

이러한 경우, 중간에 반대 방향으로 움직여야 합니다. 따라서 다음과 같은 프로그램으로 풀어 봅시다. 섬의 형태(높이)를 배열로 표현하고 섬의 왼쪽부터 섬의 높이를 차례로 넣습니다. 섬의 형태가 결정되면 양쪽 배가 움직이는 거리를 확인합니다.

**| q39.py**

```
N = 12

# 이동 거리 확인하기
def check(island):
  pos = [0, N]
  q = [pos]
  log = {str(pos): 0}
```

```python
  while len(q) > 0: # 너비 우선 탐색하기
    left, right = q.pop(0)
    for l in range(left - 1, left + 2, 2):
      for r in range(right - 1, right + 2, 2):
        # 양쪽이 같은 위치에 있다면 종료하기
        if l == r:
          return log[str([left, right])] + 2
        if (l >= 0) and (r <= N) and (island[l] == island[r]):
          if (l < r) and not (str([l, r]) in log):
            # A가 B보다 왼쪽에 있고, 탐색하지 않은 상태라면 다음 탐색하기
            q.append([l, r])
            log[str([l, r])] = log[str([left, right])] + 2
  return -1      # 거리를 구할 수 없는 경우

# 섬의 형태 탐색하기
def search(island, left, level):
  island[left] = level  # 섬의 높이 설정하기
  # 모두 설정되었다면, 이동 거리 확인하기
  if left == N:
    return check(island)
  max_value = -1
  if level > 0:          # 시작 지점보다 위라면 내려가기
    max_value = max([max_value, search(island, left + 1, level - 1)])
  if left + level < N:  # 산이 만들어진 경우 올라가기
    max_value = max([max_value, search(island, left + 1, level + 1)])
  return max_value

print(search([-1] * (N + 1), 0, 0))
```

**q39.js**

```javascript
N = 12;

// 이동 거리 확인하기
function check(island){
  var pos = [0, N];
  var q = [pos];
  var log = {};
  log[pos] = 0;
  var left, right;
  while (q.length > 0){  // 너비 우선 탐색하기
    [left, right] = q.shift();
    for (var l = left - 1; l <= left + 1; l += 2){
      for (var r = right - 1; r <= right + 1; r += 2){
        // 양쪽이 같은 위치에 있다면 종료하기
        if (l == r) return log[[left, right]] + 2;
        if ((l >= 0) && (r <= N) && (island[l] == island[r])){
          if ((l < r) && !log[[l, r]]){
```

```
        // A가 B보다 왼쪽에 있고, 탐색하지 않은 상태라면 다음 탐색하기
        q.push([l, r]);
        log[[l, r]] = log[[left, right]] + 2;
      }
     }
    }
   }
  }
  return -1; // 거리를 구할 수 없는 경우
}

// 섬의 형태 탐색하기
function search(island, left, level){
  island[left] = level;   // 섬의 높이 설정하기
  // 모두 설정되었다면, 이동 거리 확인하기
  if (left == N) return check(island);

  var max = -1;
  if (level > 0){        // 시작 지점보다 위라면 내려가기
    max = Math.max(max, search(island, left + 1, level - 1));
  }
  if (left + level < N){  // 산이 만들어진 경우 올라가기
    max = Math.max(max, search(island, left + 1, level + 1));
  }
  return max;
}

console.log(search(new Array(N + 1), 0, 0));
```

┌──────┐
│ 정답 │
└──────┘

**20m**

QUIZ

# 40 | 윈도우 시작 메뉴 타일 정렬하기

Windows 8 이후 버전에서는 태블릿 환경에서 시작 메뉴를 눌렀을 때, 타일 형태로 버튼이 뜹니다. 동적으로 변경되는 라이브 타일을 사용하는 사람들도 있습니다.

어쨌거나 이와 같은 타일을 정렬하는 방법을 생각해 봅시다. 사용할 수 있는 타일의 크기는 '1×1', '2×2', '4×2', '4×4'의 4가지입니다. 참고로 실제 Windows에서도 작은 타일, 중간 타일, 와이드 타일(가로로 넓은 타일), 큰 타일로 모두 4가지이며, 세로로 긴 타일은 없습니다.

예를 들어 4×2 영역에 타일을 배치한다면, [그림 6]처럼 6가지 형식이 나올 수 있습니다.

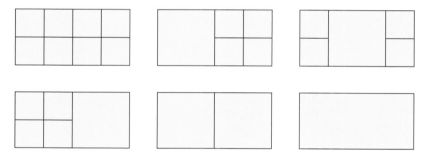

[그림 6] 4×2의 경우

| 문제 |

10×10 영역 내부에 타일을 정렬할 때, 나올 수 있는 방법이 모두 몇 가지인지 구하시오.

타일 배치를 어떻게 표현해야 효율 좋을지 생각해 봅시다.

생각하는 방법

영역의 왼쪽 위부터 차례대로 타일을 배치한다고 생각해 봅시다. 이때 영역을 배열로 표현하고, 이미 타일을 배치했는지를 플래그로 관리해야 할 것입니다.

사용할 수 있는 타일은 모두 4가지 종류밖에 없으므로, 차근차근 배치해서 오른쪽 아래까지 영역을 모두 채우면 됩니다.

배열은 2차원 배열로 하는 것이 좋을까요?

2차원 배열을 사용하는 것도 좋은 방법이지만, 일단 이번에는 1차원 배열을 사용해서 '행의 수' × '열의 수' 형태의 배열로 구현해 봅시다.

**q40_1.py**

```python
W, H = 10, 10

memo = {}
def search(tile, pos):
  # 이미 사용했다면 곧바로 다음 탐색하기
  if pos < len(tile) and tile[pos] == 1:
    return search(tile, pos + 1)

  key = str([tile, pos])
  if key in memo:
    return memo[key]
  # 마지막까지 탐색했다면 종료하기
  if pos == (W * H):
    return 1

  cnt = 0
  for (px, py) in [[1, 1], [2, 2], [4, 2], [4, 4]]:
    # 타일을 둘 수 있는지 확인하기
    check = True
    for x in range(0, px):
      for y in range(0, py):
        if (pos % W >= W - x) or (pos / W >= H - y):
```

QUIZ

# 41 | 엄청나게 바쁜 산타클로스

겨울이 되면 어린이들이 모두 기대하는 크리스마스, 수많은 집을 도는 산타클로스가 실제로 있다면 얼마나 바쁠지 생각해 본 적 없나요?

이번에는 산타클로스가 더 많은 집을 돌 수 있게 하는 경로를 생각해 봅시다. 집이 격자 모양으로 정렬되어 있고, 산타클로스는 위 아래 왼쪽 오른쪽으로 격자의 도로를 움직일 수 있다고 합시다.

왼쪽 위의 위치에서 선물을 주기 시작해서, 다시 왼쪽 위의 위치로 돌아오면 선물 배달 완료입니다. 참고로 통과한 도로를 교차해서 지나가는 것은 가능하지만, 같은 도로를 다시 통과하는 것은 안 된다고 합시다.

이때 가장 긴 경로가 어떻게 되는지 생각해서, 통과한 도로의 수를 구해봅시다. 예를 들어 가로로 3칸, 세로로 3칸이라면, [그림 8]과 같은 경로가 나올 수 있습니다. 왼쪽 위의 경우는 4, 오른쪽 위의 경우는 12, 왼쪽 아래의 경우는 16, 오른쪽 아래의 경우는 20이 됩니다. 따라서 3×3일 때 나올 수 있는 가장 긴 경로를 통과한 도로 수는 20이 됩니다.

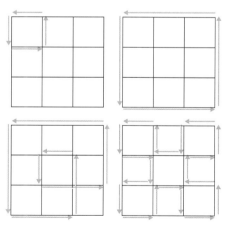

[그림 8] 가로로 3칸, 세로로 3칸일 때

제 3 장

초급편 ★ ★ ★

문제

가로로 99칸, 세로로 101칸일 때, 나올 수 있는 가장 긴 경로의 통과한 도로 수를 구하시오.

이번 문제는 한붓그리기 문제와 매우 비슷합니다. 한붓그리기를 할 때 가장 긴 경로를 찾는 것이라고 할 수 있습니다. 한붓그리기 문제는 Q08에서 설명했던 것처럼 다음과 같은 조건을 만족해야 합니다.

**(1) 모든 정점의 차수가 짝수**　　　**(2) 차수가 홀수인 정점이 딱 2개**

이번 문제는 왼쪽 위에서 시작해서 왼쪽 위로 돌아가야 하므로, 생성한 도형은 (1)의 조건을 만족해야 합니다. 또한, 각 칸의 정점에서 교차할 때, 선의 수(차수)가 홀수가 되면 안 됩니다.

홀수인 점이 있으면 거기부터 시작해야 하는군.

경로의 길이가 가장 긴 경우를 생각해 보면, 테두리에 있는 정점은 연결한 선이 2개, 안쪽에 있는 정점은 연결한 선이 4개가 되겠네?

가로 또는 세로의 길이 중의 하나가 짝수일 경우에는 2만큼 빼줘야 합니다.

**| q41.py**

```python
W, H = 99, 101
inside = (W - 1) * (H - 1) * 2
outside = (W + H) * 2
if (W != 1) and (H != 1) and ((W % 2 == 0) or (H % 2 == 0)):
  print(inside + outside - 2)
else:
  print(inside + outside)
```

**| q41.js**

```javascript
W = 99;
H = 101;
var inside = (W - 1) * (H - 1) * 2;
var outside = (W + H) * 2;
if ((W != 1) && (H != 1) && ((W % 2 == 0) || (H % 2 == 0)))
  console.log(inside + outside - 2);
else
  console.log(inside + outside);
```

정답

**20,000**

QUIZ

# 42 붙어서 앉을 수 없는 커플

중국 코스 요리를 먹을 때처럼, 원형 테이블에 앉는 경우를 생각해 봅시다. $n$쌍의 커플이 있고 모두가 원형 테이블 앞에 앉았을 때, 각 커플이 서로 붙어 앉지 못하게 하고 싶습니다. 다만, 남녀는 서로 번갈아 가며 앉게 하고 싶습니다.

예를 들어 $n=3$일 때는 [그림 9]처럼 2가지 방법으로 앉을 수 있습니다(같은 숫자가 커플을 나타내고, 색상은 성별을 나타낸다고 생각합니다).

※ 원형이므로 회전한 위치는 1개로 취급합니다. 다만, 역방향일 경우에는 다른 것으로 취급합니다.

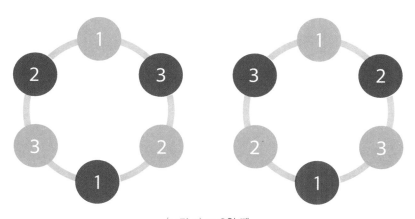

[그림 9] $n=3$일 때

문제

$n=7$일 때 앉을 수 있는 방법은 몇 가지인지 구하시오.

Hint!

순열을 생성한다면, 사람 수가 늘어났을 때 패턴 수가 급격하게 늘어나서 처리 시간이 오래 걸릴 것 같네요?

메모화할 수 있는 자료 구조를 생각해 봅시다.

생각하는 방법

회전한 위치는 1개로 취급하므로, 남성 1명을 고정하고 생각해 봅시다. 일단 남성이 1~$n$까지 차례대로 하나의 간격을 두고 앉습니다. 그리고 나서 같은 번호의 남자가 이웃하지 않게 여성을 배치합니다.

남성을 고정하면, 원형이라고 해도 일직선에 배치하는 것과 큰 차이가 없네?

남성을 고정하면, 여성 배치를 순열로 만들어서 조건을 만족하는 것만 찾으면 되는 건가?

남성의 정렬 순서도 바뀔 수 있답니다. 다만, 고정한 1명은 그대로 고정되어 있다는 것을 기억합시다.

여성의 배치를 순열로 생성하고, 그 옆에 같은 번호의 남성이 없는 경우를 탐색하는 형태로 구현하면 다음과 같습니다. 고정한 남성 1명 이외의 남성만 배치하므로, 남성의 배치는 $n-1$의 계승(factorial)으로 구할 수 있습니다.

**q42_1.py**

```python
from itertools import permutations

N = 7
women = [0] * N
factorial = 1
for i in range(0, N):
  women[i] = i + 1
  factorial *= (i + 1)

cnt = 0
for seat in permutations(women, N):
  flag = True
```

```python
    for i in range(0, len(seat)):
      if (seat[i] - 1 == i) or (seat[i] - 1 == (i + 1) % N):
        flag = False
        break
    if flag:
      cnt += 1

print(cnt * factorial // N)
```

▌ q42_1.js

```javascript
N = 7;
women = new Array(N);
factorial = 1;
for (var i = 0; i < N; i++){
  women[i] = i + 1;
  factorial *= (i + 1);
}

// 순열 생성하기
Array.prototype.permutation = function(n){
  var result = [];
  for (var i = 0; i < this.length; i++){
    if (n > 1){
      var remain = this.slice(0);
      remain.splice(i, 1);
      var permu = remain.permutation(n - 1);
      for (var j = 0; j < permu.length; j++){
        result.push([this[i]].concat(permu[j]));
      }
    } else {
      result.push([this[i]]);
    }
  }
  return result;
}

var cnt = 0;
var seat = women.permutation(N);
for (var i = 0; i < seat.length; i++){
  var flag = true;
  for (var j = 0; j < N; j++){
    if ((seat[i][j] - 1 == j) ||
        (seat[i][j] - 1 == (j + 1) % N)){
      flag = false;
      break;
    }
  }
```

```
    if (flag) cnt++;
}

console.log(cnt * factorial / N);
```

 판정에서 나머지를 사용하는 이유는 무엇인가요?

 원형에서 이웃한 사람을 구하기 위해서이지 않을까?

 이 방법은 n=10 정도만 되어도, 시간이 매우 오래 걸린답니다. 다른 방법을 생각해 봅시다.

여성의 배치를 2진수로 표현해서, 모든 좌석을 채우는 방법이 몇 가지인 지 구해 봅시다.

**▌ q42_2.py**

```
N = 7

memo = {0: 1}
def seat(n):
  if n in memo:
    return memo[n]
  temp = len(list(filter(lambda x: x == "1", to_str(n, 2))))
  pre = temp - 1
  post = temp % N
  cnt = 0
  for i in range(0, N):
    mask = 1 << i
    if (n & mask > 0) and (i != pre) and (i != post):
      cnt += seat(n - mask)
  memo[n] = cnt
  return cnt

# 기본적인 진법 변환 함수
def to_str(n, base):
  converter = "0123456789ABCDEF"
  if n < base:
    return converter[n]
  else:
    return to_str(n // base, base) + converter[n % base]
```

```python
def factorial(n):
  result = 1
  for i in range(1, n + 1):
    result *= i
  return result

print(seat((1 << N) - 1) * factorial(N - 1))
```

```javascript
N = 7;

var memo = {0: 1};
function seat(n){
  if (memo[n]) return memo[n];
  var count1 = n.toString(2).split("1").length - 1;
  var pre = count1 - 1;
  var post = count1 % N;
  var cnt = 0;
  for (var i = 0; i < N; i++){
    var mask = (1 << i);
    if (((n & mask) > 0) && (i != pre) && (i != post)){
      cnt += seat(n - mask);
    }
  }
  return memo[n] = cnt;
}

function factorial(n){
  var result = 1;
  for (var i = 1; i <= n; i++)
    result *= i;
  return result;
}
console.log(seat((1 << N) - 1) * factorial(N - 1));
```

정답

**416,880가지**

QUIZ

# 43 3진법이라면 어떻게 될까?

컴퓨터는 숫자를 다룰 때, 데이터의 최소 단위로 **비트**(bit)를 사용합니다. 비트는 0과 1로 데이터를 표현하는 방법입니다. 다음 식은 숫자를 2진수로 변환하는 예입니다.

예) $19 (10진수) = 1 \times 2^4 + 0 \times 2^3 + 0 \times 2^2 + 1 \times 2^1 + 1 \times 2^0$
$= 10011 (2진수)$

만약 3진수로 생각한다면, 데이터의 최소 단위는 **트릿**(trit)이 됩니다. 3진수로 나타낼 때는 다음과 같이 두 가지 방법을 사용하게 됩니다. 이를 사용하여 10진수 0~20을 표로 나타내면 [표 1]과 같습니다.

**【0, 1, 2의 3가지 숫자를 사용해서 표현하는 방법】**
예) $19 (10진수) = 2 \times 3^2 + 0 \times 3^1 + 1 \times 3^0 = 201 (3진수)$

**【-1, 0, 1이라는 3가지 숫자를 사용해서 표현하는 방법】**
예) $19 (10진수) = 1 \times 3^3 + (-1) \times 3^2 + 0 \times 3^1 + 1 \times 3^0 = 1T01 (3진수)$

※ -1을 T로 표현하고 있습니다.

[표 1] 10진수, 2진수, 3진수 대응표

| 10진수 | 2진수 | 3진수 (0, 1, 2) | 3진수 (-1, 0, 1) |
|---|---|---|---|
| 0 | 00000 | 0000 | 0000 |
| 1 | 00001 | 0001 | 0001 |
| 2 | 00010 | 0002 | 001T |
| 3 | 00011 | 0010 | 0010 |
| 4 | 00100 | 0011 | 0011 |
| 5 | 00101 | 0012 | 01TT |
| 6 | 00110 | 0020 | 01T0 |
| 7 | 00111 | 0021 | 01T1 |
| 8 | 01000 | 0022 | 010T |

| 10진수 | 2진수 | 3진수 (0, 1, 2) | 3진수 ( - 1, 0, 1) |
|---|---|---|---|
| 9 | 01001 | 0100 | 0100 |
| 10 | 01010 | 0101 | 0101 |
| 11 | 01011 | 0102 | 011T |
| 12 | 01100 | 0110 | 0110 |
| 13 | 01101 | 0111 | 0111 |
| 14 | 01110 | 0112 | 1TTT |
| 15 | 01111 | 0120 | 1TT0 |
| 16 | 10000 | 0121 | 1TT1 |
| 17 | 10001 | 0122 | 1T0T |
| 18 | 10010 | 0200 | 1T00 |
| 19 | 10011 | 0201 | 1T01 |
| 20 | 10110 | 0202 | 1T1T |

> 문제

10진수로 0 이상 12345 이하인 수 중에서 두 가지 3진법을 사용해서 표현했을 때, 모든 자리의 숫자가 같아지는 수가 몇 개인지 구하시오.

> 생각하는 방법

2개의 3진법 표현을 비교해서, 어떤 조건일 때 같아지는지 생각해 봅시다. 일단 '0, 1, 2'를 사용할 때의 '2'에 주목해 봅시다.

'2'가 사용되는 경우를 보면, '-1, 0, 1'을 사용할 때는 반드시 'T'가 등장하고 있다는 것을 알 수 있습니다. 그래서 10진수 값을 3진수로 변환하고, '2'가 포함되어 있지 않은 경우를 세면 됩니다. 이를 구현하면, 다음과 같습니다.

**q43_1.py**

```
# 기본적인 진법 변환 함수
def to_str(n, base):
  converter = "0123456789ABCDEF"
  if n < base:
    return converter[n]
  else:
    return to_str(n // base, base) + converter[n % base]

# 문제 풀이
```

```
N = 12345
cnt = 0
for i in range(0, N + 1):
  if "2" not in to_str(i, 3):
    cnt += 1
print(cnt)
```

**q43_1.js**

```
N = 12345;

var cnt = 0;
for (i = 0; i <= N; i++){
  if (i.toString(3).indexOf("2") == -1)
    cnt++;
}

console.log(cnt);
```

 그렇구나! 규칙성만 찾으면 간단하네.

 3진법으로 변환하는 기능은 대부분의 프로그래밍 언어가 지원하고 있으므로, 이를 사용하면 간단하게 구현할 수 있습니다. 삐리리

 이렇게 풀어도 괜찮지만, 조금 더 생각해 봅시다.

규칙성을 수학적으로 생각해 봅시다. '0, 1, 2'로 표현하는 3진수에서 $a$번째 자리까지 문제에서 요구하는 모든 자리의 숫자가 같은 것이 포함된 개수는 $a$번째 자리까지 각 자리 숫자가 0 또는 1일 때이므로, $2^a$개 있습니다. $a$번째 자리를 넘는 부분에 대해서는 $n - 3^a$과 $3^a - 1$ 중에 작은 것이라는 것을 알 수 있습니다.

따라서 10진수에서 $n$까지에 포함된 개수를 세려면, 3진수로 몇 자릿수가 되는지를 생각하면 구할 수 있습니다.

이를 구현하면, 다음과 같이 됩니다.

**q43_2.py**

```
N = 12345

def trit(n):
```

```
  if n == 0:
    return 1
  a = 0
  while 3 ** (a + 1) <= n:
    a += 1
  return 2 ** a + trit(min([n - 3 ** a, 3 ** a - 1]))

print(trit(N))
```

### q43_2.js

```
N = 12345;

function trit(n){
  if (n == 0) return 1;
  var a = 0;
  while (Math.pow(3, a + 1) <= n){
    a++;
  }
  return Math.pow(2, a) +
    trit(Math.min(n - Math.pow(3, a), Math.pow(3, a) - 1))
}

console.log(trit(N));
```

식이 복잡하기는 하지만, 반복 횟수가 줄어드니까 범위가 넓어져도
빠르게 처리할 수 있겠네!

정답

**512개**

# 3진수로 동작하는 컴퓨터 Setun

데이터를 부호화하는 '비용(cost)'이라는 것은 사용하는 문자의 종류와 길이(자릿수)에 따라서 표현의 복잡도를 계산할 수 있습니다. 일반적으로 $N$진수에서 $M$까지를 표현하는 비용은 $N \times \log_N(M)$으로 나타낼 수 있습니다.

예를 들어 10진수 9999는 하나의 자릿수에 10가지 종류의 문자를 사용할 수 있습니다. 반면 2진수는 '10011100001111'이 되며, 하나의 자릿수에 2가지 종류의 문자를 사용하므로 14자리가 있어야 같은 값을 표현할 수 있습니다. 그리고 마찬가지로 3진수에서는 '111201100'이 되어 하나의 자릿수에 3가지 문자를 사용하므로, 9자리로 표현할 수 있습니다.

문자의 종류와 길이(자릿수)를 사용해서 비용을 계산해 보면, 10진수의 경우 $4 \times 10 = 40$, 2진수의 경우 $14 \times 2 = 28$, 3진수의 경우 $9 \times 3 = 27$이 됩니다. 이러한 비용을 최소화하는 방법을 생각해 보면, 이론적으로 $e$진수($e$는 네이피어 상수, $e = 2.718\cdots$)가 가장 좋습니다. 3진수는 이러한 값에 가장 근접한 정수라고 할 수 있습니다.

참고로 이번 문제에서 보았던 것처럼 3진수 표현으로 '0, 1, 2'를 사용하는 방법과 '-1, 0, 1'을 사용하는 방법이 있습니다. 이때 후자는 'Balanced ternary'라고 부릅니다. 이러한 방법에서 마이너스 값을 표현할 때는 '+'와 '-'의 숫자를 반전하기만 하면 됩니다.

따라서 3진수는 음수를 표현하는 방법에서도 장점이 있습니다. 2진수의 경우는 2의 보수 등을 사용해 음수를 표현하지만, 3진수는 그럴 필요가 없습니다. 따라서 2진수보다도 효율 좋은 표현을 할 수 있는 경우도 있습니다.

이를 구현한 것이 바로 1958년 러시아에서 개발된 '3진법'으로 작동하는 컴퓨터인 'Setun'입니다. 이는 'Ternary Computer'라고 부르며, 우리가 일반적으로 사용하는 2진수로 작동하는 컴퓨터를 확장한 것으로 여겨지고 있습니다. 다만, 연구 수준에서 만들어진 것으로, 상용화 등은 이루어지지 않았답니다.

QUIZ

# 44 한붓그리기와 교차점

어떤 원이 있을 때, 원의 둘레 위에 같은 간격의 점을 찍었다고 합시다. 그리고 임의의 점에서 시작해서, 모든 점을 통과하게 한붓그리기를 합니다(모든 점을 지난 이후에는 다시 처음 지점으로 돌아온다고 합시다).

이렇게 한붓그리기가 가능한 모든 방법 중에서 선이 교차하는 지점이 몇 개인지 구해 봅시다. 예를 들어 점이 3개일 때는 교차 지점이 발생하지 않습니다. 하지만 점이 4개일 때는 [그림 10]처럼 6개의 한붓그리기 방법이 가능하며, 4개의 교차 지점이 만들어집니다.

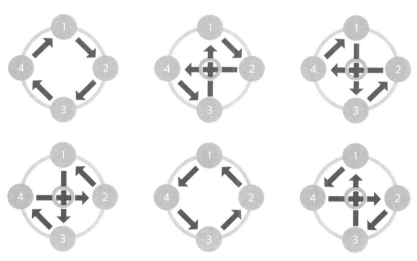

[그림 10] 점이 4개인 경우

제3장

종료 편

★ ★ ★

문제

[그림 11]처럼 9개의 점을 직선으로 한붓그리기를 할 때, 교차 지점이 몇 개가 되는지 구하시오.
참고로 직선이 같은 점에서 중첩되는 경우에도 교차한 횟수로 셉니다.

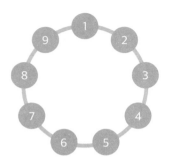

[그림 11] 점이 9개인 경우

생각하는 방법

원 둘레 위의 점의 수를 $n$이라고 할 때, $n \le 3$일 때 0이라는 것은 일단 확실하게 알 수 있습니다. 또한, $n \ge 4$일 때, 원 둘레 위의 점 4개를 결정하면, 교차하는 점이 1개 발생한다는 것을 알 수 있습니다([그림 12] 교차하지 않은 직선을 선택할 수도 있지만, 이 문제에서는 교차하는 점을 찾는 것이 목적이므로, 교차하는 것만 생각합시다).

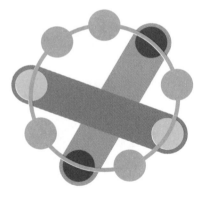

[그림 12] 원 둘레 위의 점 4개를 결정하면 교차하는 직선이 결정됨

원 둘레 위의 점 4개를 결정하면, 직선을 구성하는 점의 쌍이 2개 있는 것이 됩니다. 그리고 이러한 점들의 배치를 **원순열**로 생각해 볼 수 있습니다. 4개의 점을 선택하는 방법은 $_nC_4$가지 있으며, 점의 쌍을 하나로 생각하면, $n-2$개를 정렬하는 원순열이 됩니다. 따라서 $(n-2-1)!$로 계산할 수 있습니다.

원순열…. 아주 어릴 때 학교에서 배웠던 것 같은데….

회전한 위치를 같은 것으로 생각하는 방법이네. 1개를 고정하면 쉽게 이해할 수 있어!

$n$개를 원에 정렬할 때의 패턴은 $(n$-1$)!$로 계산할 수 있답니다.

또한, 직선을 긋는 두 개의 점을 교환하는 경우도 생각해 봅시다. 두 개의 점을 교환하는 경우까지 고려하면, 식을 다음과 같이 작성할 수 있습니다.

$$_nC_4 \times (n - 2 - 1)! \times 2! \times 2!$$

이를 정리하면 다음과 같습니다.

$$\frac{n \times (n - 1) \times (n - 2) \times (n - 3)}{4 \times 3 \times 2 \times 1} \times (n - 3)! \times 2 \times 2$$

$$= \frac{n! \times (n - 3)}{6}$$

이를 구현하면, 다음과 같이 코드를 작성할 수 있습니다.

**q44.py**

```python
N = 9

if N <= 3:
  print("0")
else:
  factorial = 1
  for i in range(1, N + 1):
    factorial *= i
  print(factorial * (N - 3) / 6)
```

**q44.js**

```javascript
const N = 9;

if (N <= 3){
  console.log("0");
```

```
} else {
  var factorial = 1;
  for (let i = 1; i <= N; i++)
    factorial *= i;
  console.log(factorial * (N - 3) / 6);
}
```

 수식만 구할 수 있으면, 쉽게 계산할 수 있겠네!

 물론 점의 수가 9개 정도라면, 문제 그대로 모든 패턴을 찾을 수 있습니다.

 $n$이 3 이상이라면 $n!$은 반드시 6의 배수가 되므로, 이 식의 계산 결과는 반드시 정수가 된답니다. 삐리리

 점의 수가 늘어나면, 모든 패턴을 탐색하기에는 시간이 오래 걸릴 수도 있을 것 같아.

정답

**362,880개**

선생님의 한 마 디

## 의외로 쉽지 않은 교차 판정

슈팅 게임에서 탄환이 적에게 맞았는지, 블록 깨기 게임에서 공이 블록에 맞았는지 등의 충돌 판정은 매우 자주 사용되는 기능입니다. 게임 개발에서는 충돌 판정 알고리즘이 사용자의 경험에 큰 영향을 미칩니다.

하지만 탄환이 적에게 맞았는지, 공이 블록과 충돌했는지 판정은 그렇게 단순하지 않습니다. 충돌 형식에 따라서 생각해야 할 것이 달라지며, 2차원인지 3차원인지에 따라서도 차이가 있습니다.

단순한 직사각형의 충돌이라면, 각각의 좌표와 너비, 높이만 알면 겹쳐졌는지 판정할 수 있습니다. 또한, 원의 충돌도 좌표와 반지름만 알면, '좌표 사이의 거리'와 '반지름의 합'을 비교해서 겹쳐졌는지 판정할 수 있습니다.

하지만 이러한 단순한 처리도 각각의 것들이 움직이면 문제가 됩니다. 판정 시점에 따라서 계산이 제대로 되지 않는 경우가 있기 때문입니다. 특히 게임처럼 속도가 빠른 상황에서는 매우 다양한 문제가 발생합니다.

그래서 '선분'을 사용한 교차 판정([그림 13])을 많이 사용합니다. 다만 '직선'의 교차 판정은 쉽지만, '선분'의 교차 판정은 벡터와 관련된 지식 등이 필요하며, 구현도 어려운 편입니다.

[그림 13] 교차 판정의 예

이번 문제는 단순하게 원 둘레 위의 점이므로, 선분이어도 교차 판정을 쉽게 구현할 수 있었습니다. 선분의 교차 판정은 알고리즘 연습으로 자주 등장하는 내용이므로, 직접 생각하고 구현해 보기 바랍니다.

QUIZ

# 45 | 한 획으로 돌기

[그림 14]처럼 4개의 가로선, 5개의 세로선이 있는 도로가 있다고 합시다.

이러한 도로 위에서 왼쪽 위의 지점으로부터 오른쪽 아래 지점으로 이동합니다. 다만, 한 번 지났던 길은 다시 지나고 싶지 않습니다 (교차하거나, 같은 점을 지나는 것은 괜찮습니다).

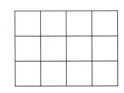

[그림 14] 격자 모양의 도로

예를 들어 직각으로 2번만 꺾어서 이동하는 방법은 [그림 15]처럼 5가지입니다.

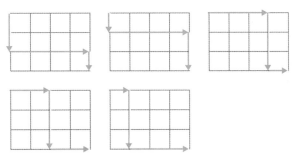

[그림 15] 2번 꺾는 경우

21번 꺾어서 이동한다면, [그림 16]처럼 6가지를 구할 수 있습니다.

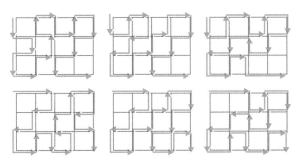

[그림 16] 21번 꺾는 경우

**직각으로 22번 꺾을 때는 몇 가지 경우가 나올지 구하시오.**

　규칙성이 없을 것 같으므로, 일단 단순하게 깊이 우선 탐색을 해 봅시다. 이때, 이미 사용한 경로를 기록해 둬야 합니다. 예를 들어 각각의 격자점에서 오른쪽으로 이동했는지, 아래쪽으로 이동했는지를 저장하는 방법이 있습니다. 이 방법에서는 왼쪽과 위쪽 방향으로 이동한 것은 이동하기 이전 격자점에 저장된 값을 사용할 수 있습니다.

　또 다른 방법으로 모든 격자점에 위 아래 왼쪽 오른쪽 이동과 관련된 정보를 저장하는 것이 있습니다. 4비트로 '위 아래 왼쪽 오른쪽'을 나타내는 변수를 준비해두고, 각각의 격자점에 이를 사용했는지 여부를 할당하는 것입니다 ([그림 17]의 예에서 '0110'이라면 아래와 왼쪽을 사용한 것입니다).

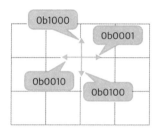

[그림 17] 격자점에 4비트 방향 할당하기

이 방법을 사용하면, 격자점 수만큼의 배열로 모든 사용 상태를 저장할 수 있겠네요?

테두리에 있는 격자점에 진행할 수 없는 방향을 초깃값으로 설정해두면, 처리를 할 때 별도의 코드를 사용하지 않아도 되겠군요.

좋은 생각이에요. 다만, 변은 연결되어 있으므로, 오른쪽으로 이동했을 경우, 이동 전의 오른쪽과 이동 후의 왼쪽을 변경해야 한다는 것을 기억합시다.

　깊이 우선 탐색으로 재귀적으로 왼쪽 위부터 시작하고, 지정된 횟수만큼 회전하는 것을 반복해서, 오른쪽 아래에 도달할 때까지 수를 셉니다. 이번 코드에서는 격자점을 1차원 배열로 표현했습니다.

**| q45.py**

```python
W, H, N = 5, 4, 22
dirs = {1: 0b1, -1: 0b10 }
dirs[W] = 0b100
dirs[-W] = 0b1000

def search(pos, dir, used, n):
  if n < 0:
    return 0
  if pos + dir == W * H - 1:
    return 1 if n == 0 else 0
  used[pos] |= dirs[dir]           # 이동 전 위치의 플래그 설정하기
  pos += dir
  used[pos] |= dirs[-dir]          # 이동 후 위치의 플래그 설정하기
  cnt = 0
  for d, bit in dirs.items():
    m = n - (0 if dir == d else 1) # 회전하면 꺾은 횟수 줄이기
    if (used[pos] & bit) == 0:
      cnt += search(pos, d, used, m)
  used[pos] ^= dirs[-dir]          # 이동 후 위치의 플래그 되돌리기
  pos -= dir
  used[pos] ^= dirs[dir]           # 이동 전 위치의 플래그 되돌리기
  return cnt

used = [0] * (W * H)
for w in range(0, W):
  used[w] |= dirs[-W]                     # 위쪽 끝의 위 방향으로 이동
  used[w + (H - 1) * W] |= dirs[W]        # 아래쪽 끝의 아래 방향으로 이동
for h in range(0, H):
  used[h * W] |= dirs[-1]                 # 왼쪽 끝의 왼쪽 방향으로 이동
  used[(h + 1) * W - 1] |= dirs[1]        # 오른쪽 끝의 오른쪽 방향으로 이동

cnt = 0
cnt += search(0, 1, used, N)     # 처음에 오른쪽 방향으로
cnt += search(0, W, used, N)     # 처음에 아래 방향으로
print(cnt)
```

**| q45.js**

```javascript
W = 5;
H = 4;
N = 22;

var dirs = {};
[dirs[1], dirs[-1], dirs[W], dirs[-W]] = [0b1, 0b10, 0b100, 0b1000];

function search(pos, dir, used, n){
  if (n < 0) return 0;
  if (pos + dir == W * H - 1) return (n == 0)?1:0;
```

```
    used[pos] |= dirs[dir];  // 이동 전 위치의 플래그 설정하기
    pos += dir;
    used[pos] |= dirs[-dir]; // 이동 후 위치의 플래그 설정하기
    var cnt = 0;
    for (var d in dirs){
      var m = n - ((dir == d)?0:1); // 회전하면 꺾은 횟수 줄이기
      if ((used[pos] & dirs[d]) == 0)
        cnt += search(pos, parseInt(d), used, m);
    }
    used[pos] ^= dirs[-dir]; // 이동 후 위치의 플래그 되돌리기
    pos -= dir;
    used[pos] ^= dirs[dir];  // 이동 전 위치의 플래그 되돌리기
    return cnt;
}

var used = new Array(W * H);
for (var i = 0; i < W * H; i++)
  used[i] = 0;
for (var w = 0; w < W; w++){
  used[w] |= dirs[-W];                      // 위쪽 끝의 위 방향으로 이동
  used[w + (H - 1) * W] |= dirs[W];         // 아래쪽 끝의 아래 방향으로 이동
}
for (var h = 0; h < H; h++){
  used[h * W] |= dirs[-1];                  // 왼쪽 끝의 왼쪽 방향으로 이동
  used[(h + 1) * W - 1] |= dirs[1];         // 오른쪽 끝의 오른쪽 방향으로 이동
}

var cnt = 0;
cnt += search(0, 1, used, N); // 처음에 오른쪽 방향으로
cnt += search(0, W, used, N); // 처음에 아래 방향으로
console.log(cnt);
```

플래그를 설정하거나 되돌리는 비트 연산은 무엇을 하고 있는 것인가요?

플래그를 설정할 때는 해당 비트를 OR 연산하고, 되돌릴 때는 XOR 연산을 사용하고 있어요.

이동 가능한지 판정은 AND 연산으로 합니다. 삐리리

정답

**40가지**

QUIZ

# 46 | 압축할 수 있는 패턴의 가짓수

일렬로 정렬된 알파벳 문자열이 있습니다. 이 중에서 같은 문자가 연속되면, '해당 문자'와 '연속되는 문자 수'로 변환합니다.

예를 들어 'AABBBCEEEE'의 경우, 'A2B3C1E4'처럼 변환합니다. 이러한 경우, 원래 문자열은 10문자지만, 8문자로 변환되어 압축된다고 할 수 있습니다.

두 가지 종류의 알파벳을 사용한 5문자의 문자열 중에서, 원래 문자열보다 짧아지는 패턴은 다음과 같은 10가지입니다.

| | | | |
|---|---|---|---|
| AAAAA | → A5 | BAAAA | → B1A4 |
| AAAAB | → A4B1 | BBAAA | → B2A3 |
| AAABB | → A3B2 | BBBAA | → B3A2 |
| AABBB | → A2B3 | BBBBA | → B4A1 |
| ABBBB | → A1B4 | BBBBB | → B5 |

문제

**6가지 종류의 알파벳을 사용한 6문자의 문자열 중에서, 원래 문자열보다 짧아지는 패턴은 몇 가지인지 구하시오.**

*Hint!*

최대 6문자 문자열이므로, 연속한 문자 수가 2자리가 되는 경우는 생각하지 않아도 되겠군요.

문자 종류가 늘어날 때에도 처리할 수 있는 방법을 생각해 봅시다.

이러한 압축 방법을 '런 랭스(Run-Length) 압축'이라고 부릅니다. 데이터 압축 방법 중 가장 기본적인 방법이므로, 기억해 두면 좋습니다. 삐리리 같은 문자가 연속되지 않는 경우에는 원래 문자열보다 길 수밖에 없겠네.

생각하는 방법

문제의 모든 패턴 수는 6문자이므로, $6^6 = 46,656$가지입니다. 사실, 이 정도의 수라면 전체를 탐색해도 상관없으므로, 단순한 압축 처리를 생각해 봅시다. 같은 문자가 연속될 때 '해당 문자'와 '연속되는 문자 수'로 변환하므로, 알파벳 1문자당 문자 수 1자리를 생각할 수 있습니다.

'전달된 문자열을 1문자씩 추출하고, 직전 문자와 다른 문자라면 길이를 2문자로 늘린다.'라는 처리를 하면 이를 구현할 수 있습니다. 이를 문자열 전체의 패턴에 적용하면, 길이가 짧아지는 경우의 수를 구할 수 있습니다.

**q46_1.py**

```python
M = 6
N = 6

# 압축 처리
def compress(string):
  length = 2
  pre = string[0]
  for c in string:
    if c != pre:  # 직전 문자와 다르면 변경하기
      pre = c
      length += 2
  return length

# 모든 패턴 생성하기
def make_string(string):
  if len(string) == N:
    return 1 if len(string) > compress(string) else 0
  cnt = 0
  for i in range(0, M):
    cnt += make_string(string + str(i))
  return cnt

print(make_string(""))
```

**q46_1.js**

```javascript
M = 6;
N = 6;

// 압축 처리
function compress(str){
  var len = 2;
  var pre = str[0];
  for (var i = 0; i < str.length; i++){
    if (str[i] != pre){  // 직전 문자와 다르면 변경하기
      pre = str[i];
      len += 2;
    }
  }
  return len;
}

// 모든 패턴 생성하기
function make_str(str){
  if (str.length == N)
    return (str.length > compress(str))?1:0;
  var cnt = 0;
  for (var i = 0; i < M; i++){
    cnt += make_str(str + i);
  }
  return cnt;
}

console.log(make_str(""));
```

재귀적으로 문자를 하나씩 추가해서, 원하는 길이가 되면 압축 처리를 실행하는군요?

압축 처리에서 하고 있는 것처럼 '직전 데이터가 다른 경우에 처리를 변경하는 것'은 실무에서 매우 자주 사용하는 형태랍니다.

이 방법도 충분하지만, 문자의 종류와 길이가 늘어나면 처리 시간이 기하급수적으로 늘어납니다. 따라서 조금 더 빠르게 처리할 방법을 생각해봅시다.

연속된 문자열을 하나의 덩어리로 간주하면, 덩어리는 반드시 알파벳과 숫자 2문자로 이루어집니다. 따라서 aaabbb와 같은 문자열은 a와 b라는 2

개의 덩어리로 나누어집니다. 마찬가지로 aabbaa와 같은 문자열은 a, b, a라는 3개의 덩어리로 나누어집니다. 이때, 원래 문자열이 $n$문자라면, 덩어리가 $(n-1)/2$개 이하일 때, 압축하면 더 짧아집니다.

덩어리가 $i$개 있을 때, 해당 패턴 수는 맨 앞의 문자로 올 수 있는 것이 $m$가지(문자의 종류가 $m$가지일 때), 나머지는 직전 문자 이외의 것을 선택하면 되므로 각각 $m-1$가지입니다. 또한, $n$문자 중에서 바꿀 수 있는 위치를 생각하면, 다음과 같은 식으로 구할 수 있습니다.

$$m \times (m-1)^{i-1} \times {}_{n-1}C_{i-1}$$

이러한 $i$를 $1\sim(n-1)/2$까지 변화시킨 합계가 패턴의 가짓수가 됩니다.

 바꾸는 위치가 ${}_{n-1}C_{i-1}$인 것은 왜인가요?

 예를 들어 5문자가 두 개의 덩어리라면, a와 b로 나타낼 때 다음과 같은 패턴이 있습니다.

aaaab, aaabb, aabbb, abbbb

 따라서 문자 사이에 해당하는 $n-1$개의 부분 중에서, $i-1$개로 교체할 수 있는 위치만 생각하면 된답니다.

 5문자에서 덩어리가 2개라면, 사이에 있는 4개 중의 하나를 선택하면 되는 거군요!

이를 구현하면, 다음과 같습니다.

**q46_2.py**

```python
M, N = 6, 6

memo = {}
def nCr(n, r):
  key = str([n, r])
  if key in memo:
```

```
    return memo[key]
  if (r == 0) or (r == n):
    return 1
  result = nCr(n - 1, r - 1) + nCr(n - 1, r)
  memo[key] = result
  return result

cnt = 0
for i in range(1, (N - 1) // 2 + 1):
  cnt += M * (M - 1) ** (i - 1) * nCr(N - 1, i - 1)
print(cnt)
```

**| q46_2.js**

```
M = 6;
N = 6;
var memo = {};

function nCr(n, r){
  if (memo[[n, r]]) return memo[[n, r]];
  if ((r == 0) || (r == n)) return 1;
  return memo[[n, r]] = nCr(n - 1, r - 1) + nCr(n - 1, r);
}

var cnt = 0;
for (var i = 1; i <= (N - 1) / 2; i++){
  cnt += M * (M - 1) ** (i - 1) * nCr(N - 1, i - 1);
}
console.log(cnt);
```

식만 이해할 수 있다면, 코드를 작성하는 것은 정말 간단하네.

처리도 굉장히 빨라서, 문자 종류나 길이가 늘어나더라도 순식간에 처리할 수 있군.

그럼, 또 다른 시점에서 생각해 봅시다.

기존의 문자열에 새롭게 1개의 문자를 추가하는 경우를 생각하면, 추가하는 문자에 따라 전체를 압축한 후의 문자열 길이가 달라지게 됩니다. 예를 들어 aaabbb라는 문자열에 b를 추가하면, a3b3에서 a3b4가 되어 전체 길이가 변하지 않습니다. 이처럼 원래 문자열이 압축해서 짧아지는 경우라면, 이렇게 추가한 경우도 압축해서 짧아집니다.

반면 aaabb라는 문자열에 a를 추가하면, a3b2에서 a3b2a1이 되어, 추가했을 때 압축한 경우의 문자열이 짧아지지 않습니다.

> 그렇군요. 재귀적으로 생각하면 되겠네요!

> 그렇습니다. 직전의 상태를 알고 있다면, 문자를 추가했을 때 어떻게 변할지 예측할 수 있습니다.

길이 $n$문자의 문자열을 압축해서 $c$문자 미만이 되는 경우는, 다음과 같은 2개의 경우에 문자를 추가하는 패턴을 더하면 구할 수 있습니다.

- $n$-1문자의 문자열을 압축해서 $c$문자 미만이 되는 경우
- $n$-1문자의 문자열을 압축해서 $c$-2문자 미만이 되고, 끝 부분의 문자 이외를 추가하는 경우

따라서 $n$문자의 문자열을 압축해서, $c$문자 미만이 되는 조합을 $f(n, c)$라고 하면, 다음과 같은 점화식으로 표현할 수 있습니다.

$$f(n, c) = f(n - 1, c) + (m - 1) \times f(n - 1, c - 2)$$

다만 $c \leqq 2$가 되는 경우는 없으므로, 이때의 $f(n, c)$는 0이 됩니다. 또한, $n = 1$일 때는 문자 종류의 수인 $m$가지가 됩니다. 이 식에서 $f(n, n)$을 구하면, 해당 패턴을 구할 수 있습니다.

**q46_3.py**

```python
M, N = 6, 6

def search(n, c):
  if c <= 2:
    return 0
  if n == 1:
    return M
  return search(n - 1, c) + (M - 1) * search(n - 1, c - 2)

print(search(N, N))
```

**q46_3.js**

```js
M = 6;
N = 6;

function search(n, c){
  if (c <= 2) return 0;
  if (n == 1) return M;
  return search(n - 1, c) + (M - 1) * search(n - 1, c - 2);
}

console.log(search(N, N));
```

정말 간단해졌어요!

메모화도 할 수 있겠지만, 이 정도라면 n과 c가 아주 크지 않은 한 충분하겠네.

정답

**156가지**

QUIZ

# 균등하게 분배하는 카드

$m$장의 카드가 있고, 각각에 1~$m$까지의 숫자가 하나씩 적혀 있습니다. 이러한 카드를 $n$명에게 적당하게 분배하고 싶습니다(단, $m>n$). 이때, 각각의 사람이 가진 카드의 합이 모두 같아지는 분배 방법이 몇 가지인지 구해 봅시다.

예를 들어 $m=3$, $n=2$일 때 1, 2, 3의 3장의 카드를 '1, 2'와 '3'으로 분배하면, 각각의 합이 '3'이 되어 일치하게 됩니다. $m=3$, $n=2$일 때는 이러한 방법 한 가지밖에 없습니다.

$m=7$, $n=2$일 때는 다음과 같은 4가지가 있습니다.

- ⃞1 ⃞2 ⃞4 ⃞7 과 ⃞3 ⃞5 ⃞6 으로 분배
- ⃞1 ⃞2 ⃞5 ⃞6 과 ⃞3 ⃞4 ⃞7 로 분배
- ⃞1 ⃞3 ⃞4 ⃞6 과 ⃞2 ⃞5 ⃞7 로 분배
- ⃞1 ⃞6 ⃞7 과 ⃞2 ⃞3 ⃞4 ⃞5 로 분배

※ 모든 카드를 분배해야 합니다. 일부 카드를 남길 수 없습니다.

문제

$m=16$, $n=4$일 때, 전원의 카드 합이 같아지는 패턴은 몇 가지인지 구하시오.

Hint!

각 카드가 1장씩밖에 없으니까, 모든 카드를 사용한다는 것은 순번을 매기는 것과 비슷하게 생각하면 될까?

순번 매기기를 할 때, 순번을 어떤 식으로 만들어야 할지 조금 더 생각해 봅시다. 처리 시간을 단축할 수 있을 것입니다.

어떻게 분배해도, 카드의 합은 모두 같아야 하는군요?

제 3 장

중급편 ★★★

일단 전제 조건으로, 모든 카드의 합계가 나누어 줄 사람 수로 나누어떨어져야 합니다. 그리고 모든 사람이 가진 카드의 합계가 이렇게 나눈 몫과 같은지를 확인하면서 분배합니다. 각 카드는 1장만 사용할 수 있으므로, 한 번 분배한 카드는 이후에 다시 사용할 수 없습니다.

따라서 '카드를 사용했는지'를 플래그로 저장하고, 합계가 목표한 것과 일치할 때까지 카드를 차례대로 나누어 주고, 모든 카드를 나누어 주었을 때 검색을 완료하면 됩니다.

나누어 주는 카드를 차례대로 확인하기만 하면 되니까, 깊이 우선 탐색으로 풀 수 있겠네?

그런데 사람을 구분하지 않으니까, 나누고 나서 같은 것이 있는지 확인해야 하지 않을까?

앞선 예에서는 '1, 2, 4, 7'/'3, 5, 6'과 '3, 5, 6'/'1, 2, 4, 7'을 같은 것으로 취급합니다. 따라서 처음 1장을 반드시 '남은 카드의 최댓값'으로 분배하도록 합시다. 예를 들어 1번째 사람에게 '7'이라는 카드를 분배하고 검색을 시작하면, 2번째 사람에게 '7'이라는 카드가 분배되지 않을 것입니다.

최댓값을 분배하는 이유는 무엇인가요? 최솟값을 사용하면 안 되나요?

큰 수부터 분배하는 것이 이후의 선택지가 줄어듦으로, 처리 속도가 빨라지기 때문이랍니다.

**Point**

예를 들어 '1, 2, 3, 4, 5, 6, 7'이라는 7장의 카드로 합계 14를 만든다고 합시다. 처음에 '1'을 선택하면, 이어서 '2, 3, 4, 5, 6, 7'이라는 6개의 선택지가 올 수 있습니다. 여기에서 '2'를 선택하면, 11이 남으므로, 아직 '3, 4, 5, 6, 7'을 선택할 수 있습니다.

그럼 처음에 '7'을 선택하는 경우는 어떨까요? 다음 선택지는 '1, 2, 3, 4, 5, 6'이라 6으로 같습니다. 하지만 여기에서 '6'을 선택하면, 다음 선택지는 '1'밖에 없습니다. '5'를 선택해도 '1, 2'로 2가지뿐입니다. 이처럼 선택지를 줄여나가면 처리를 빠르게 구현할 수 있는 경우가 꽤 많으니 기억해 둡시다.

카드 사용 상태를 배열로 저장하고, 최댓값부터 차례대로 검색하게 깊이 우선 탐색한다면, 다음과 같이 구현할 수 있습니다.

**q47.py**

```python
M, N = 16, 4
sum = M * (M + 1) // 2
goal = sum // N

def search(n, used, sum, card):
  if n == 1: # 나머지가 1명이면 종료
    return 1
  cnt = 0
  used[card] = True  # 카드를 사용 완료로 변경
  sum += card
  if sum == goal:
    # 합계가 목표에 도달하면, 다음 사람에게 분배
    # (처음에 사용할 카드는 미할당된 것 중에 가장 큰 것)
    rindex = len(used) - 1 - used[::-1].index(False)
    cnt += search(n - 1, used, 0, rindex)
  else:
    # 목표에 도달하지 못하면, 미사용 카드 사용하기
    for i in range(min([card - 1, goal - sum]), 0, -1):
      if not used[i]:
        cnt += search(n, used, sum, i)

  used[card] = False # 카드를 사용 전으로 되돌리기
  return cnt

if sum % N == 0:
  print(search(N, [False] * (M + 1), 0, M))
else:
  print("0")
```

**q47.js**

```javascript
M = 16
N = 4

var sum = M * (M + 1) / 2
```

```javascript
var goal = sum / N

function search(n, used, sum, card){
  if (n == 1) return 1 // 나머지가 1명이면 종료

  var cnt = 0
  used[card] = true      // 카드를 사용 완료로 변경
  sum += card
  if (sum == goal){
    // 합계가 목표에 도달하면, 다음 사람에게 분배
    // (처음에 사용할 카드는 미할당된 것 중에 가장 큰 것)
    cnt += search(n - 1, used, 0, used.lastIndexOf(false))
  } else {
    // 목표에 도달하지 못하면, 미사용 카드 사용하기
    for (var i = Math.min(card - 1, goal - sum); i > 0; i--){
      if (!used[i]) cnt += search(n, used, sum, i)
    }
  }
  used[card] = false      // 카드를 사용 전으로 되돌리기
  return cnt
}

if (sum % N == 0){
  var used = new Array(M + 1)
  for (var i = 0; i < M + 1; i++) used[i] = false
  console.log(search(N, used, 0, M))
} else {
  console.log("0")
}
```

목표에 도달하지 못했을 때, 상한을 결정해 두는 것이 포인트라고 할 수 있겠네!

다음 사람의 처음 카드는 어떻게 결정하는 것이죠?

각 카드의 사용 상태를 배열에 저장했으므로, 배열의 오른쪽부터 사용하지 않은 카드를 찾으면, 해당 카드가 최댓값을 가진 것입니다. 이를 선택해서 분배하는 것이랍니다.

$m=16$, $n=4$ 정도일 때는 탐색 방향이 최솟값부터이든 최댓값부터이든 처리 시간이 크게 달라지지 않습니다. 하지만 $m=20$, $n=5$ 정도가 되면 처리 시간이 크게 달라집니다. 어떻게 이를 해결할 수 있을지 생각해 봅시다.

정답

**2560가지**

QUIZ

# 48 번호 대응표로 만드는 그룹

어떤 이벤트에서 각각의 참가자에게 신청 순서에 따라서 신청 번호를 부여했다고 합시다. 다만, 좌석은 신청 번호가 아니라, 이벤트 장소에 도착한 순서대로 착석하게 합니다.

이때 '착석한 좌석 번호'와 '신청 번호'에 따라서 그룹을 만들어 봅시다. 우선 좌석 번호와 신청 번호가 같은 경우는 단독으로 그룹이 됩니다.

번호가 다른 경우, 신청 번호에 대응하는 좌석 번호에 앉은 사람을 차례대로 추적해서, 그룹을 만듭니다. 예를 들어 6명이 [표 2]처럼 좌석 번호와 신청 번호를 받았다고 합시다. 이때 그룹은 '1, 2, 4', '3', '5, 6'으로 나누어집니다.*

> 역주 [표2]가 조금 이해하기 어려울 수 있는데요. [좌석 번호]→[신청 번호] 순서로 사람들을 연결해 봅시다. 1→2→4→1로 이어져서 '1, 2, 4'가 그룹으로 만들어지며, 3→3은 '3'으로 단독 그룹, 5→6→5로 이어져 '2, 6'이 그룹으로 만들어져서 3개의 그룹이 만들어지는 것입니다.

[표 2] 좌석 번호와 신청 번호

| 좌석 번호 | 신청 번호 |
|---|---|
| 1 | 2 |
| 2 | 4 |
| 3 | 3 |
| 4 | 1 |
| 5 | 6 |
| 6 | 5 |

[표 3] 좌석 번호와 신청 번호에 따른 그룹 수

| 좌석 번호 | 신청 번호 | 신청 번호 | 신청 번호 | 신청 번호 | 신청 번호 | 신청 번호 |
|---|---|---|---|---|---|---|
| 1 | 1 | 1 | 2 | 2 | 3 | 3 |
| 2 | 2 | 3 | 1 | 3 | 1 | 2 |
| 3 | 3 | 2 | 3 | 1 | 2 | 1 |
| 그룹 | 3개 | 2개 | 2개 | 1개 | 1개 | 2개 |

3명이라면, [표 3]처럼 6가지가 나올 수 있습니다. 이때 만들어지는 그룹 수의 기댓값은 $(3 + 2 + 2 + 1 + 1 + 2)/6 = 1.8333…$입니다.

참고로 신청을 취소하는 경우는 생각하지 않으며, 좌석 번호와 신청 번호는 1부터 시작한다고 합시다.

**만들어지는 그룹 수의 기댓값이 10을 넘는 최소 참가자 수를 구하시오.**

마지막으로 신청한 사람의 좌석 번호를 기반으로, 경우를 나누어 생각해 봅시다. 이미 $m$명이 신청한 상태에서 $m+1$번째가 신청하면, 신청 번호는 $m+1$이 됩니다.

만약 이 사람이 마지막으로 도착했다면, 좌석 번호는 $m+1$이 되며, $m$명으로 이미 만들어진 그룹에는 어떠한 영향도 주지 않습니다.* 따라서 $m$명의 그룹 수에서 1만 늘리면 됩니다.

> 역주 신청 번호와 좌석 번호가 같으면 아예 별도의 그룹이 만들어지므로, 기존 그룹에 영향을 주지 않습니다.

반면 이 사람이 마지막 이전에 도착해서 좌석 번호를 부여받으면, 좌석 번호가 $m+1$이 아닌 다른 값이 될 것입니다. 이때는 어떤 그룹에 소속될 것이므로, $m$명의 그룹 수에서 변하지 않을 것입니다.

그룹 수가 어떻게 되는지는 이해했어요. 그런데 기댓값은 어떻게 구할 수 있나요?

$m$명에서의 기댓값을 $E(m)$이라고 하면, 그룹 수의 합계는 $m! \times E(m)$이 되겠네? 이를 기반으로 생각해 보면 좋지 않을까?

그렇습니다. 1만큼 늘어나는 그룹은 다른 $m$명이 정렬 순서를 바꾼 경우를 생각하면 $m!$가지입니다. 그룹 수가 변하지 않는 경우는 $m! \times E(m)$이 $m+1$가지입니다.

이는 다음과 같은 식으로 표현할 수 있습니다.

$$E(m+1) = \frac{m! + (m+1) \times m! \times E(m)}{(m+1)!}$$

또한, 다음과 같이 정리할 수 있습니다.

$$E(m+1) = \frac{1}{m+1} + E(m)$$

$m=1$일 때 1이 되는 것은 명확하므로, 메모화와 재귀를 사용해서 문제를 구현해 봅시다.

**q48_1.py**

```python
EXP = 10

memo = {1: 1}
def group_count(n):
  global memo
  if n in memo:
    return memo[n]
  result = (1 / n) + group_count(n - 1)
  memo[n] = result
  return result

# 사람 수를 1부터 차례대로 늘림
m = 1
while group_count(m) <= EXP:
  # 그룹 수의 기댓값을 넘을 때까지 반복하기
  m += 1
print(m)
```

**q48_1.js**

```javascript
EXP = 10;

var memo = {1: 1};
function group_count(n){
  if (memo[n]) return memo[n];
  return memo[n] = 1 / n + group_count(n - 1);
}

// 사람 수를 1부터 차례대로 늘림
var m = 1;
while (group_count(m) <= EXP){
  // 그룹 수의 기댓값을 넘을 때까지 반복하기
  m++;
}
console.log(m);
```

 식을 정리하니까 간단하게 풀 수 있네…!

이 점화식을 보면, 단순한 **조화급수**(harmonic series)라는 것을 알 수 있습니다. 따라서 다음과 같이 표현할 수 있습니다.

$$1 + \frac{1}{2} + \frac{1}{3} + \cdots \frac{1}{n} = \sum_{k=1}^{n} \frac{1}{k}$$

이렇게 구현하면, 재귀를 사용하지 않고 단순한 반복문으로 처리할 수 있습니다.

**q48_2.py**

```python
EXP = 10

m = 0
sum = 0
while sum <= EXP:
  # 그룹 수의 기댓값을 넘을 때까지 반복하기
  m += 1
  sum += 1 / m
print(m)
```

**q48_2.js**

```javascript
EXP = 10

var m = 0
var sum = 0.0

while (sum <= EXP){
  // 그룹 수의 기댓값을 넘을 때까지 반복하기
  m++
  sum += 1 / m
}
console.log(m)
```

대단하네! 문제를 그대로 구현해도 간단하지만, 조금 더 생각해서 구현하니 더 간단해졌어!

문제를 읽는 순간에는 곧바로 이런 방법이 생각나지 않겠지만, 조금 더 생각하고 정리하면 이렇게 간단하게 계산할 수 있을 거야.

정답

**12,367명**

QUIZ

# 49 | 전투력을 기반으로 생각해 보는 몬스터 조합

최근 길거리를 걸으며 몬스터를 잡는 스마트폰 게임이 유행했습니다. 게임 내부에는 모은 몬스터 일부를 '박사'에게 보내는 기능이 있습니다. 기본적으로 몬스터를 300마리까지 가질 수 있는데, 이러한 상한에 다다르면 더 이상 몬스터를 잡을 수 없으므로, 중간에 박사에게 몬스터를 보내는 것입니다.*

역주 이 게임은 '포켓몬고'입니다.

몬스터를 여러 개의 그룹으로 분할했을 때, 어떻게 분할해도 몬스터들의 전투력 합계가 같아지지 않으면, 모은 몬스터를 박사에게 보내기로 했습니다.

예를 들어 다음과 같은 몬스터라면, 어떻게 조합해도 합계가 같아지지 않습니다. 따라서 모두 박사에게 보냅니다.

[10, 20, 35, 40]

하지만 전투력 값이 다음과 같은 경우, 그룹 중에 합계가 같은 것이 있습니다.

[15, 18, 24, 33]  (※ 그룹 1⋯15, 18 / 그룹 2⋯33)

---

[ 문제 ]

몬스터의 전투력 최댓값이 50이고 몬스터 수가 4일 때, 모든 몬스터를 박사에게 보내게 되는 패턴의 수를 구하시오.
예를 들어 최댓값이 8, 몬스터 수가 4일 때는 다음과 같이 10가지가 나옵니다.*

역주 어떻게 조합해도 합계가 같아지지 않는 경우를 찾으라는 것입니다.

[1, 2, 4, 8], [1, 4, 6, 8], [2, 3, 4, 8], [2, 4, 5, 8], [2, 4, 7, 8]

[3, 4, 6, 8], [3, 5, 6, 7], [3, 6, 7, 8], [4, 5, 6, 8], [4, 6, 7, 8]

합계가 같아지는 것을 어떻게 표현할지가 포인트랍니다.

전체를 탐색하면 시간이 너무 오래 걸리므로, 효율적으로 합계를 구할 방법을 생각해야 합니다. 삐리리

생각하는 방법

작은 전투력을 가진 몬스터부터 차례대로 확인하면서 그룹을 만들고, 그룹의 합계가 같아지지 않으면, 해당 몬스터를 선택해야 합니다. 이때 문제가 되는 것은 그룹의 합계가 같은지 확인하는 방법입니다.

전투력의 최댓값이 50일 때 몬스터 4개를 선택하고, 몬스터를 어떤 그룹에 넣을지 하나하나 생각하면, 그룹이 $4^4 = 256$가지가 나오네? 그러니까 $_{50}C_4 \times 256 = 58,956,800$가지?! 전체 탐색으로는 구할 수 없겠네….

몬스터를 4가지 선택하기만 해도 $_{50}C_4 = 230,300$가지니까…. 이를 줄일 방법이 필요할 것 같아….

힌트를 조금 줄게요. 예를 들어 3개 선택한 단계에서 그룹의 합계가 같아지면, 이후에는 추가로 선택할 필요가 없습니다.

몬스터를 추가할 때 합을 확인하면, 탐색량을 줄일 수 있습니다. 또한, 합을 확인할 때 합계에 사용한 값은 비트열로 표현할 수 있습니다.

예를 들어 문제에 있는 '1, 4, 6, 8'의 경우, [그림 18]과 같은 비트를 할당하면, 어떤 합도 중복되지 않음을 확인할 수 있습니다.

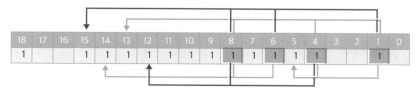

[그림 18] 비트를 기반으로 합 확인하기

**q49_1.py**

```python
M, N = 50, 4

def search(n, prev, used):
  if n == 0:
    return 1
  cnt = 0
  for i in range(prev, M + 1):
    if (used & (used << i)) == 0:
      cnt += search(n - 1, i + 1, used | (used << i))
  return cnt

print(search(N, 1, 1))
```

**q49_1.js**

```javascript
M = 50;
N = 4;

function search(n, prev, used){
  if (n == 0) return 1;
  var cnt = 0;
  for (var i = prev; i <= M; i++)
    if ((used & (used << i)) == 0)
      cnt += search(n - 1, i + 1, used | (used << i));
  return cnt;
}

console.log(search(N, 1, 1));
```

 제대로 푼 것 같은데, 전투력이 커졌을 때 자바스크립트에서는 답이 제대로 나오지 않네요?

 32bit를 넘는 정수로 비트 연산이 이루어지기 때문입니다. 비트 연산을 할 때 주의해야 하는 부분이니 꼭 기억해 둡시다.

여러 언어에서 활용할 수 있도록 이러한 문제를 막으려면, 비트열이 아니라 배열을 사용해서 표현해야 합니다. 사용 완료한 전투력을 배열에 추가하고, 존재하는지 확인하는 형태로 구현하면 다음과 같습니다.

**q49_2.py**

```python
M, N = 50, 4

def check(used, x):
  result = []
  temp = used + [0]
  for i in range(0, len(temp)):
    if (temp[i] + x) not in temp:
      result.append(temp[i] + x)
    else:
      return None
    result.append(temp[i])
  return result

def search(n, prev, used):
  if n == 0:
    return 1
  cnt = 0
  for i in range(prev, M + 1):
    next_used = check(used, i)
    if next_used:
      cnt += search(n - 1, i + 1, next_used)
  return cnt

print(search(N, 1, []))
```

**q49_2.js**

```javascript
M = 50;
N = 4;

function check(used, x){
  var result = [];
  var temp = used.concat([0]);
  for (var i = 0; i < temp.length; i++){
    if (temp.indexOf(temp[i] + x) < 0)
      result.push(temp[i] + x);
    else
      return null;
    result.push(temp[i]);
  }
  return result;
}
```

```
function search(n, prev, used){
  if (n == 0) return 1;
  var cnt = 0;
  for (var i = prev; i <= M; i++){
    var next_used = check(used, i);
    if (next_used){
      cnt += search(n - 1, i + 1, next_used);
    }
  }
  return cnt;
}

console.log(search(N, 1, []));
```

정답

**191,228가지**

QUIZ

# 50 연속하는 자리 숫자로 만드는 제곱수

신용카드 번호와 같은 16자리 숫자를 생각해 봅시다. 이 중에서 연속하는 자리의 숫자들을 잘 꺼내면, 그 숫자들의 곱이 제곱수가 됩니다.

예를 들어 4가 있다면, 이것만으로 제곱수가 됩니다. 28이 있다면, '$2 \times 8 = 16$'으로 제곱수, 2323이 있다면, '$2 \times 3 \times 2 \times 3 = 36$'으로 제곱수가 됩니다([그림 19]).

$$2 \quad \boxed{4} \quad 7 \quad 7 \qquad 6 \quad 5 \quad 3 \quad 7 \qquad \boxed{2 \quad 8} \quad 3 \quad 5 \qquad \boxed{2 \quad 3 \quad 2 \quad 3}$$

[그림 19] 16자리 숫자와 제곱수의 예

제곱수 $n$이 지정되었을 때, 연속하는 자리의 숫자들을 꺼내고 그 숫자들의 곱이 $n$이 되는 것 중에서, 꺼낸 숫자를 모두 사용해야만 제곱수를 만들수 있는 경우가 몇 가지인지 모두 구해 봅시다.

예를 들어 $n = 16$일 때, '44'는 내부에 있는 숫자 중 하나만으로도 제곱수가 됩니다. '2222'는 '22'라는 두 자리를 꺼내서 곱하면 제곱수가 됩니다. 즉, 이러한 두 가지 경우에는 꺼낸 숫자를 모두 사용하지 않아도 제곱수를 만들 수 있습니다. 따라서 '28'과 '82'로 2가지가 답입니다.

문제

$n = 1587600$일 때, 꺼낸 숫자의 곱이 1587600이 되게 하는 것 중에서, 꺼낸 숫자를 모두 사용해야만, 제곱수를 만들 수 있는 경우가 몇 가지인지 모두 구하시오.

1, 4, 9가 포함되어 있으면, 숫자 하나만으로도 제곱수가 되어버리니, 이는 제외해야겠네요?

그렇습니다. 남은 수의 곱을 기반으로 차근차근 생각해 봅시다.

생각하는 방법

힌트에도 있는 것처럼 '1', '4', '9'는 이 자체만으로도 제곱수입니다. 따라서 이러한 숫자를 제외하고 주어진 제곱수 $n$에 대해 한 자리 수의 곱으로 $n$을 만드는 방법을 생각해 봅시다.

또한, 같은 수가 연속되면 제곱수가 되어버리므로, 앞선 $n = 16$의 예에서 등장한 '2222' 등을 세지 않는 것도 방법입니다. 하지만 연속하지 않더라도, 일부만으로 제곱수가 완성되는 경우도 있습니다.

연속하지 않더라도 제곱수가 될 수 있나?

앞선 예에 있는 $n = 16$의 '28'도 한 가지 예가 아닐까? $n = 144$일 때 '3283'을 생각해 보면, 내부에 '28' 부분이 제곱수가 될 수 있어.

제곱수가 되는지 하나하나 확인해 보는 방법으로 풀어 봅시다.

'1, 4, 9'를 제외한 '2, 3, 5, 6, 7, 8'로 나누어 딱 떨어지는 숫자인지 확인하고, 해당 숫자들을 사용해서 이를 계속 반복하며, 제곱수를 가지고 있는지 확인합니다. 이러한 반복 처리는 나눈 몫을 기반으로 하는 재귀 처리로 구현할 수 있습니다.

**q50_1.py**

```
from math import floor, sqrt

N = 1587600

# 중간에 제곱수가 되지 않는지 확인하기
```

```python
def has_square(used):
  result = False
  value = 1
  for i in used:
    value *= i
    sqr = floor(sqrt(value))
    if value == sqr * sqr:
      result = True
      break
  return result

# 숫자를 하나씩 꺼냄
def seq(remain, used):
  if remain <= 1:
    return 1
  cnt = 0
  for i in [2, 3, 5, 6, 7, 8]:
    if remain % i == 0:
      # 나눈 수를 추출하고, 제곱수가 없다면 추가하기
      if not has_square(used):
        cnt += seq(remain / i, [i] + used)
  return cnt

print(seq(N, []))
```

q50_1.js

```javascript
N = 1587600

// 중간에 제곱수가 되지 않는지 확인하기
function has_square(used){
  var result = false
  var value = 1
  for (var i = 0; i < used.length; i++){
    value *= used[i]
    var sqr = Math.floor(Math.sqrt(value))
    if (value == sqr * sqr){
      result = true
      break
    }
  }
  return result
}

// 숫자를 하나씩 꺼냄
function seq(remain, used){
  if (remain <= 1) return 1
  var cnt = 0
  var numbers = [2, 3, 5, 6, 7, 8]
```

```
  for (var i = 0; i < numbers.length; i++){
    if (remain % numbers[i] == 0){
      // 나눈 수를 추출하고, 제곱수가 없다면 추가하기
      if (!has_square(used)){
        cnt += seq(remain / numbers[i], [numbers[i]].concat(used))
      }
    }
  }
  return cnt
}

console.log(seq(N, []))
```

숫자를 하나씩 꺼낼 때, 꺼낸 수를 사용했는지 배열의 앞에 추가하는
이유는 무엇인가요?*
역주 자바스크립트 코드에서 살펴보자면 concat() 부분을 의미합니다.

꺼낸 수를 모두 사용하지 않아도, 제곱수가 되는지를 앞부터 차례대로
확인할 수 있게 해주기 때문이 아닐까?

그렇습니다. 물론 배열의 뒤에 추가하고, 확인할 때 뒤부터 확인하게
구현해도 상관없답니다.

그럼 조금 더 생각해 봅시다. 제곱수가 되는지 판정할 때는 **소인수분해**를
활용할 수 있습니다. 소인수분해를 했을 때 지수 부분이 모두 짝수가 되지
않으면, 제곱수가 되지 않습니다. 예를 들어 $36 = 2^2 \times 3^2$으로 소인수분해할
수 있으며, 지수 부분이 모두 짝수이므로 제곱수입니다.

이번 문제에서 소인수분해할 때, 기수(밑)가 될 수 있는 것은 2, 3, 5, 7로
4가지 종류입니다. 따라서 이를 네 개의 비트로 표현하고, 곱셈으로 비트를
반전한다고 합시다. 모든 비트가 0이 되면, 제곱수라고 판정할 수 있습니다.

여기에서 2의 배수를 최하위 비트, 3의 배수를 아래에서 2번째 비트, 5의
배수를 아래에서 3번째 비트, 7의 배수를 최상위 비트에 맞추면, 이전에 살
펴보았던 $n = 144$의 예에서 나왔던 '3283'은 다음과 같이 비트를 반전할 수
있습니다.

$$0000 \rightarrow 0010 \rightarrow 0011 \rightarrow 0010 \rightarrow 0000$$

만약 중간에 모든 비트가 0이 되는 경우가 나오면, 제곱수가 발생했다는 것을 의미합니다. 이를 한 번 구현해 봅시다.

**q50_2.py**

```python
N = 1587600
bit = {2: 0b0001, 3: 0b0010, 5: 0b0100,
       6: 0b0011, 7: 0b1000, 8: 0b0001}

# 숫자를 하나씩 꺼냄
def seq(remain, used):
  if remain <= 1:
    return 1
  cnt = 0
  for i, v in bit.items():
    if (remain % i == 0) and (0 not in used):
      # 나눈 수를 추출하고, 제곱수가 없다면 추가하기
      cnt += seq(remain / i, [v] + list(map(lambda j: j ^ v, used)))
  return cnt

print(seq(N, []))
```

**q50_2.js**

```javascript
N = 1587600;

var bit = {2: 0b0001, 3: 0b0010, 5: 0b0100,
           6: 0b0011, 7: 0b1000, 8: 0b0001};

// 숫자를 하나씩 꺼냄
function seq(remain, used){
  if (remain <= 1) return 1;
  var cnt = 0;
  for (var i in bit){
    if ((remain % i == 0) && (used.indexOf(0) < 0)){
      // 나눈 수를 추출하고, 제곱수가 없다면 추가하기
      var used_map = used.map(function(j){ return j ^ bit[i]});
      cnt += seq(remain / i, [bit[i]].concat(used_map));
    }
  }
  return cnt;
}

console.log(seq(N, []));
```

소스 코드가 정말 간단해졌어!

 확인하는 처리에서 반복문을 사용하지 않으니까, 처리도 매우 빨라졌네!

 구하고 싶은 내용의 특징에 맞게 자료 구조를 잘 선택하면, 알고리즘도 간단해집니다. 삐리리

정답

**16,892가지**

선생님의 한 마 디

## 손으로 소스 코드를 써본 적 있나요?

최근에는 프로그래밍 언어의 키워드 등을 색깔로 표시해 주는 텍스트 에디터가 많습니다. 색으로 구분만 해 줘도 쉽게 소스 코드를 읽을 수 있습니다. 하지만 책이라는 매체에는 색을 넣기가 어려워서, 필자도 책을 집필하면서 아쉬운 부분입니다.

프로그래머나 수학을 좋아하는 사람들은 글꼴(font)에 연연하는 경우가 많습니다. 소스 코드는 고정폭 글꼴을 사용하지 않으면 읽기 어렵습니다. 또한, '0'과 'O'(숫자 0과 알파벳 O), '1', 'l', 'I'(숫자 1, 소문자 l, 대문자 I) 등의 차이를 알아보기 쉬운 글꼴을 사용하면 좋습니다.

손으로 소스 코드를 적어야 하는 상황에서는 '0'과 'O'를 구별하려고, [그림 20]처럼 작성하는 경우가 있습니다.

숫자 "0"　　　0̸

알파벳 "O"　　　Ō

[그림 20] 손으로 코드를 작성할 때 0과 O 구별하기

다만, 이와 같은 작성 방법은 세대에 따라 생소할 수 있습니다. 요즘에는 손으로 소스 코드를 작성하는 경우가 거의 없습니다. 대학 수업에서도 노트북을 지니고 듣는 경우가 많아서, 노트에 필기하는 일은 거의 찾아보기 어려워졌습니다.

과거에는 필기하다가 들여쓰기 실수를 하면, 내용을 모두 지우고 다시 써야 하는 문제가 있었지만, 최근에는 에디터가 자동으로 들여쓰기도 수정해 줍니다. 메서드 이름도 자동 완성 기능으로 완성해 주므로, 메서드 이름도 기억하지 않고 프로그램을 잘 만드는 사람도 많습니다. 그래도 가끔 손으로 소스 코드를 적어보면, 뭔가 새로운 경험을 해 볼 수 있을 것입니다.

QUIZ

# 51 마트료시카 인형을 한 줄로 정렬하기

크기가 1~$n$까지 모두 다른 $n$개의 마트료시카 인형이 있습니다. 마트료시카 인형은 큰 크기의 인형 내부에 작은 크기의 인형을 넣을 수 있습니다. 이러한 마트료시카 인형을 한 줄로 정렬한다고 합시다.

예를 들어 $n=4$일 때의 정렬 방법을 생각해 봅시다. 가장 외곽에 있는 인형의 크기를 숫자로 나타내 보면, 다음과 같이 8가지가 있습니다.

4 ← 다른 인형을 모두 내부에 넣은 상태
4 3
4 2
4 1
4 3 2
4 3 1
4 2 1
4 3 2 1 ← 모든 인형을 꺼내서 정렬한 상태

그런데 이때 내부에 인형을 다양한 방법으로 넣을 수 있을 것입니다. 예를 들어 $n=4$에서 '4 3'일 때는 1과 2 크기의 인형을 내부에 넣는 방법에 따라, [그림 21]처럼 4가지 패턴이 나올 수 있습니다.

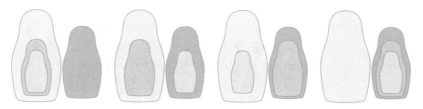

[그림 21] $n=4$인 경우 '4 3'으로 나올 수 있는 패턴

문제

$n=16$일 때 인형의 배치를 생각해 보고, 내부에 인형을 넣는 패턴 수의 최댓값을 구하시오.

문제 그대로 생각해 보면, 크게 다음과 같은 두 가지 단계로 분리할 수 있습니다.

(1) 외관으로 보이는 인형 크기의 패턴은 몇 가지인가?

(2) 각각의 경우 내부에 인형을 배치할 수 있는 패턴은 몇 가지인가?

일단 (1)에 대해서 생각해 봅시다. $n=4$일 때를 생각하면, 외관으로 보이는 인형이 1개일 때 1가지, 2개일 때 3가지, 3개일 때 3가지, 4개일 때 1가지가 됩니다. 따라서 이항 계수(binomial coefficient) 관계라는 것을 쉽게 알 수 있습니다. 즉, (1)에서 나올 수 있는 패턴 수는 모두 $2^{n-1}$가지입니다.

$n$이 16일 때 벌써 $2^{15}=32,768$이 되어 버리는데, 계산할 수 있을까?

(2)는 외관으로 보이는 인형 크기에 따라 달라질 텐데….

외관으로 보이는 인형의 조합이 결정되었다면, 내부에 다른 인형들을 어떻게 배치할지 고민해 봅시다.

내부의 각 인형에 대해서 들어갈 수 있는 바깥쪽 인형이 몇 가지인가를 생각하면, 곱셈으로 구할 수 있습니다. 이를 구현하면, 다음과 같이 작성할 수 있습니다.

**q51_1.py**

```
N = 16

def search(used, remain):
  max_value = 0
  if len(remain) > 0:
    max_value = 1
    for i in remain:
      cnt = 0
      for j in used:
        if i < j:
          cnt += 1
      max_value *= cnt

  for i in remain:
```

```
    if used[-1] > i:
      used.append(i)
      remain.remove(i)
      max_value = max([max_value, search(used, remain)])
      remain.insert(i, used[-1])
      used.pop()
  return max_value

print(search([N], list(range(1, N))))
```

**q51_1.js**

```
N = 16;

function search(used, remain){
  var max = 0;
  if (remain.length > 0){
    max = 1;
    for (var i = 0; i < remain.length; i++){
      var cnt = 0;
      for (var j = 0; j < used.length; j++){
        if (remain[i] < used[j]) cnt++;
      }
      max *= cnt;
    }
  }
  for (var i = 0; i < remain.length; i++){
    if (used[used.length - 1] > remain[i]){
      used.push(remain[i]);
      remain.splice(i, 1);
      max = Math.max(max, search(used, remain));
      remain.splice(i, 0, used[used.length - 1]);
      used.pop();
    }
  }
  return max;
}

var remain = new Array();
for (var i = 1; i < N; i++){
  remain.push(i);
}
console.log(search([N], remain));
```

안쪽 인형의 패턴 수를 곱셈으로 구할 수 있다니 재미있네!

그런데 n이 커지면 처리 시간이 너무 오래 걸려.

마트료시카 내부에는 더 작은 마트료시카만 들어갈 수 있으므로, 내부에 있는 인형의 패턴 수를 늘리려면 바깥쪽의 마트료시카를 가능한 한 크게 만드는 것이 좋을 것입니다.

예를 들어 $n = 4$의 예에서 3을 4 내부에 넣으면, 2와 1은 3의 내부에만 들어갈 수 있습니다. 하지만 3을 4의 밖에 꺼낸다면, 2와 1은 4와 3 두 가지 모두에 들어갈 수 있게 됩니다.

바깥에 오는 마트료시카가 큰 것만 있다면, 내부에 넣는 마트료시카는 중복 순열로 계산할 수 있겠네?

그렇습니다. 남은 것은 어떻게 넣어도 괜찮습니다.

가장 바깥에 있는 인형을 큰 것부터 $k$개 선택하면, 나머지 $n-k$개가 내부에 들어갑니다. 즉, $n-k$개를 $k$개의 마트료시카 내부에 넣는 패턴을 생각하면 됩니다. 이러한 경우의 수는 $k^{(n-k)}$개가 됩니다.

이를 구현하면, 다음과 같이 작성할 수 있습니다.

**q51_2.py**

```python
N = 16

max_value = 0
for i in range(1, N + 1):
  max_value = max([max_value, i ** (N - i)])

print(max_value)
```

**q51_2.js**

```javascript
N = 16;

var max = 0;
for (var i = 1; i <= N; i++){
  max = Math.max(max, Math.pow(i, N - i));
}

console.log(max);
```

정답

**60,466,176가지**

QUIZ

# 52 | 무게가 소수인 짐을 운반하는 엘리베이터

사다리차를 이용하지 않고 이사를 할 때는 엘리베이터를 사용합니다. 대량의 짐을 엘리베이터로 운반하려면, 최대한 효율적으로 짐을 올려야 합니다. 한 번에 많은 짐을 엘리베이터에 올리면, 왕복 횟수를 줄일 수 있고, 엘리베이터를 기다리는 시간을 크게 줄일 수 있습니다.

하지만 엘리베이터에는 중량 제한이 있습니다. 따라서 한 번에 넣을 수 있는 짐의 무게에는 상한이 있습니다. 이사 업체 프리렉24는 각 짐의 무게가 모두 **소수**가 되게 포장하고 있으며, 작은 것부터 차례대로 엘리베이터에 넣습니다. 또한, 무게 $n$ 이하의 소수인 짐은 모두 1개씩만 포장하는 특별한 방법(?)을 사용하고 있습니다.*

역주 상당히 이상하지만, 문제니까 그러려니 합시다.

예를 들어 $n = 20$이라면, 2, 3, 5, 7, 11, 13, 17, 19라는 8개의 짐을 만들 수 있습니다. 이러한 짐을 옮기려면 엘리베이터의 중량 제한이 30일 경우, [표 4]처럼 3회 만에 옮길 수 있습니다.

[표 4] $n = 20$의 경우

|  | 1회 | 2회 | 3회 |
|---|---|---|---|
| 짐의 무게 | 2, 3, 5, 7, 11 | 13, 17 | 19 |
| 합계 | 28 | 30 | 19 |

[ 문제 ]

$n = 10000$일 때, 딱 500번으로 운반하려면, 엘리베이터의 중량 제한이 최소 몇이 되어야 하는지 구하시오.

일단 소수를 어떻게 만들어야 하는지 생각해야 하겠네?

최대 10,000이니까, 단순한 방법으로 구해도 괜찮을 것 같아.

어떻게 해야 빠르게 중량 제한의 최솟값을 구할 수 있을지 생각해 봅시다.

생각하는 방법

일단 소수를 생성해야 합니다. 소수는 '1과 자신 이외에 약수를 가지지 않는 자연수'입니다. 참고로 1은 포함되지 않습니다. 소수를 구할 때는 '에라토스테네스의 체'라는 방법을 많이 사용하지만, 그냥 간단하게 2부터 차례대로 나누어서, 나누어떨어지지 않는 수가 소수라고 판단해도 괜찮습니다.

예를 들어 13이라면 2, 3, 4, … 등으로 나누었을 때 나누어떨어지지 않으니까 소수라는 거네?

그렇네. 18이라면 2와 3으로 나누어떨어지니까 소수가 아니야.

이때 해당 수의 제곱근까지만 확인해도 충분합니다. 18이라면, 6이나 9까지 확인할 필요는 없습니다.

짐은 작은 것부터 차례대로 넣으므로, 엘리베이터의 중량 제한까지 짐을 실어 보내고 나서, 다음 엘리베이터를 기다리면 됩니다.

따라서 중량 제한 값을 차례대로 변경하면서, 엘리베이터로 운반하는 횟수가 딱 500번이 되는 경우를 찾으면 됩니다. 최솟값을 구하는 것이므로 작은 값부터 차례대로 찾을 수도 있겠지만, 탐색 범위가 넓어지면 처리에 시간이 오래 걸리게 됩니다.

10,000까지의 소수를 기반으로 합을 구해야 하니까, 수백만 번 이상의 검색을 해야 할지도 모르겠네?

 중량 제한을 늘리면, 운반하는 횟수가 단조 감소*한답니다.
역주 단조 감소란 $x_1 < x_2$이면 반드시 $f(x_1) \geq f(x_2)$가 되는 성질을 말합니다.

 단조로 변할 경우에는 이진 탐색을 사용할 수 있습니다. 삐리리

일단 처음에 중량 제한의 탐색 범위로 '0'~'모든 소수의 합'을 생각합니다. 그리고 이진 탐색을 사용하기 위해, 중앙값을 계산하여 목표 횟수로 운반할 수 있는지 조사합니다.

만약 목표 횟수보다 많다면, 중량 제한을 늘려야 하므로 범위의 왼쪽 끝을 변화시킵니다. 반대로 목표 횟수보다 적다면, 중량 제한을 줄여야 하므로 범위의 오른쪽 끝을 변화시킵니다.

이러한 작업을 중량 제한의 범위가 정해질 때까지 반복하는 형태로 구현하면, 다음과 같이 작성할 수 있습니다.

**q52.py**

```
W = 500
N = 10000

primes = []
for i in range(2, N):
  flag = True
  j = 2
  while j * j <= i:
    if i % j == 0:
      flag = False
      break
    j += 1
  if flag:
    primes.append(i)

left = 0
right = 0
for i in primes:
```

```
  right += i

while left + 1 < right:
  mid = (left + right) // 2
  cnt = 1
  weight = 0
  for i in primes:
    if weight + i < mid:
      weight += i
    else:
      weight = i
      cnt += 1

  if W >= cnt:
    right = mid
  else:
    left = mid

print(left)
```

## q52.js

```javascript
W = 500;
N = 10000;

primes = [];
for (var i = 2; i < N; i++){
  var flag = true;
  for (var j = 2; j * j <= i; j++){
    if (i % j == 0){
      flag = false;
      break;
    }
  }
  if (flag) primes.push(i);
}

var left = 0;
var right = 0;
for (var i = 0; i < primes.length; i++){
  right += primes[i];
}

while (left + 1 < right){
  var mid = Math.floor((left + right) / 2);
  var cnt = 1;
  var weight = 0;
  for (var i = 0; i < primes.length; i++){
```

```
    if (weight + primes[i] < mid){
      weight += primes[i];
    } else {
      weight = primes[i];
      cnt++;
    }
  }
  if (W >= cnt){
    right = mid;
  } else {
    left = mid;
  }
}
console.log(left);
```

10,000 이하의 소수 합이 500만을 넘는데도, 23회 반복만으로 답을 구할 수 있네!

이진 탐색을 이런 형태로도 사용할 수 있구나!

이진 탐색은 배열 내부에서 값을 검색하는 경우뿐만 아니라, 조건을 만족하는 최댓값 또는 최솟값을 찾을 때도 자주 사용합니다. 삐리리

정답

**15,784**

QUIZ

# 53 소수로 만드는 천칭

천칭을 사용해서 추의 무게를 재는 경우를 생각해 봅시다. 다만, 이때 사용하는 추는 무게가 소수인 것뿐이라고 합시다.

일단 $m$, $n$을 양의 정수라고 합시다. 그리고 $m$ 이하의 소수로 모든 추가 하나씩 있습니다. 이때 $n$그램을 재는 방법이 모두 몇 가지인지 구해 봅시다.

예를 들어 $m=10$, $n=2$라면 2, 3, 5, 7그램의 추가 하나씩 있으므로, 왼쪽 오른쪽에 추를 두는 패턴은 [표 5]와 같이 4가지라고 할 수 있습니다($n$그램에 해당하는 물체는 왼쪽에 둡니다).*

[표 5] $m=10$, $n=2$일 때

| 왼쪽 | 오른쪽 |
|------|--------|
| 없음 | 2 |
| 3 | 5 |
| 5 | 7 |
| 2, 3 | 7 |

**역주** 그림을 보고 한 번에 이해되지 않을 수 있습니다. 왼쪽에 $n=2$그램의 물체를 올렸다고 가정하므로, 천칭이 평행을 이루려면 양쪽 접시에 올린 추의 무게 차이가 2가 나와야 합니다. 당연히 물체를 올린 쪽이 2만큼 적어야 합니다.

제 **3** 장

종반전 ★ ★ ★

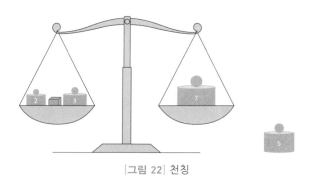

[그림 22] 천칭

문제

$m=50$, $n=5$라면 무게를 재는 방법이 몇 가지인지 구하시오.

천칭은 양쪽에 올린 추 무게의 합계가 같을 때 균형을 이룹니다. 이때, 모든 추를 사용할 필요는 없으므로, 각각의 추에 대해 다음과 같은 3가지 사용 방법을 생각할 수 있습니다.

**(1) 왼쪽 접시에 올린다.**
**(2) 오른쪽 접시에 올린다.**
**(3) 올리지 않는다.**

50 이하의 소수는 15개, 모든 패턴을 확인한다면 $3^{15}=14,348,907$가지가 되네? 시간이 좀 걸리지 않을까?

그래도 한 번 확인한 값을 메모화해 두면 빠르게 구할 수 있을 것 같아.

왼쪽 오른쪽 접시에 놓는 추를 하나씩 모두 확인하고, 이렇게 놓았을 때 양쪽 무게가 같아지는 경우의 수를 셉니다. 재귀적으로 처리하고 메모화를 사용한다면, 다음과 같이 구현할 수 있습니다.

**q53_1.py**

```python
from math import sqrt, floor

M = 50
N = 5

# M 이하의 소수 리스트 만들기
primes = []
for i in range(2, M):
  flag = True
  for j in range(2, floor(sqrt(i)) + 1):
    if i % j == 0:
      flag = False
      break
  if flag:
    primes.append(i)

memo = {}
def search(remain, l, r):
```

```python
    key = str([remain, l, r])
    if key in memo:
      return memo[key]
    if remain == 0:
      return 1 if l == r else 0
    cnt = 0
    use = primes[remain - 1]
    cnt += search(remain - 1, l + use, r)    # 왼쪽 접시
    cnt += search(remain - 1, l, r + use)    # 오른쪽 접시
    cnt += search(remain - 1, l, r)          # 올리지 않음
    memo[key] = cnt
    return cnt

print(search(len(primes), N, 0))
```

**q53_1.js**

```javascript
M = 50;
N = 5;

// M 이하의 소수 리스트 만들기
var primes = [];
for (var i = 2; i < M; i++){
  var is_prime = true;
  for (var j = 2; j <= Math.sqrt(i); j++)
    if (i % j == 0){ is_prime = false; break;}
  if (is_prime) primes.push(i);
}

var memo = {};
function search(remain, l, r){
  if (memo[[remain, l, r]]) return memo[[remain, l, r]];
  if (remain == 0) return (l == r)?1:0;

  var cnt = 0;
  var use = primes[remain - 1];
  cnt += search(remain - 1, l + use, r);   // 왼쪽 접시
  cnt += search(remain - 1, l, r + use);   // 오른쪽 접시
  cnt += search(remain - 1, l, r);         // 올리지 않음
  return memo[[remain, l, r]] = cnt;
}

console.log(search(primes.length, N, 0));
```

추의 개수가 15개 정도라면 이런 코드로 풀 수 있겠지만, 추가 더 늘어나면 처리 시간을 고민해 봐야겠네요?

그렇습니다. 추의 개수가 늘어나면, 처리 시간이 급격하게 증가합니다. 지금처럼 양쪽 접시의 상태를 유지할 필요가 있는지 생각해 봅시다.

두 접시의 '차이'에 주목해 봅시다. 그러면 차이가 0이 되게 놓기만 하면 됩니다. 따라서 '왼쪽 오른쪽의 차이'와 '사용한 추'를 매개 변수로 전달해서 구현해 봅시다.

**q53_2.py**

```python
from math import sqrt, floor

M = 50
N = 5

# M 이하의 소수 리스트 만들기
primes = []
for i in range(2, M):
  flag = True
  for j in range(2, floor(sqrt(i)) + 1):
    if i % j == 0:
      flag = False
      break
  if flag:
    primes.append(i)

memo = {}
def search(n, i):
  key = str([n, i])
  if key in memo:
    return memo[key]
  if i == len(primes):
    return 1 if n == 0 else 0
  use = primes[i]
  cnt = 0
  cnt += search(n + use, i + 1)        # 왼쪽 접시
  cnt += search(abs(n - use), i + 1)   # 오른쪽 접시
  cnt += search(n, i + 1)              # 올리지 않음
  memo[key] = cnt
  return cnt

print(search(N, 0))
```

**q53_2.js**

```javascript
M = 50;
N = 5;

// M 이하의 소수 리스트 만들기
var primes = [];
for (var i = 2; i < M; i++){
  var is_prime = true;
  for (var j = 2; j <= Math.sqrt(i); j++)
    if (i % j == 0){ is_prime = false; break;}
  if (is_prime) primes.push(i);
}

var memo = {};
function search(n, i){
  if (memo[[n, i]]) return memo[[n, i]];
  if (i == primes.length) return (n == 0)?1:0;
  var use = primes[i];
  var cnt = 0;
  cnt += search(n + use, i + 1);              // 왼쪽 접시
  cnt += search(Math.abs(n - use), i + 1);    // 오른쪽 접시
  cnt += search(n, i + 1);                     // 올리지 않음
  return memo[[n, i]] = cnt;
}

console.log(search(N, 0));
```

그렇네! [Q25 횟수 지정 "가위 바위 보"]와 같은 문제라고 할 수 있겠다!

이런 형태로 구한다면 100 이상의 소수라도 순식간에 답을 구할 수 있답니다. *삐리리*

정답

**66,588가지**

QUIZ

# 54 십자 모양으로 반전해서 색칠하기

가로로 $w$칸, 세로로 $h$칸의 사각형 격자에 흰색과 검은색을 칠할 것입니다. 이때 임의의 칸을 선택했을 때, 해당 위치와 상하좌우 칸의 색을 반전할 수 있다고 합시다.*

> 역주 어떤 칸을 선택했을 때, 십자 모양으로 색을 반전한다는 뜻입니다. 이해를 돕기 위해 [그림 23]의 왼쪽에서 3번째 그림을 한 번 살펴봅시다. 특정 칸을 선택했을 때, 십자 모양으로 총 5개의 칸(그림에서는 위가 없으므로 4개)을 반전해서, 모두 흰색으로 만든 것입니다.

모든 색이 같아질 때까지, 이러한 반전을 반복한다고 합니다. 예를 들어 $w=4$, $h=4$일 때, 초기 상태가 [그림 23]의 가장 왼쪽 그림과 같을 때, 그림처럼 칸을 선택하면 3번 만에 모두 흰색으로 만들 수 있습니다.

다만, 아래쪽 그림과 같은 초기 상태는 어떤 칸을 선택해서 어떻게 반전해도, 모든 색을 같게 만들 수 없습니다.

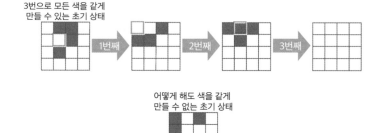

[그림 23] $w=4$, $h=4$의 예

이처럼 같은 색으로 맞출 수 있는 초기 배치 중에서, 모든 색이 같아질 때까지 최소한의 단계로 반전시킨다고 합시다. 예를 들어 $w=4$, $h=4$일 때는 최대 6번의 반전으로 같은 색으로 만들 수 있습니다.

$w = 6$, $h = 3$의 모든 초기 배치를 생각하고, 각각 모든 색이 같아질 때까지 최소한의 단계로 반전할 때, 그 횟수의 최댓값을 구하시오.

상하좌우 반전 처리를 반복문으로 하면, 처리에 시간이 너무 오래 걸릴 것 같아요.

칸의 개수가 적으므로, 비트 연산자를 잘 사용해 봅시다.

모든 초기 배치를 생각하고 적당하게 칸을 반전시키면서 횟수를 구할 수 있겠지만, 모든 색을 같게 만들 때까지 단계가 최소인 경우를 찾기는 쉽지 않습니다. 따라서 반대로 생각해서, 모든 칸의 수가 같은 색으로 되어 있는 경우부터 시작해 봅시다.

이때 새로운 배치가 나올 때까지 반전 횟수를 늘리며 너비 우선 탐색을 함으로써 '모든 색을 같게 만들 때까지 최소 단계'를 구할 수 있습니다.

반대로 생각한다면, '모두 흰색'인 경우와 '모두 검은색'인 경우를 기반으로 확인하면 될까요?

같은 위치를 2회 반전하면 원래 배치로 돌아와서, 쓸데없는 반전이 되는 거죠?

그렇습니다. 같은 칸을 여러 번 반복하면 안 됩니다. 또한, 칸을 반전하는 순서는 크게 상관없습니다.

왼쪽 위부터 차례대로 반전하는 등의 반전 순서는 생각하지 않아도 괜찮습니다. 또한, 이미 확인한 배치가 또 등장한 경우, 다른 과정에서 이미 더 짧은 횟수로 찾을 수 있는 과정이 나왔다는 의미입니다.

이번 문제는 $w \times h$가 작으므로, 칸을 비트열로 표현해서 생각해 보겠습니다. 이렇게 하면, 반전 처리를 비트 연산으로 할 수 있게 됩니다. 예를 들어 [그림 23]에 있는 초기 배치는 흰색을 0, 검은색을 1이라고 할 때, '0110001001000000'으로 표현할 수 있습니다([그림 24]).

[그림 24] 격자를 비트열로 표현한 모습

미리 모든 칸에 대한 반전 마스크를 준비하고, 더 이상 탐색할 배치가 없어질 때까지 너비 우선 탐색하는 처리를 구현하면, 다음과 같이 작성할 수 있습니다.

**q54.py**

```python
W, H = 6, 3

# 반전할 마스크 만들기
mask = []
for h in range(0, H):
  for w in range(0, W):
    # 반전 대상 지정하기
    pos = 1 << (w + h * W)
    if w > 0:
      pos |= 1 << (w - 1 + h * W)
    if w < W - 1:
      pos |= 1 << (w + 1 + h * W)
    if h > 0:
      pos |= 1 << (w + (h - 1) * W)
    if h < H - 1:
      pos |= 1 << (w + (h + 1) * W)
    mask.append(pos)

# 확인한 배치와 반전 횟수
checked = {0: 0, (1 << (W * H)) - 1: 0}
# 전부 흰색 또는 전부 검은색으로 시작하기
queue = [0, (1 << (W * H)) - 1]
n = 0
```

```
while len(queue) > 0:
  temp = []
  for i in queue:
    for j in mask: # 모든 위치 탐색하기
      if i ^ j not in checked:
          # 확인하지 않은 경우, 다음 확인 대상으로 추가하기
          temp.append(i ^ j)
          checked[i ^ j] = n
  queue = temp
  n += 1
print(n - 1)
```

## q54.js

```
W = 6;
H = 3;

// 반전할 마스크 만들기
var mask = [];
for (var h = 0; h < H; h++){
  for (var w = 0; w < W; w++){
    // 반전 대상 지정하기
    var pos = 1 << (w + h * W);
    if (w > 0) pos |= 1 << (w - 1 + h * W);
    if (w < W - 1) pos |= 1 << (w + 1 + h * W);
    if (h > 0) pos |= 1 << (w + (h - 1) * W);
    if (h < H - 1) pos |= 1 << (w + (h + 1) * W);
    mask.push(pos);
  }
}

// 확인한 배치와 반전 횟수
var checked = {};
[checked[0], checked[(1 << (W * H)) - 1]] = [0, 0];
// 전부 흰색 또는 전부 검은색으로 시작하기
var queue = [0, (1 << (W * H)) - 1];
var n = 0;
while (queue.length > 0){
  var temp = [];
  for (var i = 0; i < queue.length; i++){
    for (var j = 0; j < mask.length; j++){
      // 모든 위치 탐색하기
      if (!checked[queue[i] ^ mask[j]]){
        // 확인하지 않은 경우, 다음 확인 대상으로 추가하기
        temp.push(queue[i] ^ mask[j]);
        checked[queue[i] ^ mask[j]] = n;
      }
    }
  }
```

```
      }
    queue = temp;
    n++;
  }
console.log(n - 1);
```

 출력할 때처음부터 마스크를 준비해서, 반전을 하고 싶을 때는 마스크와 배타적 논리합 계산만 하면 되는군요.

 출력할 때 $n$에서 1을 빼는 이유는 무엇인가요?

 이번 코드는 너비 우선 탐색에 사용하는 큐에 아무것도 없을 때 종료됩니다. 그런데 아무것도 없는 상태에서도 반복문 마지막에서 1이 더해지기 때문에, 결국 출력할 때 1을 뺀 것이랍니다.

정답

**13회**

QUIZ

# 55 횟수 지정 "가위 바위 보" #2

$m$명이 '가위 바위 보'를 합니다. 한 번 할 때마다 이긴 사람만 남고, 진 사람은 이어서 참가할 수 없다고 합니다. 딱 $n$번 가위 바위 보를 했을 때, 1명만 남는 패턴이 몇 가지인지 구해 봅시다. 참고로 비기는 경우는 1회로 셉니다.

또한, 이때 사람은 따로 구분하지 않고, 나오는 손 모양의 패턴만 셉시다. 예를 들어 $m=3$이라면, 다음과 같은 경우 모두 1가지로 셉니다.

- A가 보, B와 C가 바위를 내는 경우
- B가 보, A와 C가 바위를 내는 경우
- C가 보, A와 B가 바위를 내는 경우

$m=3$, $n=2$일 때는 [표 6]과 같은 패턴이 있습니다.

[표 6] $m=3$, $n=2$일 때*

| | |
|---|---|
| 1번째가 비기는 경우 | 바위 바위 바위<br>가위 가위 가위<br>보 보 보<br>바위 가위 보 |
| 이어서 2번째에 1명만 승리하는 경우 | 바위 가위 가위<br>가위 보 보<br>보 바위 바위 |
| 1번째에서 2명이 남는 경우 | 바위 바위 가위<br>가위 가위 보<br>보 보 바위 |
| 이어서 2번째에 1명만 승리하는 경우 | 바위 가위<br>가위 보<br>보 바위 |

역주 이전과 마찬가지로 게임의 이름이 영어로 'rock scissors paper'이므로, 이 순서로 적었습니다.

제 3 장

응용편

★
★
★

이를 정리해 보면 다음과 같이 모두 21가지입니다.

- 1번째에서 비기고, 2번째에서 1명만 승리하는 경우  ⋯
  4가지 × 3가지 = 12가지
- 1번째에서 2명이 남고, 2번째에서 1명만 승리하는 경우  ⋯
  3가지 × 3가지 = 9가지

문제

$m = 10$, $n = 6$일 때, 1명만 남는 패턴이 몇 가지 나올 수 있는지 구하시오.

생각하는 방법

가장 쉽게 생각할 수 있는 1명만 남는 패턴은, 한 번에 결정되는 경우입니다. 이를 모두 적어보면 '1명이 보를 내고, 나머지가 모두 바위를 내는 경우', '1명이 가위를 내고, 나머지가 모두 보를 내는 경우', '1명이 바위를 내고, 나머지가 모두 가위를 내는 경우'라는 3가지 패턴입니다.

이 이외의 경우에는 남아 있는 사람(이긴 사람)으로 같은 가위 바위 보를 계속 반복합니다. 따라서 인원수와 횟수를 바꾸면서, 재귀적인 처리로 구할 수 있습니다. 예를 들어 몇 명이 승리한 경우는 사람 수와 횟수를 줄이면서 계속 확인해 보면 됩니다.

> 하지만 비기는 경우를 어떻게 처리해야 하는지 잘 모르겠어요.

> 비기는 경우에도 여러 가지 패턴이 있을 수 있습니다. 모두가 같은 것을 내는 경우도 비기지만, 가위 바위 보가 전부 동시에 나오는 경우에도 비기게 됩니다.

가위, 바위, 보가 전부 동시에 나오려면 3명 이상 남아 있어야 합니다. 그리고 이때 3가지 손 모양이 최소 하나씩만 나오면 되고, 나머지 사람들은 무엇을 내도 상관없습니다. 이는 [Q01 한 번에 결정하는 다수결 "가위 바위 보"]에서도 살펴본 **중복 조합**입니다. $n$가지 종류에서 중복을 허용해서 $r$개를 선택하는 경우, 다음과 같은 식으로 표현할 수 있습니다.

$$_nH_r = {}_{n+r-1}C_r$$

이를 사용하면, 다음과 같이 구현할 수 있습니다.

**q55_1.py**

```python
M, N = 10, 6

memo = {}
def nCr(n, r):
  key = str([n, r])
  if key in memo:
    return memo[key]
  if (r == 0) or (r == n):
    return 1
  result = nCr(n - 1, r - 1) + nCr(n - 1, r)
  memo[key] = result
  return result

# 중복 조합
def nHr(n, r):
  return nCr(n + r - 1, r)

def draw(n):
  cnt = 3 # 모두가 같은 경우(바위만, 보만, 가위만)
  # 바위, 가위, 보를 하나씩 두고, 나머지 채우기
  if n >= 3:
    cnt += nHr(3, n - 3)
  return cnt

def check(m, n):
  # 한 번에 이기는 것은 바위, 가위, 보로 승리하는 3가지
  if n == 1:
    return 3
  cnt = draw(m) * check(m, n - 1)
  for i in range(2, m): # 이긴 사람 수
    cnt += 3 * check(i, n - 1)
  return cnt

print(check(M, N))
```

**q55_1.js**

```javascript
M = 10;
N = 6;

var memo = {};
```

```javascript
function nCr(n, r){
  if (memo[[n, r]]) return memo[[n, r]];
  if ((r == 0) || (r == n)) return 1;
  return memo[[n, r]] = nCr(n - 1, r - 1) + nCr(n - 1, r);
}

// 중복 조합
function nHr(n, r){
  return nCr(n + r - 1, r);
}

function draw(n){
  var cnt = 3; // 모두가 같은 경우(바위만, 보만, 가위만)
  // 바위, 가위, 보를 하나씩 두고, 나머지 채우기
  if (n >= 3) cnt += nHr(3, n - 3);
  return cnt;
}

function check(m, n){
  // 한 번에 이기는 것은 바위, 가위, 보로 승리하는 3가지
  if (n == 1) return 3;
  var cnt = draw(m) * check(m, n - 1);
  for (var i = 2; i < m; i++){ // 이긴 사람 수
    cnt += 3 * check(i, n - 1);
  }
  return cnt;
}

console.log(check(M, N));
```

조건을 하나씩 간단하게 만들면, 이해하기 쉬워진답니다. 이것으로도 충분하지만, 조금 더 정리해 봅시다.

앞서 등장한 식을 정리하면, 다음과 같이 간단하게 나타낼 수 있습니다.

$$_3H_{n-3} = {}_{3+(n-3)-1}C_{n-3} = {}_{n-1}C_{n-3} = {}_{n-1}C_2$$

$_{n-1}C_2$는 $(n-1) \times (n-2)/2$로 계산할 수 있으므로, 다음과 같이 구현할 수 있습니다.

**q55_2.py**

```python
M, N = 10, 6

def check(m, n):
```

```
  if n == 1:
    return 3
  # 비기는 경우는 전원이 같은 경우와 m-1C2가지
  cnt = (3 + (m - 1) * (m - 2) // 2) * check(m, n - 1)
  for i in range(2, m): # 이긴 사람 수
    cnt += 3 * check(i, n - 1)
  return cnt

print(check(M, N))
```

## q55_2.js

```
M = 10;
N = 6;

function check(m, n){
  if (n == 1) return 3;
  // 비기는 경우는 전원이 같은 경우와 m-1C2가지
  var cnt = (3 + (m - 1) * (m - 2) / 2) * check(m, n - 1);
  for (var i = 2; i < m; i++){ // 이긴 사람 수
    cnt += 3 * check(i, n - 1);
  }
  return cnt;
}

console.log(check(M, N));
```

정답

**689,149,485가지**

QUIZ

# 56 | 급행 정차역과 특급 정차역 패턴

지하철로 이동할 때, 거리가 길어지면 모든 역에서 정차하는 일반 열차보다 급행 열차 또는 특급 열차를 이용하게 됩니다.* 이러한 급행과 특급 열차의 정차역을 어떻게 배치하는 것이 좋을지 생각해 봅시다.

> **역주** 서울에서 지하철 9호선을 타면 급행 열차가 있습니다. 급행 열차는 역을 2-3개씩 건너뛰면서 이동하는 열차입니다. 일본에는 급행 열차 위에 특급 열차라는 것도 있는데요. 역을 5-10개씩 건너뛰면서 이동하는 열차입니다.

간단하게 노선은 1개만 생각하겠습니다. 지하철역은 서울 지하철 2호선처럼 순환형이 아니라 시작 역과 끝 역이 따로 있는 형태라고 가정하고, 시작 역과 끝 역 모두에서 급행과 특급 열차가 정차한다고 합시다. 또한, 특급 열차의 정차역에서는 반드시 급행 열차도 정차한다고 합시다.

모두 $n$개의 역이 있고, 그중에서 급행 정차역이 $a$개, 특급 정차역이 $b$개 있습니다. 이때 $n$, $a$, $b$는 $n>a>b>1$의 관계를 갖습니다. 이러한 지하철 위에서 정차역의 배치 패턴이 몇 가지 나올 수 있는지 구해 봅시다.

예를 들어 $n=4$, $a=3$, $b=2$라면 [표 7]처럼 2가지가 나올 수 있습니다.

[표 7] $n=4$, $a=3$, $b=2$의 경우

| 역 | 급행 정차역 | 특급 정차역 |
|---|---|---|
| A | ○ | ○ |
| B | ○ | × |
| C | × | × |
| D | ○ | ○ |

| 역 | 급행 정차역 | 특급 정차역 |
|---|---|---|
| A | ○ | ○ |
| B | × | × |
| C | ○ | × |
| D | ○ | ○ |

[ 문제 ]

$n=32$, $a=12$, $b=4$일 때 가능한 정차역의 배치는 모두 몇 가지인지 구하시오.

각각의 역에서 급행이 정차하는지, 특급도 함께 정차하는지, 둘 다 정차 하지 않는지를 생각하면 각각의 역마다 3가지 경우의 수가 나올 수 있습니다. 시작 역과 끝 역은 급행과 특급이 모두 정차하므로, 32개의 역이라면 시작 역과 끝 역을 제외한 $3^{30}$가지 패턴이 나올 수 있습니다.

그런데 대부분의 패턴이 조건을 만족하지 않잖아?

조건을 만족하는 것만 탐색할 수 있다면, 프로그램을 빠르게 만들 수 있을 거야.

간단한 방법으로, 정차하는 역의 수에 주목해서 생각해 봅시다.

전체 탐색은 현실적이지 않으므로, 탐색을 줄일 방법을 생각해야 합니다. 남은 역의 수, 남은 급행 정차역의 수, 남은 특급 정차역의 수를 알 수 있다 면, 패턴을 결정할 수 있습니다.

이렇게 3개의 값을 매개 변수로 사용하는 재귀 함수를 만들어서 '특급이 정차할 때', '급행이 정차할 때', '모두 정차하지 않을 때'를 탐색하면 됩니다. 메모화를 적용하여 구현하면 다음과 같습니다.

**q56_1.py**

```
STATION, EXPRESS, LIMITED = 32, 12, 4

memo = {}
def search(s, e, l):
  key = str([s, e, l])
  if key in memo:
    return memo[key]
  # 마지막 역에서 급행, 특급 정차역이 남아 있지 않으면 세기
  if (s == 0) and (e == 0) and (l == 0):
    return 1
  # 마지막 역에서 급행, 특급 정차역이 남아 있으면 세지 않음
  if (s == 0) and ((e > 0) or (l > 0)):
    return 0
  # 마지막 역 이외에서 급행, 특급 정차역이 남아 있지 않으면 세지 않음
```

```
    if (e == 0) or (l == 0):
      return 0
    cnt = 0
    cnt += search(s - 1, e - 1, l - 1)       # 특급 정차역
    cnt += search(s - 1, e - 1, l)           # 급행 정차역
    cnt += search(s - 1, e, l)               # 통과역
    memo[key] = cnt
    return cnt

print(search(STATION - 1, EXPRESS - 1, LIMITED - 1))
```

**❘ q56_1.js**

```
STATION = 32;
EXPRESS = 12;
LIMITED = 4;

memo = {};
function search(s, e, l){
  if (memo[[s, e, l]]) return memo[[s, e, l]];

  // 마지막 역에서 급행, 특급 정차역이 남아 있지 않으면 세기
  if ((s == 0) && (e == 0) && (l == 0)) return 1;
  // 마지막 역에서 급행, 특급 정차역이 남아 있으면 세지 않음
  if ((s == 0) && ((e > 0) || (l > 0))) return 0;
  // 마지막 역 이외에서 급행, 특급 정차역이 남아 있지 않으면 세지 않음
  if ((e == 0) || (l == 0)) return 0;

  var cnt = 0;
  cnt += search(s - 1, e - 1, l - 1);        // 특급 정차역
  cnt += search(s - 1, e - 1, l);            // 급행 정차역
  cnt += search(s - 1, e, l);                // 통과역
  return memo[[s, e, l]] = cnt;
}

console.log(search(STATION - 1, EXPRESS - 1, LIMITED - 1));
```

재귀 종료 조건이 조금 복잡하지만 처리 자체는 정말 간단하네요?

전형적인 메모화 예이므로 쉽게 이해할 수 있을 겁니다.

그런데 조금 더 생각해 보면 더 좋은 방법이 있을 것 같아!

급행과 특급 정차역의 수가 정해져 있으므로, 조합으로도 생각할 수 있

습니다. 예를 들어 급행 정차역은 32개의 역 중에서 12개, 즉 시작 역과 끝 역을 제외하면 30개 중에서 10개를 선택하는 것이 되므로, $_{30}C_{10}$으로 구할 수 있습니다. 또한, 특급 정차역은 12개 중에서 4개, 즉 시작 역과 끝 역을 제외하면 10개 중에서 2개를 선택하는 것이 되므로 $_{10}C_2$로 구할 수 있습니다.

따라서 모든 역 중에서 급행 정차역을 선택하고, 이 안에서 다시 특급 정차역을 선택하는 형태로 구하면 됩니다. 이를 작성하면 다음과 같습니다.

**| q56_2.py**

```
STATION, EXPRESS, LIMITED = 32, 12, 4

memo = {}
def nCr(n, r):
  key = str([n, r])
  if key in memo:
    return memo[key]
  if (r == 0) or (r == n):
    return 1
  result = nCr(n - 1, r - 1) + nCr(n - 1, r)
  memo[key] = result
  return result

# 모든 역 중에서 급행 정차역을 선택하고, 이어서 특급 정차역 선택하기
print(nCr(STATION - 2, EXPRESS - 2) *
    nCr(EXPRESS - 2, LIMITED - 2))
```

**| q56_2.js**

```
STATION = 32;
EXPRESS = 12;
LIMITED = 4;

var memo = {};
function nCr(n, r){
  if (memo[[n, r]]) return memo[[n, r]];
  if ((r == 0) || (r == n)) return 1;
  return memo[[n, r]] = nCr(n - 1, r - 1) + nCr(n - 1, r);
}

// 모든 역에서 급행 정차역을 선택하고, 이어서 특급 정차역 선택하기
console.log(nCr(STATION - 2, EXPRESS - 2) *
        nCr(EXPRESS - 2, LIMITED - 2));
```

이와 같은 상황에서도 조합을 활용할 수 있습니다. 너무 한 가지 방법에 얽매이지 말고, 다양하게 생각해 보세요.

정답

**1,352,025,675가지**

QUIZ

# 57 폴란드 표기법과 불필요한 괄호

폴란드 표기법(전위 표기법)이나 역폴란드 표기법(후위 표기법)을 사용하면, 괄호를 사용하지 않고도 연산을 표기할 수 있습니다. 예를 들어 다음과 같은 일반적인 식(중위 표기법)을 생각해 봅시다.

$$(1+3) \times (4+2)$$

이러한 식은 괄호를 적지 않으면 연산 순서가 달라집니다. 하지만 폴란드 표기법으로 표기하면 다음과 같습니다. 따라서 괄호가 따로 필요하지 않습니다.

$$\times +13+42$$

이번 문제에서는 숫자는 1가지 종류만, 연산자로는 '+', '×'라는 2가지 종류만 생각해 봅시다. 이러한 숫자와 연산자로 구성된 식 중에서 숫자가 들어갈 위치가 $n$개인 폴란드 표기법으로 작성된 식을 모두 찾고, 이를 일반적인 식(중위 표기법)으로 변환했을 때 불필요한 괄호(연산 순서에 영향을 주지 않는 괄호)를 제거합시다(연산자 우선순위는 '+'보다 '×'가 높습니다).

이렇게 처리했을 때 남는 괄호가 몇 쌍인지 구해 봅시다. 예를 들어 $n=3$이라면, 다음과 같은 8가지 패턴이 나올 수 있으며, 이때 필요한 괄호는 2쌍입니다(숫자는 아무것이나 사용해도 상관없습니다. 다음 예는 필자가 좋아하는 5를 사용한 것뿐입니다).

$$+\ +\ 5\ 5\ 5 \rightarrow 5 + 5 + 5$$
$$+\ \times\ 5\ 5\ 5 \rightarrow 5 \times 5 + 5$$
$$\times\ +\ 5\ 5\ 5 \rightarrow (5 + 5) \times 5 \cdots \text{괄호 쌍이 1개}$$
$$\times\ \times\ 5\ 5\ 5 \rightarrow 5 \times 5 \times 5$$

$$+ 5 + 55 \rightarrow 5 + 5 + 5$$
$$+ 5 \times 55 \rightarrow 5 + 5 \times 5$$
$$\times 5 + 55 \rightarrow 5 \times (5 + 5) \cdots \text{괄호 쌍이 1개}$$
$$\times 5 \times 55 \rightarrow 5 \times 5 \times 5$$

[ 문제 ]

$n = 15$일 때, 꼭 필요한 괄호 쌍이 몇 개인지 구하시오.

[ 생각하는 방법 ]

연산자를 분기에 놓은 트리 구조로 폴란드 표기법을 살펴봅시다. 앞선 예에 있는 '$\times + 1\,3 + 4\,2$'를 표현한다면, [그림 25]와 같습니다.

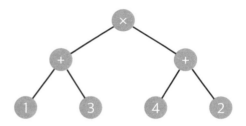

[그림 25] 트리 구조로 표현한 $\times + 1\,3 + 4\,2$

이러한 구조에서 각 분기에 주목하면 재귀적으로 처리할 수 있습니다. 분기 왼쪽 아래와 오른쪽 아래에 있는 '+'와 '×'의 수를 확인하고, 이를 기반으로 해당 분기의 괄호의 수를 구합니다. 이때 왼쪽 아래와 오른쪽 아래에 매달려 있는 숫자의 수를 1개씩 변화시키면서 시도하고, 최종적으로 그 합을 구합니다.

예를 들어 어떤 분기의 왼쪽 아래는 5가지 패턴으로 2개의 괄호, 오른쪽 아래는 8가지 패턴으로 3개의 괄호가 있다고 합시다. 이 분기에 '+'를 배치할 때, 전체 패턴 수는 $5 \times 8$가지가 됩니다. 또한, 이 분기에 '×'를 배치할 때도 마찬가지로 $5 \times 8$가지가 되므로, 모든 패턴 수는 $5 \times 8 \times 2$가지가 됩니다.

한편, 괄호의 수를 생각한다면 분기가 '+'일 때는 괄호를 추가할 필요가 없지만, 분기가 '×'일 때는 괄호를 추가해야 하는 경우도 생각해야 합니다. 따라서 괄호의 수는 다음의 합으로 구할 수 있습니다.

- 분기가 '+'일 때: 5×3+8×2가지
- 분기가 '×'일 때: 5×3+8×2가지와 괄호가 추가된 경우 5×4+8×2가지

기본적으로 모든 패턴 수를 곱셈으로 구하는 것은 알 수 있겠는데, 괄호 수는 어떻게 계산할 수 있지?

분기가 '+'라면, [왼쪽 패턴 수]×[오른쪽 괄호 수]+[오른쪽 패턴 수]×[왼쪽 괄호 수]가 되네요?

그렇습니다. 분기가 '×'일 때는 추가로 [왼쪽 패턴 수]×[오른쪽의 패턴 수]/2와 [오른쪽의 패턴 수]×[왼쪽의 패턴 수] / 2를 더해야 합니다.

추가하는 부분은 앞선 분기 부분이 '+'일 때 괄호가 필요하고, '×'일 때는 괄호가 필요하지 않으므로 반으로 나누는 것입니다. 이를 좌우 분기의 수를 변화시키면서 더하는 형태로 구현하면, 다음과 같이 작성할 수 있습니다. 참고로 $n=0$ 또는 $n=1$일 때는 식을 만들 수 없으므로, 이때의 괄호 수는 0개가 됩니다.

**q57_1.py**

```
N = 15

memo = {0: [0, 0], 1: [1, 0]}
def tree_count(n):
  if n in memo:
    return memo[n]
  all_value, pair = 0, 0
  for i in range(1, n):
    la, lp = tree_count(i)
    ra, rp = tree_count(n - i)
    # +와 × 각각으로 곱하기
    all_value += la * ra * 2
    pair += la * (2 * rp + ra // 2) + ra * (2 * lp + la // 2)
```

```
    result = [all_value, pair]
    memo[n] = result
    return result

all_value, pair = tree_count(N)
print(pair)
```

**▌q57_1.js**

```
N = 15;

var memo = [[0, 0], [1, 0]];
function tree_count(n){
  if (memo[n]) return memo[n];
  var all = 0, pair = 0;
  var la, lp, ra, rp;
  for (var i = 1; i < n; i++){
    [la, lp] = tree_count(i);
    [ra, rp] = tree_count(n - i);
    // +와 × 각각으로 곱하기
    all += la * ra * 2;
    pair += la * (2 * rp + Math.floor(ra / 2))
          + ra * (2 * lp + Math.floor(la / 2));
  }
  return memo[n] = [all, pair];
}

var all = 0, pair = 0;
[all, pair] = tree_count(N);
console.log(pair);
```

파이썬과 자바스크립트처럼 함수에서 배열을 반환할 수 있는 언어에서는 쉽게 구현할 수 있네요!

C 언어 같은 언어라도, 배열의 요소에 하나하나 접근하게 구현하면 크게 상관없을 거야!

다른 풀이 방법도 생각해 봅시다.

[Q24 좌우 대칭 이진 검색 트리]에서 설명했던 것처럼, $N+1$개의 정점으로 만들어지는 이진 트리의 수는 '카탈란 수($C(N)$)'를 사용해서 구할 수 있습니다. 이번에는 숫자를 $n$개 사용한다고 하면, 이진 트리의 수를 $C(n-1)$로

구할 수 있습니다.

또한, 숫자가 $n$개 있을 때 연산자가 들어가는 것은 $n-1$곳이며, 각각에 '+'와 '×'라는 두 가지 종류의 연산자를 넣을 수 있습니다. '+'와 '×'를 $n-1$개 정렬하고, '+' 앞에 '×'가 존재하는 경우에 괄호가 필요하므로, 이 패턴을 구하면 됩니다. 식으로는 $(n-2) \times 2^{n-3}$가지가 됩니다.

이를 구현하면, 다음과 같이 작성할 수 있습니다.

**q57_2.py**

```python
N = 15

# 카탈란 수
memo = {0: 1}
def catalan(n):
  if n in memo:
    return memo[n]
  sum = 0
  for i in range(0, n):
    sum += catalan(i) * catalan(n - 1 - i)
  memo[n] = sum
  return sum

if N > 2:
  print(catalan(N - 1) * (N - 2) * 2 ** (N - 3))
else:
  print("0")
```

**q57_2.js**

```javascript
N = 15;

// 카탈란 수
var memo = {};
function catalan(n){
  if (memo[n]) return memo[n];
  if (n == 0) return 1;
  var sum = 0;
  for (var i = 0; i < n; i++){
    sum += catalan(i) * catalan(n - 1 - i);
  }
  return memo[n] = sum;
}

if (N > 2){
```

```
    console.log(catalan(N - 1) * (N - 2) * Math.pow(2, N - 3));
  } else {
    console.log(0);
  }
```

 트리 구조를 다룰 때는 카탈란 수가 자주 등장하네요?

 경우의 수를 다루는 문제에서는 정말 중요한 내용이므로 꼭 기억해 둡시다.

 폴란드 표기법과 역 폴란드 표기법 모두 식을 평가할 때 많이 사용합니다.
삐리리

정답

**142,408,581,120쌍**

 수학 살 펴 보 기

## 프로그래밍 언어에 따른 연산자 우선순위 차이

이번 문제에서는 폴란드 표기법으로 계산하는 경우를 살펴보았습니다. 프로그램을 사용해서 무언가를 계산할 때는 '연산자 우선순위'를 반드시 고려해야 합니다. 예를 들어 '2 + 3 × 4'를 계산하면, 곱셈이 먼저 이루어지므로 '2 + 12'가 되어, 결과로 14가 나옵니다.

사칙 연산의 우선순위는 초등학교 때부터 배우므로 쉽게 이해할 수 있습니다. 그런데 프로그래밍을 할 때는 사칙 연산자뿐만 아니라, 비트 연산자도 등장합니다.

예를 들어 '3 | 4  <<  1'('비트 OR'와 '1비트 왼쪽 시프트')의 경우, 어떠한 것이 우선할지 곧바로 알기 어렵습니다. 일단 이러한 경우에는 시프트 연산자가 비트 OR보다 높은 우선순위를 가져서 '3 | 8'이 되고, 결과는 11이 나옵니다.

그런데 비트 연산자 AND와 OR의 우선순위는 프로그래밍 언어에 따라서 다릅니다. 예를 들어 다음 코드를 살펴봅시다. 이를 실행하면 파이썬에서는 'NG'가 출력되며, 자바스크립트에서는 'OK'가 출력됩니다.

**q57_3.py**

```python
a, b, c = 1, 2, 3
if a | b < c:
  print("OK")
else:
  print("NG")
```

**q57_3.js**

```javascript
a = 1;
b = 2;
c = 3;
if (a | b < c){
  console.log("OK");
} else {
  console.log("NG");
}
```

생략할 수 있는 상황이더라도 괄호를 넣으면, 실수도 막고 다른 사람도 쉽게 읽을 수 있습니다. 따라서 비트 연산자를 사용할 때는 괄호를 사용하는 것이 좋습니다. 이 책에서도 연산을 조금이라도 쉽게 알 수 있도록 많은 괄호를 사용하고 있습니다.

QUIZ

# 58 | 빼앗기면 되찾아 오기

탁구는 11점을 선취하면, 배구는 25점을 선취하면 세트가 종료됩니다. 다만, 이 득점보다 딱 1점 적은 득점으로 동점이 되면, **듀스**라고 불리는 상황이 되며 2점 차이가 발생할 때까지 경기를 계속하게 됩니다.

A와 B가 경기를 했다고 할 때, 점수의 추이를 생각해 봅시다. 3점 선취 게임에서 A가 4점, B가 2점으로 끝났다면, 발생할 수 있는 점수의 추이는 다음과 같은 6가지 패턴이 있습니다(다음 예에서 A와 B는 점수를 얻은 사람을 나타냅니다).

> (1) A → A → B → B → A → A
> (2) A → B → A → B → A → A
> (3) A → B → B → A → A → A
> (4) B → A → A → B → A → A
> (5) B → A → B → A → A → A
> (6) B → B → A → A → A → A

참고로 다음과 같은 점수 추이는 발생할 수 없습니다(중간에 3:1이 발생해서 게임이 종료되기 때문입니다).

> A → A → B → A → B → A

[ 문제 ]

**11점 선취 게임에서 A가 25점, B가 24점이 발생할 수 있는 패턴의 가짓수를 모두 구하시오.**

Hint!

> 게임이 종료되는 조건을 정리해 보면, 간단하게 구현할 수 있을 것 같아요.

> 수학적으로 계산하는 방법도 생각해 봅시다.

생각하는 방법

선취점(11점)에 도달하기 전까지는 순서가 아무렇게나 되어도 상관없습니다. 하지만 선취점에 이른 뒤부터는 각각의 점수 차가 중요합니다. 따라서 이를 조건 분기로 생각합니다.

또한, 각각이 득점을 거듭할 때 확인하는 내용은 점수에 상관없이 같으므로, 재귀적으로 탐색할 수 있습니다. A와 B의 점수를 매개 변수로 재귀 함수를 만들어, 설정된 점수에 도달할 때까지 추이를 계산합니다.

> 종료 조건을 어떻게 만들어야 하는지 잘 모르겠어요.

> 듀스 판정은 상당히 번거로우므로, 반대로 듀스가 되지 않는 조건을 생각해 봅시다.

어느 한 쪽이 선취점에 도달한 이후, 2점 차이가 발생하면 듀스가 되지 않습니다. 즉, '듀스가 아니면, 탐색을 반복'하게 구현하면 됩니다. 그리고 어느 한 쪽이 목표 점수를 넘어버리면, 조건을 만족하지 않으므로 탐색을 종료합니다.

이를 구현하면, 다음과 같이 작성할 수 있습니다.

**q58_1.py**

```python
N, A, B = 11, 25, 24

memo = {}
def search(a, b):
  key = str([a, b])
  if key in memo:
    return memo[key]
  # 양쪽이 목표 점수에 도달하면 종료
  if (a == A) and (b == B):
    return 1
  # 선취점에 한쪽이라도 도달한 이후, 2점 차이가 나면 종료
  if ((a >= N) or (b >= N)) and (abs(a - b) > 1):
    return 0
  # 한쪽이라도 목표 점수를 넘으면 종료
  if (a > A) or (b > B):
    return 0
  # 점수를 기반으로 재귀적으로 탐색하기
```

```
  result = search(a + 1, b) + search(a, b + 1)
  memo[key] = result
  return result

print(search(0, 0))
```

**q58_1.js**

```
N = 11;
A = 25;
B = 24;

var memo = {};
function search(a, b){
  if (memo[[a, b]]) return memo[[a, b]];

  // 양쪽이 목표 점수에 도달하면 종료
  if ((a == A) && (b == B)) return 1;
  // 선취점에 한쪽이라도 도달한 이후, 2점 차이가 나면 종료
  if (((a >= N) || (b >= N)) && (Math.abs(a - b) > 1)) return 0;
  // 한쪽이라도 목표 점수를 넘으면 종료
  if ((a > A) || (b > B)) return 0;
  // 점수를 기반으로 재귀적으로 탐색하기
  return memo[[a, b]] = search(a + 1, b) + search(a, b + 1);
}

console.log(search(0, 0));
```

종료 조건을 하나씩 생각하니 처리가 간단해졌어요. 처리도 매우 빠르고 이해하기 쉽네요!

이 방법 이외에 조합을 사용하는 방법도 있답니다.

이번 문제는 A와 B가 점수를 주고받을 때, A와 B를 나열하는 조합이 몇 가지인지로 바꿔서 생각할 수 있습니다. 이를 각각의 조건에 따라 계산하면, 수학적인 계산으로 구할 수 있습니다.

**q58_2.py**

```
N, A, B = 11, 25, 24

memo = {}
def nCr(n, r):
  note = str([n, r])
  if note in memo:
```

```
    return memo[note]
  if (r == 0) or (r == n):
    return 1
  memo[note] = nCr(n - 1, r - 1) + nCr(n - 1, r)
  return memo[note]

if max([A, B]) > N: # 듀스가 되었을 때
  if abs(A - B) > 2:
    print(0)
  else:
    print(nCr(2 * N - 2, N - 1) * (2 ** (min([A, B]) - N + 1)))
elif max([A, B]) == N: # 선취점에 도달했을 때
  if abs(A - B) == 1:
    print(nCr(2 * N - 2, N - 1))
  else:
    print(nCr(A + B - 1, min([A, B])))
else: # 선취점에 도달하지 못했을 때
  print(nCr(A + B, A))
```

**q58_2.js**

```
N = 11;
A = 25;
B = 24;

var memo = {};
function nCr(n, r){
  if (memo[[n, r]]) return memo[[n, r]];
  if ((r == 0) || (r == n)) return 1;
  return memo[[n, r]] = nCr(n - 1, r - 1) + nCr(n - 1, r);
}

if (Math.max(A, B) > N){ // 듀스가 되었을 때
  if (Math.abs(A - B) > 2)
    console.log(0);
  else
    console.log(nCr(2 * N - 2, N - 1)
            * (2 ** (Math.min(A, B) - N + 1)));
} else if (Math.max(A, B) == N){ // 선취점에 도달했을 때
  if (Math.abs(A - B) == 1)
    console.log(nCr(2 * N - 2, N - 1));
  else
    console.log(nCr(A + B - 1, Math.min(A, B)));
} else { // 선취점에 도달하지 못했을 때
  console.log(nCr(A + B, A));
}
```

정답

**3,027,042,304가지**

QUIZ

# 59 삼목 게임

오목이라는 게임을 알고 있나요? 오목은 격자 위에서 5개의 ○×를 한 줄로 먼저 잇는 사람이 이기는 게임입니다. 이번 문제에서는 **삼목**을 생각해 봅시다. 3×3칸 위에서 먼저 3개의 ○×를 한 줄로 잇는 사람이 이기는 게임입니다.

○부터 시작해서, 두 사람이 번갈아 가면서 ○×를 그린다고 합시다. 이 때 ○×의 최종적인 결과 화면이 몇 가지 나올 수 있을지 생각해 봅시다.

예를 들어 [그림 26]의 왼쪽 그림은 모든 칸이 채워져 있으며, ○이 3개 대각선으로 놓였으므로, ○가 이긴 모습입니다. 중앙의 그림은 3개가 이어진 ○×가 없으므로 비긴 상황입니다. 오른쪽 그림은 칸을 모두 채우기 전에 ×가 3개 이어져서 ×가 이긴 상황입니다.

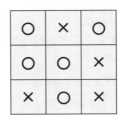 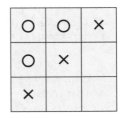

[그림 26] 삼목 게임의 예

문제

삼목 게임의 결과 화면이 몇 가지인지 구하시오.
이때 '중간 경과를 생각한 과정의 수'와 '중간 경과와 상관없이 마지막 결과 화면의 패턴 수'를 각각 구하시오.

○와 ×는 빈 칸에 배치할 수 있습니다. 계속 배치해 보면서 승패를 확인해 보면, 간단하게 구현할 수 있습니다.

생각하는 방법

배치할 수 있는 칸의 수가 모두 9이므로, 최대 $9! = 362,880$가지의 경우가 나올 수 있습니다. 전체 탐색으로도 크게 문제 없는 수이므로, ○와 ×를 번갈아 배치하면서 3개가 나란히 정렬될 때까지 반복하도록 합시다.

탐색은 모든 칸에 대해 아직 놓여 있지 않은지 확인하고, 없으면 차례대로 놓아 가며 상대방 턴으로 바꿉니다. 이를 재귀적으로 처리하면 됩니다.

 승패가 결정되었는지는 어떻게 확인하죠?

 ○와 ×가 3칸 나란히 정렬되면 됩니다. 가로, 세로, 대각선 방향을 각각 확인해 봅시다.

 승패가 결정된 경우를 기록해 두면, 나중에 쉽게 마지막 결과 화면의 패턴 수도 알 수 있겠네요?

칸을 1차원 배열로 표현하고, 각각의 칸의 상태를 '0: 미배치', '1: ○', '-1: ×'로 둡니다. 일단 처음에는 모든 칸을 '0'으로 초기화하고, 칸이 비어 있는 경우에 계속해서 재귀적으로 처리하게 합니다. 동일한 모양이 나온 경우를 고려하여 메모화를 사용해 구현하면 다음과 같습니다.

**q59.py**

```python
# 승패가 결정되었는지 확인하기
def check(board, user):
  for i in range(0, 3):
    # 가로세로 방향 확인하기
    if ((board[i * 3] == user) and \
       (board[i * 3] == board[i * 3 + 1]) and \
       (board[i * 3] == board[i * 3 + 2])) or \
       ((board[i] == user) and \
       (board[i] == board[i + 3]) and \
       (board[i] == board[i + 6])):
      return True
  # 대각선 방향 확인하기
  if (board[4] == user) and \
    (((board[0] == board[4]) and (board[4] == board[8])) or \
    ((board[2] == board[4]) and (board[4] == board[6]))):
```

```
    return True
  return False

memo = {}
uniq = {}
# 차례대로 탐색하기
def search(board, user):
 key = str([board, user])
 if key in memo:
   return memo[key]
 if check(board, -user):
   uniq[str(board)] = True
   return 1
 cnt = 0
 for i in range(0, 9):
  if board[i] == 0:
   board[i] = user
   cnt += search(board, -user)
   board[i] = 0
 memo[key] = cnt
 return cnt

print(search([0] * 9, 1))
print(len(uniq))
```

## q59.js

```javascript
// 승패가 결정되었는지 확인하기
function check(board, user){
  for (var i = 0; i < 3; i++){
    // 가로세로 방향 확인하기
    if ((((board[i * 3] == user) &&
        (board[i * 3] == board[i * 3 + 1]) &&
        (board[i * 3] == board[i * 3 + 2])) ||
        ((board[i] == user) &&
        (board[i] == board[i + 3]) &&
        (board[i] == board[i + 6])))){
      return true;
    }
  }
  // 대각선 방향 확인하기
  if ((board[4] == user) &&
      (((board[0] == board[4]) && (board[4] == board[8])) ||
      ((board[2] == board[4]) && (board[4] == board[6])))){
    return true;
  }
  return false;
}
```

```
var memo = {};
var uniq = {};
// 차례대로 탐색하기
function search(board, user){
  if (memo[[board, user]]) return memo[[board, user]];
  if (check(board, -user)){
    uniq[board] = true;
    return 1;
  }
  var cnt = 0;
  for (var i = 0; i < 9; i++){
    if (board[i] == 0){
      board[i] = user;
      cnt += search(board, -user);
      board[i] = 0;
    }
  }
  return memo[[board, user]] = cnt;
}
board = new Array(9);
for (var i = 0; i < 9; i++) board[i] = 0;
console.log(search(board, 1));
console.log(Object.keys(uniq).length);
```

중간 경과를 생각하지 않은 마지막 결과 화면 패턴 수를 구하기 위해 연관 배열을 사용했네요?

연관 배열의 키를 칸의 배치로 두면, 같은 배치를 두 번 세는 일이 없게 된답니다.

최종적인 패턴 수를 구할 때도, 연관 배열에 저장되어 있는 데이터의 개수만 세니까 정말 편하네요!

정답

**중간 경과를 생각한 경우: 209,088가지**

**결과 화면의 패턴 수: 942가지**

제  장

---

**고급편**

복잡한 처리를
정확하게 구현하기

# 라이브러리 살펴보기

프로그래밍 언어에 따라서는 풍부한 라이브러리가 제공되는 경우가 있습니다. 예를 들어 파이썬에서 primesieve, sympy, gmpy2 등의 라이브러리를 사용하면, 소수를 쉽게 찾을 수 있습니다. 이를 사용하면 Q52에서 살펴보았던 문제 등을 쉽게 풀 수 있습니다.

또한, 자료 구조와 관련된 라이브러리도 알아 두면 편리합니다. 배열은 언어 대부분이 지원하지만, 연관 배열, 연결 리스트, 큐, 스택 등은 기본적으로 지원하지 않는 경우가 많습니다. 이러한 때도 별도의 라이브러리를 사용하면, 따로 만들지 않아도 쉽게 활용할 수 있습니다.

이러한 라이브러리를 알면 따로 만들지 않아도 되므로, 개발에 걸리는 시간을 크게 단축할 수 있습니다. 이는 실무에서도 마찬가지입니다. 알고 있으면 이를 활용하여 순식간에 구현할 수도 있습니다. 하지만 모르면 처음부터 개발한다고 오랜 시간이 걸릴 수도 있고, 적당한 라이브러리를 찾는다고 오랜 시간이 걸릴 수 있습니다.

단순하게 정렬 등을 공부할 때는 직접 구현해 보는 것이 좋습니다. 하지만 활용하려는 목적이라면, 이미 존재하는 라이브러리를 잘 선택해서 사용하는 것도 중요합니다. 물론, 기본 라이브러리가 충실한 언어를 선택할 수도 있습니다.

라이브러리를 활용해서 퍼즐 문제를 풀다 보면, 새로운 라이브러리를 만날 기회가 많습니다. 이러한 라이브러리들을 직접 활용해 보고 검토하면, 실무에도 큰 도움이 될 것입니다. 물론 반대로 실무에서 자주 쓰던 라이브러리를 사용해서 퍼즐을 푸는 경우도 있습니다.

최근에는 오픈 소스 라이브러리도 많습니다. 소스 코드를 직접 읽어 보면, 좋은 구현 방법이 어떠한 것인지에 대해서 생각해 볼 수 있는 계기가 될 수 있습니다.

QUIZ

# 60 | 번갈아 가며 줄 세우기

학교 체육 시간에는 키로 줄을 세우는 경우가 많습니다. 하지만 언제나 같은 순서가 되므로 조금 불공평합니다. 그래서 키에 따라 사람들을 번갈아서 줄 세우는 방법을 생각해 봅시다. 앞의 사람보다 큰 사람, 앞의 사람보다 작은 사람이 번갈아서 나오는 형태입니다.

예를 들어 다음과 같은 키의 4명이 있다고 합시다.

150cm, 160cm, 170cm, 180cm

이러한 4명이 키가 번갈아 나오게 줄 세운다면, 다음과 같은 10가지 방법을 생각할 수 있습니다.

150cm, 170cm, 160cm, 180cm
150cm, 180cm, 160cm, 170cm
160cm, 150cm, 180cm, 170cm
160cm, 170cm, 150cm, 180cm
160cm, 180cm, 150cm, 170cm
170cm, 150cm, 180cm, 160cm
170cm, 160cm, 180cm, 150cm
170cm, 180cm, 150cm, 160cm
180cm, 150cm, 170cm, 160cm
180cm, 160cm, 170cm, 150cm

제 **4** 장

노트편

★
★
★
★

문제

20명의 사람이 있을 때, 번갈아서 줄 세울 수 있는 패턴이 몇 가지 나오는지 구하시오. 참고로 이때 모든 사람의 키는 다르다고 가정합니다.

어디까지나 정렬 순서만 고려하는 것이므로, 키의 값이 몇인지는 중요하지 않답니다.

순서를 거꾸로 셀 수도 있으니까, 조합이 아니라 순열로 생각해야 할 것 같네요.

생각하는 방법

모든 사람의 키가 다르므로 각각의 키를 사용할 필요 없이, $n$명의 키를 그냥 1~$n$이라는 숫자로 나타내도 됩니다. 따라서 1~$n$의 숫자를 어떻게 정렬할 수 있을지 생각해 봅시다.

이러한 정렬 순서는 **교대 순열(Alternating permutation)**이라고도 부릅니다. 교대로 정렬해야 하므로, 1~$n-1$까지의 수가 정렬된 상태에서 $n$을 넣는다고 생각해 봅시다.

$n$을 배치하는 위치를 왼쪽부터 $i$번째라고 하면, $n$의 왼쪽에는 $i-1$개의 숫자가, $n$의 오른쪽에는 $n-i$개의 숫자가 있을 것입니다. 또한, $n$을 배치한 위치보다 왼쪽에 배치할 숫자들을 결정하면, 오른쪽에 남는 숫자들도 자동으로 결정됩니다. 왼쪽에 배치할 숫자의 선택 방법은 $n-1$개의 수에서 $i-1$개를 선택하는 조합으로 구할 수 있습니다.

조합과 관련된 내용이 정말 많이 나오네요.

이번 문제는 $n-1$개에서 $i-1$개를 선택하므로, $_{n-1}C_{i-1}$로 표현할 수 있답니다.

이어서 삽입할 위치의 왼쪽 오른쪽 정렬 순서도 생각해 봅시다. 삽입할 $n$은 다른 값보다 크므로, 왼쪽은 $i-1$번째의 수가 $i$번째 수보다 작은 값일 것입니다. 오른쪽도 마찬가지로, $n-i$개 중에서 가장 앞에 있는 숫자는 다음과 있는 형태가 될 것입니다([그림 1]).

[그림 1] 왼쪽 오른쪽에 배치되는 형태

$n$개의 수가 번갈아 가면서 나오는 패턴 수를 tall($n$)이라고 하면, $n$이 1보다 클 때, 다음과 같은 재귀 함수로 정의할 수 있습니다. 식을 보면 가장 앞에 1/2이 있습니다. 이는 최종적으로 올라가는 형태와 내려가는 형태 중에서, 내려가는 형태만 필요하기 때문입니다.

$$\text{tall}(n) = \frac{1}{2}\sum_{i=1}^{n}\left[\text{tall}(i-1) \times {}_{n-1}C_{i-1} \times \text{tall}(n-i)\right]$$

이를 구현하면, 다음과 같습니다.

**q60_1.py**

```python
N = 20

# n개에서 r개를 선택하는 조합 수 구하기
memo = {}
def nCr(n, r):
  note = str([n, r])
  if note in memo:
    return memo[note]
  if (r == 0) or (r == n):
    return 1
  memo[note] = nCr(n - 1, r - 1) + nCr(n - 1, r)
  return memo[note]

memo_tall = {}
def tall(n):
  if n <= 2:
    return 1
  if n in memo_tall:
    return memo_tall[n]
  result = 0
  for i in range(1, n + 1):
```

```
    result += tall(i - 1) * nCr(n - 1, i - 1) * tall(n - i)
  output = result // 2
  memo_tall[n] = output
  return output

if N == 1:
  print("1")
else:
  print(2 * tall(N))
```

## q60_1.js

```javascript
N = 20;

// n개에서 r개를 선택하는 조합 수 구하기
var memo = {};
function nCr(n, r){
  if (memo[[n, r]]) return memo[[n, r]];
  if ((r == 0) || (r == n)) return 1;
  return memo[[n, r]] = nCr(n - 1, r - 1) + nCr(n - 1, r);
}

var memo_tall = {};
function tall(n){
  if (n <= 2) return 1;
  if (memo_tall[n]) return memo_tall[n];
  var result = 0;
  for (var i = 1; i <= n; i++){
    result += tall(i - 1) * nCr(n - 1, i - 1) * tall(n - i);
  }
  return memo_tall[n] = result / 2;
}
if (N == 1){
  console.log("1");
} else {
  console.log(2 * tall(N));
}
```

n이 1이 아닐 때 2배 하는 이유는 무엇인가요?

n이 다른 숫자보다 작은 경우, 올라가고 내려가는 것이 반대로 되는 패턴도 필요하기 때문이랍니다.

다른 방법으로 문제를 풀 수는 없을까요?

영문판 Wikipedia에서 'Alternating permutation'을 찾아보면, 'Entringer number'와 'Euler zigzag number'라는 기법이 나옵니다. 이는 다음과 같은 식으로 표현됩니다.

$$E(0, 0) = 1$$
$$E(n, 0) = 0 \ (n > 0)$$
$$E(n, k) = E(n, k-1) + E(n-1, n-k)$$

$N$번째 zigzag number를 구하려면, $E(n, n)$을 구해야 합니다. 이를 그림으로 나타내면 [그림 2]와 같습니다. 그리고 이는 구하고자 하는 수의 절반에 해당하므로, 2배 해줘야 합니다.

이를 반복문으로 구현해 보면, 다음과 같습니다.

```
1
0   1
0   1   1
0   1   2   2
0   2   4   5   5
0   5   10   14   16   16
0   ...
```

[그림 2] $E(n, n)$ 구하기

**q60_2.py**

```python
N = 20

z = [0] * (N + 1)
for i in range(0, N + 1):
  z[i] = [0] * (i + 1)
z[0][0] = 1
for n in range(1, N + 1):
  for k in range(1, n + 1):
    z[n][k] = z[n][k - 1] + z[n - 1][n - k]
print(2 * z[N][N])
```

**q60_2.js**

```javascript
N = 20;

var z = new Array(N + 1);
for(var i = 0; i <= N; i++)
  z[i] = new Array(i + 1).fill(0);
z[0][0] = 1;
for (var n = 1; n <= N; n++)
```

```
for (var k = 1; k <= n; k++)
  z[n][k] = z[n][k - 1] + z[n - 1][n - k];
console.log(2 * z[N][N]);
```

**740,742,376,475,050가지**

선생님의 한 마 디

## 주변에서 자주 볼 수 있는 '엇갈림'

이번 문제에서는 무언가 '엇갈림'이라는 내용을 살펴보았습니다. 이러한 엇갈림은 우리 주변의 수많은 곳에서 살펴볼 수 있답니다.

예를 들어 티슈(상자 안에 들어 있는 휴지)를 생각해 봅시다. 상자에 들어 있는 티슈는 번갈아 가면서 엇갈려 쌓여 있습니다. 티슈를 이렇게 엇갈려 배치하는 이유는 위에서 한 장씩 뽑을 때 마찰을 활용하기 위해서입니다. 만약 이렇게 엇갈려 가면서 배치하지 않는다면, 티슈를 꺼내는 작업이 상당히 귀찮아집니다.

이외에도 좌석을 번갈아 가면서 배치해서, 반대편의 사람과 눈이 마주치지 않게 하는 예도 있습니다. 예를 들어 비행기의 비즈니스 클래스 등에 있는 '스태거드 좌석(staggered seat)'이 그렇습니다. 조금씩 좌석을 엇갈려 배치해서 다리를 쭉 펴고 앉을 수 있는 공간을 확보하는 것은 물론이고, 어느 정도 개인 공간이라는 느낌을 내는 방법이라고 할 수 있습니다.

프로그래머가 항상 사용하는 키보드에도 '엇갈림'이라는 요소가 숨어 있습니다. 많은 사람이 사용하는 QWERTY 배열의 키보드는 각각의 줄이 엇갈려서 배치되어 있습니다. 그냥 격자에 딱딱 맞춰 배치할 수도 있겠지만, 이렇게 엇갈려서 배치하는 것이 사용하기 더 쉽기 때문입니다.

물론 처음 키보드를 사용할 때는 이러한 엇갈림이 어렵게 느껴질 수 있습니다. 그래서 휴대전화에 들어 있는 천지인 키보드 등은 모두 엇갈림 없이 놓여 있는 것입니다.

프로그래머는 정렬 문제 등을 풀면서, 무의식적으로 이를 생각하게 됩니다. 하지만 '엇갈림'이라는 요소를 따로 의식하면서 세상을 살펴보면 나름 재미있을 것입니다.

QUIZ

# 61 고장 난 집게 건조대

집안일 중에서도 싫어하는 사람이 많은 세탁, 그중에서 세탁기에 넣는 것까지는 간단해도 말리는 것은 매우 귀찮습니다. 특히, 집이 좁으면 집게 건조대(행거) 등을 사용해야 하는데, 아무 생각 없이 집게에 꽂아 사용하면 뒤죽박죽 복잡해집니다.

이번 문제에서는 직사각형 모양의 집게 행거를 생각해 봅시다. 이웃한 2개의 빨래집게를 '하나의 쌍'으로 사용하며, 일부 쌍은 (고장 나서) 사용할 수 없게 되었다고 합시다. 이때 집게 행거에서 위 아래 왼쪽 오른쪽에 이웃한 2개의 빨래집게를 사용해서, 세탁물을 걸어 말립니다.

예를 들어 세로로 3개, 가로로 4개가 배치된 집게 행거가 있을 때, [그림 3]처럼 하나의 쌍을 사용할 수 없을 경우, 남은 빨래집게를 모두 사용해서 배치하는 방법은 오른쪽의 그림처럼 한 가지밖에 없습니다.

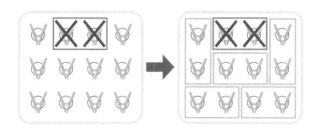

[그림 3] 세로로 3개, 가로로 4개 배치된 집게 행거

마찬가지로 세로로 4개, 가로로 5개가 배치된 집게 행거가 있을 때는 [그림 4]처럼 2개를 사용할 수 없다고 할 때, 남은 빨래집게를 모두 사용해 배치하는 방법은 오른쪽 그림과 같은 하나입니다. 다만, 한 쌍만 사용할 수 없는 경우에는 더 많은 패턴이 나올 수 있습니다.

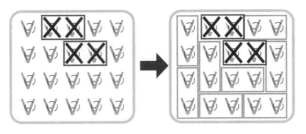

[그림 4] 세로로 4개, 가로로 5개 배치된 집게 행거

세로로 7개, 가로로 10개가 배치된 집게 행거가 있을 때, 최소 몇 쌍을 사용할 수 없어야 남은 빨래집게를 모두 사용하는 배치 방법이 1개가 되는지 구하시오.

생각하는 방법

'직사각형 내부에서 특정 위치를 사용하지 않고 도미노(1×2칸의 직사각형)를 배치하는 패턴 수를 구하는 문제'로 생각하면, 가장 간단한 것은 왼쪽 위부터 차례대로 채우는 것이라고 할 수 있습니다. 다만, 전체 탐색은 크기가 커지면 어려우므로, 메모화와 동적 계획법을 잘 사용해야 합니다.

이번 문제는 배치 방법의 패턴 수를 구하는 것이 아니라, 한 가지로 결정되는 경우만 생각하면 됩니다. 따라서 무조건 1가지로 결정되는지 여부를 확인하고, 앞에서 설명한 방법으로 패턴 수를 구하여 1가지로 결정되는 순간 탐색을 종료하게 만들겠습니다.

이번 문제는 배치 방법의 패턴 수를 구하는 것이 아니라, 패턴이 한 가지로 결정되는 경우만 생각하면 됩니다. 따라서 일단 앞선 방법으로 패턴 수를 구해 가면서 한 가지가 나오는 순간, 탐색을 종료하는 방법을 사용합니다.

그런데 일단 어떤 부분에 고장 난 빨래집게가 있는지 결정해야 하는 것 아닐까?

그렇겠네. 고장 난 빨래집게를 하나씩 늘리면서 배치를 결정해 보자!

결정된 배치로 몇 가지 패턴이 나오는지 차근차근 확인해 보세요.

고장 난 빨래집게 배치는 세로 방향으로 두는 방법과 가로 방향으로 두는 방법 두 가지가 있을 수 있습니다. 이를 생각하면서 재귀적으로 차근차근 배치합니다. 지정된 수만큼 배치되었다면, 몇 가지 배치 방법이 나올 수 있는지 확인합니다. 이것도 마찬가지로 비어 있는 위치를 기반으로 재귀 처리로 몇 가지가 나오는지 확인할 수 있을 것입니다.

여기에서는 집게 행거 배치를 1차원 배열로 표현할 뿐만 아니라, 각각의 위치를 사용하는 빨래집게의 배치 방법이 몇 가지 있는지도 1차원 배열로 나타내고 있습니다.

1차원 배열을 사용하면, 배열 복사도 정말 쉽겠네요?

그렇습니다. 다차원 배열을 사용하면 배열의 내용을 하나씩 복사해서 깊은 복사를 해야 하므로 주의하기 바랍니다.

배치할 수 없는 경우는 남은 빨래집게의 수를 반환해서, 한 가지로 결정되지 않는다는 것을 표현하겠습니다. 위 아래 왼쪽 오른쪽을 확인해야 하므로 소스 코드가 조금 길지만, 처리 내용은 간단합니다.

**q61.py**

```python
W, H = 10, 7
pins = [0] * (W * H)

# 고장 난 빨래집게를 배치한 상태로, 몇 가지 방법이 나오는지 확인하기
def check(temp):
  connect = [0] * (W * H)
  remain, single = 0, 0
  for i in range(0, W * H):
    if temp[i] == 0:
      # 배치되어 있지 않은 경우, 위 아래 왼쪽 오른쪽이 비어 있는지 확인하기
```

```python
        if (i % W != 0) and (temp[i - 1] == 0):
          connect[i] += 1
        if (i % W != W - 1) and (temp[i + 1] == 0):
          connect[i] += 1
        if (i // W != 0) and (temp[i - W] == 0):
          connect[i] += 1
        if (i // W != H - 1) and (temp[i + W] == 0):
          connect[i] += 1
        remain += 1 # 배치되어 있지 않은 빨래집게 수 세기
        if connect[i] == 1: # 1가지로 결정된 위치의 수
          single += 1
  if single > 0:
    for i in range(0, W * H):
      if (connect[i] == 1) and (temp[i] == 0):
        # 1가지로 결정된 경우, 사용하기
        temp[i] = 1
        if (i % W != 0) and (temp[i - 1] == 0):
          temp[i - 1] = 1
        elif (i % W != W - 1) and (temp[i + 1] == 0):
          temp[i + 1] = 1
        elif (i // W != 0) and (temp[i - W] == 0):
          temp[i - W] = 1
        elif (i // W != H - 1) and (temp[i + W] == 0):
          temp[i + W] = 1
        else:
          return 1 # 배치할 수 없음
    return check(temp)
  else:
    return remain

# 고장 난 빨래집게를 재귀적으로 배치하기
# pos: 배치할 위치
# depth: 배치할 수
def search(pos, depth):
  global done
  if depth == 0: # 배치 종료
    if check(pins.copy()) == 0:
      # 1가지로 결정된 때는 출력하고 종료하기
      print(broken)
      done = True
    return
  if pos == W * H: # 탐색 종료
    return
  if pins[pos] == 0: # 배치하지 않은 경우
    if (pos % W < W - 1) and (pins[pos + 1] == 0): # 가로로 배치
      pins[pos], pins[pos + 1] = 1, 1
      search(pos, depth - 1)
      pins[pos], pins[pos + 1] = 0, 0
```

```python
    if done:
      return
  if (pos // W < H - 1) and (pins[pos + W] == 0): # 세로로 배치
    pins[pos], pins[pos + W] = 1, 1
    search(pos, depth - 1)
    pins[pos], pins[pos + W] = 0, 0
  if done:
    return
  return search(pos + 1, depth) # 다음 탐색 진행하기


# 고장 난 수를 늘리면서 탐색하기
done = False
for i in range(0, W * H // 2):
  broken = i
  search(0, broken)
  if done:
    break
```

## q61.js

```javascript
W = 10;
H = 7;

var pins = new Array(W * H);
for (var i = 0; i < W * H; i++)
  pins[i] = 0;

// 고장 난 빨래집게를 배치한 상태로, 몇 가지 방법이 나오는지 확인하기
function check(temp){
  var connect = new Array(W * H);
  for (var i = 0; i < W * H; i++)
    connect[i] = 0;
  var remain = 0, single = 0;
  for (var i = 0; i < W * H; i++){
    if (temp[i] == 0){
      // 배치되어 있지 않은 경우, 위 아래 왼쪽 오른쪽이 비어 있는지 확인하기
      if ((i % W != 0) && (temp[i - 1] == 0)) connect[i]++;
      if ((i % W != W - 1) && (temp[i + 1] == 0)) connect[i]++;
      if ((i / W != 0) && (temp[i - W] == 0)) connect[i]++;
      if ((i / W != H - 1) && (temp[i + W] == 0)) connect[i]++;
      remain++; // 배치되어 있지 않은 빨래집게 수 세기
      if (connect[i] == 1) single++; // 1가지로 결정된 위치의 수
    }
  }
  if (single > 0){
    for (var i = 0; i < W * H; i++){
      if ((connect[i] == 1) && (temp[i] == 0)){
        // 1가지로 결정된 경우, 사용하기
```

```
      temp[i] = 1;
      if ((i % W != 0) && (temp[i - 1] == 0)){
        temp[i - 1] = 1;
      } else if ((i % W != W - 1) && (temp[i + 1] == 0)){
        temp[i + 1] = 1;
      } else if ((i / W != 0) && (temp[i - W] == 0)){
        temp[i - W] = 1;
      } else if ((i / W != H - 1) && (temp[i + W] == 0)){
        temp[i + W] = 1;
      } else {
        return 1; // 배치할 수 없음
      }
    }
  }
  return check(temp);
  } else {
    return remain;
  }
}

// 고장 난 빨래집게를 재귀적으로 배치하기
// pos: 배치할 위치
// depth: 배치할 수
function search(pos, depth){
  if (depth == 0){ // 배치 종료
    if (check(pins.concat()) == 0){
      // 1가지로 결정된 때는 출력하고 종료하기
      console.log(broken);
      done = true;
    }
    return;
  }
  if (pos == W * H) return; // 탐색 종료
  if (pins[pos] == 0){ // 배치하지 않은 경우
    if ((pos % W < W - 1) && (pins[pos + 1] == 0)){ // 가로로 배치
      [pins[pos], pins[pos + 1]] = [1, 1];
      search(pos, depth - 1);
      [pins[pos], pins[pos + 1]] = [0, 0];
    }
    if (done) return;
    if ((pos / W < H - 1) && (pins[pos + W] == 0)){ // 세로로 배치
      [pins[pos], pins[pos + W]] = [1, 1];
      search(pos, depth - 1);
      [pins[pos], pins[pos + W]] = [0, 0];
    }
  }
  if (done) return;
  search(pos + 1, depth); // 다음 탐색 진행하기
```

```
}

// 고장 난 수를 늘리면서 탐색하기
var broken = 0;
var done = false;
for (var i = 0; i < W * H / 2; i++){
  broken = i;
  search(0, broken);
  if (done) break;
}
```

이렇게 긴 소스 코드는 한 번에 모두 이해하려고 하지 말고, 쉽게 이해할 수 있는 처리부터 차근차근 살펴보는 게 좋겠네요.

Point

이번 예제 정도의 크기가 되면, 앞에서처럼 파이썬과 자바스크립트 등을 사용해서 실행하는 경우 시간이 꽤 걸립니다. C 언어 또는 Java처럼 컴파일 형식의 언어를 사용하면, 처리 시간을 단축할 수 있습니다.

빠른 처리할 때는 컴파일 형식의 언어를 사용하면 좋습니다. 삐리리

정답

**4쌍**

QUIZ

# 62 | 영원히 이어지는 당구

모두가 좋아하는 당구, 이번 문제에서는 당구공을 쿠션에 대해 딱 45도 각도로 친다고 합시다. 공이 나아가는 힘이 충분히 강한 경우, 공이 벽에 맞았을 때 반사될 것이며, 같은 위치를 반복해서 움직일 것입니다. 테이블에 포켓은 없다고 합시다.* 참고로 포켓이 없는 당구를 캐롬 당구(Carom billiard)라고 부릅니다.

역주 포켓은 당구 테이블 모서리나 변 위에 있는 구멍을 의미합니다.

간단하게 생각해서 가로로 $m$개, 세로로 $n$개의 칸이 있다고 합시다. 이때 임의의 격자점에서 시작해서, 통과한 칸의 수를 셉니다. 쿠션 모서리에 맞을 경우*, 왔던 방향으로 돌아갑니다. 또한, 같은 칸을 통과할 경우, 처음 진행 방향과 역방향 모두 1개로 계산합니다.

역주 쿠션 모서리에 맞는다는 것은 테이블의 모서리에 맞는다는 것을 의미합니다.

예를 들어 $m=4$, $n=2$일 때, [그림 5]의 왼쪽 그림처럼 친다면 모두 4칸을 통과합니다. 하지만 오른쪽 그림처럼 친다면 8칸을 통과할 것입니다.

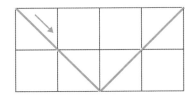 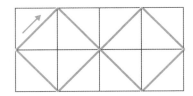

[그림 5] $m=4$, $n=2$일 때

또한, $m=4$, $n=3$일 때는 어떤 위치에서 치더라도 12칸을 통과합니다 ([그림 6]).

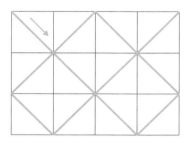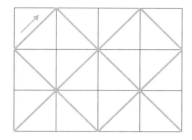

[그림 6] $m=4$, $n=3$일 때

문제

$m=60$, $n=60$일 때, 통과한 칸의 수가 최소가 되는 경로와 최대가 되는 경로를 구하고, 그때 통과한 칸의 수를 구하시오.

생각하는 방법

공이 같은 위치를 반복해서 움직이므로, 경로 중간에 멈추는 경우는 따로 생각하지 않아도 괜찮습니다. 벽과 벽 사이를 왕복하므로, 공의 이동 거리는 마주 보는 거리의 배수가 된다는 것을 알 수 있습니다.

또한, 반드시 45도 각도로 움직이므로, 세로 방향뿐만 아니라 가로 방향으로도 마찬가지입니다. 따라서 이동 거리는 $m$의 배수이면서, $n$의 배수가 됩니다. 결국, 최솟값은 $m$과 $n$의 최소공배수가 될 것입니다.

 벽과 벽까지의 이동 거리이므로, 가로 방향과 세로 방향 모두 반드시 칸의 수만큼 이동해야 하는 것이군요?

 그러니까 이러한 최소공배수로 이동하게 되는 경로가 있다는 말이겠네요?

 $m=n$일 때는 간단합니다. 어떤 모서리에서 시작하면 대각선으로 이동해서 돌아오므로, 통과하는 칸의 최소 수는 간단히 $m$입니다. 이 자체가 최소공배수니까요.

문제는 $m \neq n$일 때입니다. 몇 가지를 실제로 그려보면, $m$과 $n$의 관계에 따라서 규칙성을 찾을 수 있습니다. 예를 들어 앞선 예에 있던 $m=4$, $n=3$

처럼 $m$과 $n$이 **서로소**일 경우, 어떤 격자점에서 출발해도 4개의 모서리 중 어딘가 2개에서 반사되며 모든 칸을 통과하게 됩니다. 따라서 최대와 최소 모두 $m \times n$칸으로 구할 수 있습니다.

하지만 서로소가 아닐 경우는 어떨까요? 앞선 예에 있는 $m=4$, $n=2$의 경우를 살펴봅시다. [그림 5]의 왼쪽 그림처럼 어떤 모서리에서 출발하면 다른 모서리에 맞고 돌아오는 것을 반복합니다. 이때 통과하는 칸의 수는 $m$과 $n$의 최소공배수이므로 이때가 최소입니다.

서로소가 무엇인가요?

Q15에서 등장했던 것처럼 두 정수의 최대공약수가 1개, 따라서 1 이외에 공통 약수가 없는 경우를 나타내.

실제로 그림을 그려보면서 차근차근 이해해 보세요.

이어서 최댓값을 생각해 봅시다. 최댓값도 $m=n$일 때 최대가 되는 경우는 모서리 이외의 부분에서 출발했을 경우입니다. 이때 통과한 칸의 수는 $2 \times m$입니다. 또한, $m$과 $n$이 서로소일 때는 앞에서 언급한 것처럼 $m \times n$칸입니다.

$m$과 $n$이 서로소가 아닐 경우, 모서리 이외 부분에서 출발하면 모서리를 통과하지 않고 돌게 됩니다. 이때 최단 경로를 평행 이동한 것을 또 이동한다고 생각하면, 그 경로의 길이는 $m$과 $n$의 최소공배수의 2배가 됩니다.

따라서 $m$과 $n$의 최소공배수를 $\text{LCM}(m, n)$이라고 하면, [표 1]처럼 정리할 수 있습니다.

[표 1] 조건별로 최소와 최대 구하기

| 조건 | 최소 | 최대 |
| --- | --- | --- |
| $m=n$ | $m$ | $2 \times m$ |
| $m$과 $n$이 서로소일 때 | $m \times n$ | $m \times n$ |
| $m$과 $n$이 서로소가 아닐 때 | $\text{LCM}(m, n)$ | $2 \times \text{LCM}(m, n)$ |

이를 구현하면 다음과 같이 작성할 수 있습니다.

**q62.py**

```python
from fractions import gcd
def lcm(a, b):
  return (a * b) / gcd(a, b)

M, N = 60, 60
if M == N:
  min_value, max_value = M, 2 * M
elif gcd(M, N) == 1:
  min_value, max_value = M * N, M * N
else:
  min_value, max_value = lcm(M, N), 2 * lcm(M, N)

print(min_value)
print(max_value)
```

**q62.js**

```javascript
M = 60;
N = 60;

// 최대공약수를 재귀적으로 구하기
function gcd(a, b){
  if (b == 0) return a;
  return gcd(b, a % b);
}

// 최소공배수 구하기
function lcm(a, b){
  return a * b / gcd(a, b);
}

var min, max;
if (M == N){
  [min, max] = [M, 2 * M];
} else if (gcd(M, N) == 1){
  [min, max] = [M * N, M * N];
} else {
  [min, max] = [lcm(M, N), 2 * lcm(M, N)];
}

console.log(min);
console.log(max);
```

파이썬에서는 최대공약수와 최소공배수를 구하는 처리를 쉽게 할 수 있네요?

 자바스크립트로 최대공약수를 구하는 처리에는 '유클리드 호제법'을 사용했군요.

 최소공배수는 $A \times B = GCD(A, B) \times LCM(A, B)$이라는 특징을 사용하여 구했답니다.

**Point**

참고로 표를 자세히 살펴보면, 최소는 모두 LCM($m, n$)으로 구할 수 있다는 것을 알 수 있습니다($m = n$일 때 최소공배수는 $m$과 같으며, $m$과 $n$이 서로소일 때 최소공배수는 $m \times n$이 되므로).

또한, 최대는 $m = n$일 때도 $2 \times$ LCM($m, n$)으로 표현할 수 있습니다. 이처럼 정리하면, 더욱 쉽게 구현할 수 있습니다.

정답

**최소: 60, 최대: 120**

QUIZ

# 63 최단 거리로 왕복하는 방법

격자 형태의 도로가 있다고 할 때, 왼쪽 아래의 A 지점에서 오른쪽 위의 B 지점까지 최단 경로로 이동하고, 다시 B 지점에서 A 지점까지 최단 거리로 돌아오는 것을 반복합니다. 이때 한 번 지난 경로와는 다른 경로를 지나려고 합니다.

모든 패턴을 통과했을 때, 최종적으로 A에서 끝나는 길을 생각해 봅시다. 예를 들어 A에서 B까지 이동 거리가 5인 것은 [그림 7]의 4가지 경우입니다. 그중 최종적으로 A에서 끝날 수 있는 것은 중앙의 2가지입니다(양쪽 끝에 있는 것은 왼쪽 끝의 경우처럼 B에서 끝납니다).

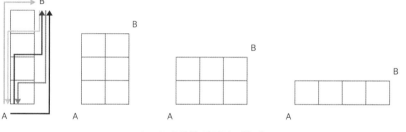

[그림 7] 이동 거리가 5일 때

**문제**

A에서 B까지의 이동 거리가 98303일 때, 최종적으로 A에서 끝나는 경우 중에서 가로 폭이 최소일 때에 해당하는 가로 폭을 구하시오.
앞선 예와 같이 A에서 B까지의 이동 거리가 5일 때는 그림의 왼쪽에서 2번째에 있는 형태가 가로 폭이 최소인 경우입니다. 따라서 이때의 가로 폭은 '2'가 됩니다.

참고로 이 문제는 2015년 동경대학교 입시 문제를 기반으로 만든 것입니다. 당시 문제는 "$m$을 2015 이하 양의 정수라고 할 때, $_{2015}C_m$이 짝수가 되는 $m$을 구하시오."라는 간단한 문제였답니다.

그렇다는 것은 프로그래밍 없이도 풀 수 있는 문제라는 거네요?

생각하는 방법

문제처럼 격자 형태의 길을 최단 거리로 왕복하고 모든 패턴을 거친 뒤 최종적으로 A 지점으로 돌아오려면, 최단 거리의 패턴 수가 짝수여야 합니다. 이때, 최단 경로의 패턴 수를 생각해 봅시다. 이러한 패턴 수는 A에서 B까지의 이동 거리를 $m$, 가로 방향으로 이동하는 횟수를 $n$이라고 할 때, $_mC_n$으로 구할 수 있습니다.

따라서 A부터 B까지의 이동 거리가 최종적으로 A 지점에서 끝나는 형태 중에서 가로 폭이 최소가 되는 것은 $_{98303}C_n$이 짝수인 최소의 $n$을 구하는 것과 같습니다.

하지만 짝수가 되는지는 어떻게 판단할 수 있을까?

모두 확인해 보는 것도 한 가지 방법이랍니다.

조합을 구할 때 사용하는 $_mC_n$의 값이 $_mC_{m-n}$과 같다는 것은 잘 알려진 사실입니다.* 파스칼의 삼각형에 자주 등장하는 것처럼 이항 계수(binomial coefficient)로도 알려진 좌우 대칭 형태입니다. 따라서 딱 $n$의 반만큼만 확인하면, 이후의 것들은 따로 확인할 필요가 없습니다.

역주 예를 들어 $_3C_2 = {_3C_1}$이라는 의미입니다. 3개 중에서 2개를 고르는 경우와 3개 중에서 2개를 뺀 나머지 1개를 고르는 경우의 수는 같습니다.

조합의 수를 구하는 처리에서 $n$의 값을 차례대로 변경하면서, 최소가 되는 것을 찾게 프로그램을 작성하면 다음과 같이 구현할 수 있습니다. $n$이 매우 크므로 조합을 구할 때 재귀가 아니라 반복을 사용했습니다.

**q63_1.py**

```python
N = 98303

def nCr(n, r):
  result = 1
  for i in range(1, r + 1):
    result = result * (n - i + 1) / i
  return result

width = ""
for i in range(1, (N // 2) + 1):
  if nCr(N, i) % 2 == 0:
    width = i
    break

print(width)
```

**q63_1.js**

```javascript
N = 98303;
function nCr(n, r){
  var result = 1;
  for (var i = 1; i <= r; i++)
    result = result * (n - i + 1) / i;
  return result;
}
var width = "";
for (var i = 1; i <= N / 2; i++){
  if (nCr(N, i) % 2 == 0){
    width = i;
    break;
  }
}
console.log(width);
```

가로 폭을 늘리면서, 짝수가 되는 것을 찾기만 하면 되네요!

제대로 작성한 것 같지만, 실제로 코드를 실행하면 답이 구해지지 않아요.

숫자가 너무 커서 프로그래밍 언어가 내부적으로 제대로 처리하지 못하기 때문이에요.

사실 이번 코드에서 필요한 것은 홀수인지 짝수인지 하는 정보뿐입니다. $_mC_n$이 짝수가 되는 최솟값을 찾는다고 생각해 봅시다. $m$이 짝수라면 $_mC_1$은 짝수가 되므로, $n=1$이 됩니다.

반면 $m$이 홀수라면, $_mC_{n-1}$이 홀수이고 $_mC_n$이 짝수가 되는 것을 생각해 볼 수 있습니다. 제0장에서 언급했던 것처럼 $_mC_n = {_mC_{n-1}} \times (m-n+1)/n$입니다. 따라서 $_mC_n$이 처음으로 짝수가 될 때, $_mC_{n-1}$은 홀수이므로 $(m-n+1)/n$이 짝수여야 합니다. 또한, $m$이 홀수일 때 $(m-n+1)/n$이 짝수가 되려면 $n$이 반드시 짝수여야 합니다.

이를 기반으로 $n=2b$로 두면, $_mC_n$은 $_mC_{2b}$가 되므로, 다음과 같은 식에서 분모와 분자에 등장하는 피연산자의 개수가 짝수가 됩니다.*

> **역주** 예를 들어 $n$을 4라고 하면, $4=2b$이므로, $b$는 2가 됩니다. 분모에 이를 적용시켜보면 $4 \times 3 \times 2 \times 1$이 되므로, 분모에 등장하는 피연산자의 개수가 짝수가 됩니다. 분자도 직접 해 보기 바랍니다.

$$\frac{m \times (m-1) \times \cdots \times (m-2b+1)}{2b \times (2b-1) \times \cdots \times 1}$$

홀수에 홀수를 곱하면 어차피 홀수, 짝수에 홀수를 곱하면 어차피 짝수입니다. 따라서 홀수를 곱하는 것은 홀수 짝수에 영향을 주지 않습니다. 따라서 홀수 부분을 제거하고, 짝수 부분만 생각해 봅시다.

$$\frac{(m-1) \times (m-3) \times \cdots \times (m-2b+1)}{2b \times (2b-2) \times \cdots \times 2}$$

여기에서 $m-1=2a$라고 두고 정리하면, 다음과 같은 식이 됩니다.

$$\frac{a \times (a-1) \times \cdots \times (a-b+1)}{b \times (b-1) \times \cdots \times 1}$$

따라서 $_mC_n$은 $_aC_b$와 홀수 짝수가 같게 됩니다. 이를 반복해서 $a$가 처음 짝수가 되는 경우를 확인하면, $n$의 값을 구할 수 있습니다. 따라서 $m-1$을 2로 나누는 것을 반복할 때 처음 짝수가 될 때까지의 횟수를 $k$라고 하면, $2^k$이 답이 됩니다.

이 횟수는 $m$을 2진수로 표현할 때의 오른쪽 끝의 '0' 위치와 같다고 할 수 있습니다. 이를 프로그램으로 구현하면, 다음과 같이 작성할 수 있습니다.

**│ q63_2.py**

```
N = 98303

m = list(reversed(str(bin(N).replace("0b", "")))).index("0")
print(2 ** m if m else "")
```

**│ q63_2.js**

```
N = 98303;

m = N.toString(2).split("").reverse().join("").indexOf("0");
console.log((m)? Math.pow(2, m) : "");
```

> 정답

**32,768**

# 64 | *n*-Queen으로 반전하기

'8 - Queen 문제'는 알고리즘을 공부할 때 한 번 정도는 보았을 문제일 것입니다. 8 × 8칸의 체스판 위에 8개의 퀸을 가로, 세로, 대각선 방향으로 중첩되지 않게 배치하는 문제입니다. 이를 일반화해서 $n × n$칸의 체스판에 $n$개의 퀸을 배치하는 것을 $n$ - Queen 문제라고 부릅니다.

이번에는 이 문제를 활용해 보겠습니다. 오셀로 게임처럼 한쪽은 흰색, 한쪽은 검은색을 가진 돌을 $n × n$칸의 격자 위에 하나씩 배치한다고 합시다. 처음에는 모든 돌을 흰색이 위로 향하게 놓습니다.

$n$ - Queen을 만족하는 퀸의 배치에 있는 돌을 반전하는 것을 반복해서, 모든 칸의 돌을 반전시킬 수 있을지(모든 돌이 검은색 면이 되게) 생각해 봅시다.

예를 들어 $n = 4$일 때는, $n$ - Queen을 만족하는 배치가 [그림 8]처럼 2가지입니다. 이는 몇 번 반복해도 모든 돌을 검은색으로 바꿔 놓을 수 없습니다.

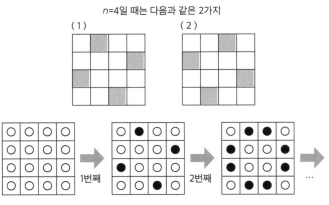

[그림 8] $n = 4$일 때

$n=5$일 때는 [그림 9]와 같은 패턴이 10가지 나옵니다. 그리고 이를 반복하면, 모든 돌을 반전시킬 수 있습니다.

n = 5일 때, 그림과 같은 패턴 10가지

[그림 9] $n=5$일 때

> 문제

$n=7$일 때 최소 횟수로 모든 돌을 반전시키려면, 몇 번 반복해야 하는지 구하시오.

> 생각하는 방법

$n-$Queen 문제는 $n$이 커졌을 때, 답을 빠르게 구하는 방법을 주로 고민하는 문제입니다. 하지만 이번 문제에서는 그 정도로 $n$이 큰 상황을 가정하지 않아도 괜찮습니다.

따라서 $n-$Queen 배치를 반복하는 것은 간단한 방법으로 구현합니다. 잘 알려진 방법으로, 각 행의 칸 배치를 비트열로 표현한 뒤, 세로 방향과 대각선 방향의 중첩을 비트 연산으로 표현하는 방법이 있습니다.

퀸의 공격 범위는 각 위치에서 왼쪽 아래, 바로 아래, 오른쪽 아래 방향을 비트로 표현해서 나타냅니다. 각각의 행을 확인할 때는 왼쪽 아래의 비트는 1비트 왼쪽으로 시프트, 바로 아래는 그대로, 오른쪽 아래는 1비트 오른쪽으로 시프트하면서 다른 퀸이 공격 범위에 들어가는지 확인합니다. 이를 반복하면 최종적으로 비트가 1로 표현된 곳은 말을 둘 수 없는 칸이 됩니다.

각 행에서 배치 위치는 1개밖에 없으므로, 비트 플래그가 변경되는 것은 딱 하나뿐이겠네요?

모든 행을 표현하려면, 배열을 사용해서 비트열을 감싸야 하겠군요.

그렇게까지 했다면, 이제 반전 순서를 생각해 봅시다.

최소 횟수로 반전할 수 있는 것을 탐색하려면, 반전을 반복하는 작업을 너비 우선 탐색으로 하면 됩니다. 모든 돌이 반전된다면, 그때 탐색을 종료합니다.

이때, 도중에 등장한 패턴으로 돌아간 경우에는 같은 처리를 반복하게 되기 때문에, 이러한 배치를 제외하면서 탐색해야 합니다. 이를 구현하면 다음과 같습니다.

**q64_1.py**

```python
N = 5

# n-Queen 생성하기
queens = []
def queen(rows, n, left, down, right):
  if n == N:
    queens.append(rows.copy())
    return
  for i in range(0, N):
    pos = 1 << i
    if (pos & (left | down | right)) == 0:
      # 다른 퀸의 공격 범위에 들어가지 않을 때
      rows[n] = pos
      # 왼쪽 아래, 바로 아래, 오른쪽 아래를 설정하고, 다음 행을 탐색하기
      l, d, r = left | pos, down | pos, right | pos
      queen(rows, n + 1, l << 1, d, r >> 1)

queen([0] * N, 0, 0, 0, 0)

white, black = [0] * N, [(1 << N) - 1] * N
fw_log = {"white": 0}
fw = [white]

depth = 1
while True:
  # 너비 우선 탐색
  fw_next = []
```

```
  for f in fw:
    for q in queens:
      check = [0] * N
      for i in range(0, N):
        check[i] = f[i] ^ q[i]
      # 이전에 등장한 패턴인지 확인하기
      key = str(check)
      if key not in fw_log:
        fw_next.append(check)
        fw_log[key] = depth
    fw = fw_next
    # 다음 확인 대상이 없으면 종료하기
    if len(fw) == 0:
      break
    # 모두 반전되었다면 종료하기
    if str(black) in fw_log:
      break
    depth += 1

key = str(black)
if key in fw_log:
  print(fw_log[key])
else:
  print("0")
```

**q64_1.js**

```
N = 7;

// n-Queen 생성하기
var queens = [];
function queen(rows, n, left, down, right){
  if (n == N){
    queens.push(rows.concat());
    return;
  }
  for (var i = 0; i < N; i++){
    var pos = 1 << i;
    if ((pos & (left | down | right)) == 0){
      // 다른 퀸의 공격 범위에 들어가지 않을 때
      rows[n] = pos;
      // 왼쪽 아래, 바로 아래, 오른쪽 아래를 설정하고, 다음 행을 탐색하기
      [l, d, r] = [left | pos, down | pos, right | pos];
      queen(rows, n + 1, l << 1, d, r >> 1);
    }
  }
}
```

```javascript
rows = new Array(N);
for (var i = 0; i < N; i++) rows[i] = 0;
queen(rows, 0, 0, 0, 0);

var white = new Array(N);
for (var i = 0; i < N; i++) white[i] = 0;
var black = new Array(N);
for (var i = 0; i < N; i++) black[i] = (1 << N) - 1;

var fw_log = {white: 0};
var fw = [white];

var depth = 1;
while (true){
  // 너비 우선 탐색
  fw_next = [];
  fw.forEach(function(f){
    queens.forEach(function(q){
      var check = new Array(N);
      for (var i = 0; i < N; i++) check[i] = f[i] ^ q[i];
      // 이전에 등장한 패턴인지 확인하기
      if (!fw_log[check]){
        fw_next.push(check);
        fw_log[check] = depth;
      }
    });
  });
  fw = fw_next;
  // 다음 확인 대상이 없으면 종료하기
  if (fw.length == 0) break;
  // 모두 반전되었다면 종료하기
  if (fw_log[black]) break;
  depth++;
}

if (fw_log[black]){
  console.log(fw_log[black]);
} else {
  console.log("0");
}
```

n-Queen 부분은 상당히 짧은 소스 코드로 구현할 수 있네요.

너비 우선 탐색도 이미 등장한 패턴을 제외한다는 부분만 생각하면, 특별하게 어려운 부분은 없군요.

다만, 처리 시간이 조금 걸린답니다. $n=5$라면 문제 없지만, $n=7$이라면 시간이 너무 오래 걸립니다.

너비 우선 탐색의 경우, 깊이가 깊어지면 그만큼 패턴의 수가 많아지게 됩니다. 따라서 양방향으로 검색하겠습니다. 이번 문제의 목표는 모든 돌을 검은색으로 만드는 것이므로, 실행하는 반전도 흰색으로 할 때와 같습니다. 따라서 양방향에서 탐색을 동시에 시작하면, 처리 시간을 단축할 수 있습니다.

이처럼 같은 처리를 양방향에서 모두 시작하고, 같은 패턴이 나오는 시점에서 탐색을 종료합니다. 이를 구현하면 다음과 같습니다.

**q64_2.py**

```
N = 7

# n-Queen 생성하기
queens = []
def queen(rows, n, left, down, right):
  if n == N:
    queens.append(rows.copy())
    return
  for i in range(0, N):
    pos = 1 << i
    if (pos & (left | down | right)) == 0:
      # 다른 퀸의 공격 범위에 들어가지 않을 때
      # 왼쪽 아래, 바로 아래, 오른쪽 아래를 설정하고, 다음 행을 탐색하기
      rows[n] = pos
      [l, d, r] = [left | pos, down | pos, right | pos]
      queen(rows, n + 1, l << 1, d, r >> 1)

queen([0] * N, 0, 0, 0, 0)

def array_and(a, b):
  for i in range(0, len(a)):
    for j in range(0, len(b)):
      flag = True
      for k in range(0, N):
        if a[i][k] != b[j][k]:
          flag = False
      if flag:
        return True
```

```
    return False

white, black = [0] * N, [(1 << N) - 1] * N
fw_log = {"white": 0}
bw_log = {"black": 0}
fw = [white]
bw = [black]

depth = 1
while True:
  # 정방향
  fw_next = []
  for f in fw:
    for q in queens:
      check = [0] * N
      for i in range(0, N):
        check[i] = f[i] ^ q[i]
      key = str(check)
      if key not in fw_log:
        fw_next.append(check)
        fw_log[key] = depth
  fw = fw_next
  if (len(fw) == 0) or array_and(fw, bw):
    break
  depth += 1

  # 역방향
  bw_next = []
  for b in bw:
    for q in queens:
      check = [0] * N
      for i in range(0, N):
        check[i] = b[i] ^ q[i]
      key = str(check)
      if key not in bw_log:
        bw_next.append(check)
        bw_log[key] = depth
  bw = bw_next
  if (len(bw) == 0) or array_and(fw, bw):
    break
  depth += 1

if array_and(fw, bw):
  print(depth)
else:
  print(0)
```

```
N = 7;

// n-Queen 생성하기
var queens = [];
function queen(rows, n, left, down, right){
  if (n == N){
    queens.push(rows.concat());
    return;
  }
  for (var i = 0; i < N; i++){
    var pos = 1 << i;
    if ((pos & (left | down | right)) == 0){
      // 다른 퀸의 공격 범위에 들어가지 않을 때
      // 왼쪽 아래, 바로 아래, 오른쪽 아래를 설정하고, 다음 행을 탐색하기
      rows[n] = pos;
      [l, d, r] = [left | pos, down | pos, right | pos];
      queen(rows, n + 1, l << 1, d, r >> 1);
    }
  }
}

rows = new Array(N);
for (var i = 0; i < N; i++) rows[i] = 0;
queen(rows, 0, 0, 0, 0);

function array_and(a, b){
  for (var i = 0; i < a.length; i++){
    for (var j = 0; j < b.length; j++){
      var flag = true;
      for (var k = 0; k < N; k++){
        if (a[i][k] != b[j][k])
          flag = false;
      }
      if (flag) return true;
    }
  }
  return false;
}

var white = new Array(N);
for (var i = 0; i < N; i++) white[i] = 0;
var black = new Array(N);
for (var i = 0; i < N; i++) black[i] = (1 << N) - 1;

var fw_log = {white: 0};
var bw_log = {black: 0};
```

```
var fw = [white];
var bw = [black];

var depth = 1;
while (true){
 // 정방향
 var fw_next = [];
 fw.forEach(function(f){
   queens.forEach(function(q){
     var check = new Array(N);
     for (var i = 0; i < N; i++) check[i] = f[i] ^ q[i];
     if (!fw_log[check]){
       fw_next.push(check);
       fw_log[check] = depth;
     }
   });
 });
 fw = fw_next;
 if ((fw.length == 0) || array_and(fw, bw)) break;
 depth++;

 // 역방향
 bw_next = [];
 bw.forEach(function(b){
   queens.forEach(function(q){
     var check = new Array(N);
     for (var i = 0; i < N; i++) check[i] = b[i] ^ q[i];
     if (!bw_log[check]){
       bw_next.push(check);
       bw_log[check] = depth;
     }
   });
 });
 bw = bw_next;
 if ((bw.length == 0) || array_and(fw, bw)) break;
 depth++;
}

if (array_and(fw, bw)){
 console.log(depth);
} else {
 console.log(0);
}
```

**7회**

QUIZ

# 65 득표 수가 정수 배가 되는 경우

민주주의의 기본은 투표라고 할 수 있습니다. 투표를 하고 난 뒤에는 모두 모여서 누가 얼마나 득표했는지 확인합니다.

여기에서는 최하위 후보자의 득표 수를 1단위라고 볼 때, 다른 후보자의 득표 수가 모두 정수 배가 되는 패턴을 생각해 봅시다. 참고로 이때 후보자는 자신에게 투표한다고 가정해서, 0표를 받는 경우는 없고, 최소 1표를 받는다고 합시다.

예를 들어 3명의 후보가 있고 7명이 투표를 했다면, 다음과 같은 패턴 4가지가 나올 수 있습니다.

5 - 1 - 1
4 - 2 - 1
3 - 3 - 1
3 - 2 - 2

※ 득표 수만의 패턴을 생각합니다.

이때 3 - 2 - 2의 득표 수는 최하위 후보자를 1단위라고 보았을 때, 정수 배가 되지 않으므로 제외합니다. 따라서 3명의 후보에게 7명이 투표할 때 우리가 원하는 패턴은 3가지가 나옵니다.

**문제**

20명의 후보자에게 100명이 투표할 때, 정수 배가 나오는 득표 수의 패턴이 몇 가지인지 구하시오.

최하위 후보자의 득표 수를 기반으로 하나하나 확인해 보면 될 것 같아!

Hint!

후보자를 따로 구별하지 않는 것도 생각해 보면, 문제가 될 수 있을 것 같아. 단순하게 구했다가는 중복이 발생할 수도 있을 것 같은데….

잘 생각해서 입력값이 더 늘어나도 빠르게 처리할 수 있는 방법을 생각해 봅시다.

**생각하는 방법**

모든 패턴을 확인하고 배열에 저장해둔 뒤, 정수 배가 되는지 모두 확인해 봅시다. 이때 중복이 발생하지 않게 득표 수가 많은 순서로 배열을 정렬해 두는 것이 중요합니다.

예를 들어 앞선 예에서 언급한 7명의 경우, [5, 1, 1], [4, 2, 1], [3, 3, 1], [3, 2, 2] 형태의 배열로 생각하고, 각각 가장 마지막의 요소로 나누어서 '나머지가 0'이 되면 됩니다.

정수 배가 되는 것은 '나머지가 0'으로 판단하면 되겠네?

그럼 배열을 어떻게 만들지가 문제겠군.

배열의 뒤부터 차례대로 해당 값 이상의 득표 수를 구해서 설정해 보도록 합시다.

코드는 다음과 같습니다. 일단 배열의 요소에 모두 0을 설정해 두고, 재귀적으로 뒤부터 차례대로 득표 수를 설정해 봅시다. 확인을 쉽게 할 수 있게 가장 마지막에 '1'의 요소를 추가했습니다.

**q65_1.py**

```python
M, N = 20, 100

def search(m, n, vote):
  if m == 0:
    return 1 if n == 0 else 0
```

```
  cnt = 0
  for i in range(vote[m], n // m + 1):
    vote[m - 1] = i
    if vote[m - 1] % vote[M - 1] == 0:
      cnt += search(m - 1, n - i, vote)
  return cnt

print(search(M, N, [0] * M + [1]))
```

**q65_1.js**

```
M = 20;
N = 100;

function search(m, n, vote){
  if (m == 0) return (n == 0) ? 1 : 0;
  var cnt = 0;
  for (var i = vote[m]; i <= n / m; i++){
    vote[m - 1] = i;
    if ((vote[m - 1] % vote[M - 1]) == 0){
      cnt += search(m - 1, n - i, vote);
    }
  }
  return cnt;
}

var vote = new Array(M + 1);
for (var i = 0; i < M; i++){
  vote[i] = 0;
}
vote[M] = 1;
console.log(search(M, N, vote));
```

마지막에 1은 왜 추가한 것일까?

오른쪽의 요소보다 큰 값을 설정할 때, 오른쪽 값에 값이 있는지 없는지 따로 확인하지 않기 위해서 인 것 같아.

search() 함수 내부에서 반복 상한이 n/m이라는 것에 주목합시다. 특정 후보에게 이것보다 큰 수를 할당하면, 다른 후보에게 더 큰 수를 할당할 수 없게 되어 버립니다.

다만, 이러한 코드는 투표자 수가 늘어나면, 처리 시간이 매우 길어집니다. 따라서 조금 더 생각해 봅시다. 최하위 후보자의 득표 수에 대해, 그 이외 후보의 득표 수가 최소 득표 수로 나누어떨어지는 분할 방법을 생각해 봅시다.

앞선 예를 생각해 보면, 최하위 후보자의 득표 수가 1표일 때는 남은 2명의 후보자에 대해 6개의 표를 나누는 방법이 몇 가지인지 생각하는 문제가됩니다. 반면 최하위 후보자의 득표 수가 2라면, 남은 2명의 후보자에게 득표 수를 2.5표로 나눌 수는 없습니다.

이를 메모화를 적용하여 재귀적으로 구현하면, 다음과 같이 작성할 수 있습니다.

**q65_2.py**

```python
M, N = 20, 100

# m개의 수에서 합계가 k가 되는 것의 개수 찾기
memo = {}
def split(m, k):
  if str([m, k]) in memo:
    return memo[str([m, k])]
  if (m == 1) or (m == k):
    return 1
  if k < m:
    return 0
  value = split(m - 1, k - 1) + split(m, k - m)
  memo[str([m, k])] = value
  return value

cnt = 0
for k in range(1, N // M + 1):
  if (N - k) % k == 0:
    cnt += split(M - 1, (N - k) / k)
print(cnt)
```

**q65_2.js**

```javascript
M = 20;
N = 100;

// m개의 수에서 합계가 k가 되는 것의 개수 찾기
var memo = [];
```

```
function split(m, k){
  if (memo[[m, k]]) return memo[[m, k]];
  if ((m == 1) || (m == k)) return 1;
  if (k < m) return 0;
  return memo[[m, k]] = split(m - 1, k - 1) + split(m, k - m);
}

var cnt = 0;
for (var k = 1; k <= N / M; k++)
  if ((N - k) % k == 0)
    cnt += split(M - 1, (N - k) / k);
console.log(cnt);
```

 정수 배라는 것을 생각해서 재귀적으로 처리하는 것이 포인트네요.

정답

**9,688,804가지**

QUIZ

# 66 | 미로의 최장 경로

가로로 $w$칸, 세로로 $h$칸 있는 격자에서 몇 개에 색을 칠해서 미로를 만든다고 합시다. 색을 칠한 부분이 벽이 되고, 색을 칠하지 않은 부분이 통로입니다.

왼쪽 위의 칸에서 시작하고, 오른쪽 아래의 칸이 목적 지점인 미로를 한 번에 한 칸씩 **오른손 방법**으로 이동한다고 합시다. '오른손 방법'이란 오른쪽 벽에 손을 대고 따라가는 방법입니다. 가장 빠른 경로를 구한다고 할 수는 없지만, 최종적으로 시작 지점으로 돌아오거나 또는 목적 지점으로 나갈 수 있는 방법입니다.

$n$칸을 색칠했을 때, 시작 지점부터 목적 지점까지 경유하는 경로 칸을 셉니다. 참고로 이때 목적지에 도달할 수 없는 미로는 생각하지 않습니다. 같은 칸을 여러 번 지나는 경우는 별도로 세고, 목적지 칸에 도달하는 순간 종료합니다.

예를 들어 $w=4$, $h=4$, $n=5$일 때 [**그림 10**]의 왼쪽 그림의 경우는 '↓↓↑→→↓↓←→→'처럼 이동하면 되므로, 경유한 칸 수는 11입니다. 만약 5칸을 오른쪽 그림처럼 칠한다면, 15칸 이동해야 합니다.

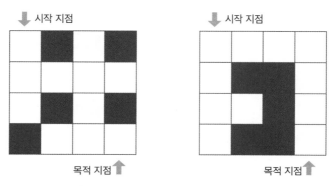

[그림 10] w=4, h=4, n=5일 때의 예

$w=4$, $h=7$, $n=4$일 때 경유하는 칸의 수가 가장 많은 경우를 생각하고, 이때 이동하는 칸의 수를 구하시오.

칠하는 칸의 패턴을 모두 만들고 각각의 경로를 확인한 뒤, 최장 경로가 되는 것을 확인하기에는 시간이 너무 오래 걸릴 것입니다. 따라서 '미로를 만드는 부분'과 '경로를 구하는 부분'으로 크게 나누어서 생각해 봅시다.

미로를 만든다는 것은 '어떤 칸을 칠할지 결정하는 것'입니다. 칠해야 하는 칸의 수는 결정되어 있으므로, 지정된 수만큼 벽을 배치하면 됩니다. 하지만 적당하게 벽을 배치하면, 시작 지점에서 목적 지점까지 도착할 수 없는 미로가 만들어질 가능성도 있습니다.

해결할 수 없는 미로가 만들어져도, 경로를 구할 때 확인하면 되는 것 아닌가?

그래도 상관없지만, 미리 구하는 것이 훨씬 간단하고 빠르답니다!

**Point**

칸의 배치를 재귀적으로 설정해도 되지만, '모든 칸 중에서 칠한 칸의 수를 선택하는 조합'을 사용해 봅시다. 설정한 벽이 유효한 미로가 되는지 판정하려면, 시작 지점 위치에서 도달할 수 있는 범위를 위 아래 왼쪽 오른쪽으로 하나하나 넓혀가며 확인해 보는 방법을 많이 사용합니다. [그림 11]처럼 도달할 수 있는 범위를 넓혀 가며 확인하면, 유효한 미로인지 판정할 수 있습니다.

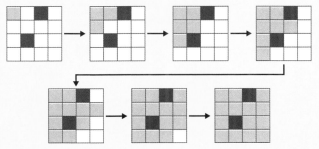

[그림 11] 시작 지점에서 위 아래 왼쪽 오른쪽으로 하나하나 넓혀 가기

현재 칸의 크기는 32비트 정수 범위 내에 있으므로, 한 칸을 하나의 비트로 보아 하나의 정수로 미로를 표현해 봅시다. 미로를 표현하고 나면, 오른손 방법으로 미로를 탈출하는 칸을 세기만 하면 됩니다.

미로를 비트로 표현하면 어떤 장점이 있는 거지?

위 아래 왼쪽 오른쪽으로 이동하는 것을 비트 연산으로 처리할 수 있으니까, 처리 속도에서 장점이 있을 것 같아.

배열로 처리하지 않으니까, 매개 변수와 반환값으로 오고 갈 때도 매우 편리하답니다.

예를 들어 왼쪽 방향으로 이동하고 싶은 경우에는 비트 하나를 왼쪽으로 시프트하고, 미리 만든 마스크와 AND 연산하면 됩니다([그림 12]). 마찬가지로 오른쪽 또는 위 아래 이동도 비트 연산으로 구할 수 있습니다.

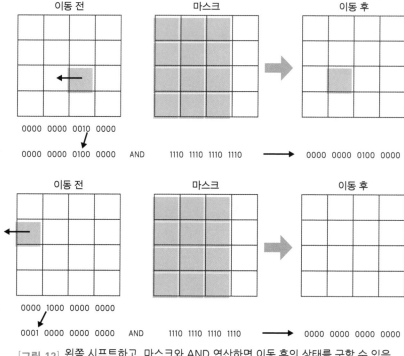

[그림 12] 왼쪽 시프트하고, 마스크와 AND 연산하면 이동 후의 상태를 구할 수 있음

**q66.py**

```python
W, H, n = 4, 7, 4

# 이동 방향
MASK = (1 << (W * H)) - 1
left, right = 0, 0
for i in range(0, H):
  left = (left << W) | ((1 << (W - 1)) - 1)
  right = (right << W) | ((1 << W) - 2)

# 이동 후의 위치를 비트 계산으로 구하기
move = [lambda m: (m >> 1) & left,   # 오른쪽
        lambda m: (m << W) & MASK,    # 위쪽
        lambda m: (m << 1) & right,   # 왼쪽
        lambda m: m >> W]             # 아래쪽

# 유효한 미로인지 판정하기
def enable(maze):
  man = (1 << (W * H - 1)) & (MASK - maze) # 왼쪽 위에서 시작하기
  while True:
    next_man = man
    for m in move:
      next_man |= m(man)        # 위 아래 왼쪽 오른쪽으로 이동하기
    next_man &= (MASK - maze) # 벽 이외의 부분이 이동 가능한 부분
    if next_man & 1 == 1:        # 오른쪽 아래에 도달할 수 있다면 유효하다고 판단하기
      return True
    if man == next_man:
      break
    man = next_man
  return False

# maze: 벽의 배치
# p1, d1: 1번째 사람의 위치, 이동 방향
def search(maze, p1, d1, depth):
  if p1 == 1:
    return depth
  for i in range(0, len(move)):
    d = (d1 - 1 + i + len(move)) % len(move)
    if move[d](p1) & (MASK - maze) > 0:
      return search(maze, move[d](p1), d, depth + 1)
  return 0

def combination(array, n):
  result = []
  if n == 0:
    return result
  for i in range(0, len(array) - n + 1):
```

```python
  if n > 1:
    copies = array.copy()
    copies.pop(i + 1)
    combi = combination(copies, n - 1)
    for j in combi:
      result.append([array[i]] + j)
    else:
      result.append([array[i]])
  return result

max_value = 0
maze_array = [0] * (W * H)
for i in range(0, W * H):
  maze_array[i] = i
wall = combination(maze_array, n)
for pos in wall:
  maze = 0
  for i in pos:
    maze |= 1 << i
  if enable(maze):
    man_a = 1 << (W * H - 1)
    # 왼쪽 위에서 아래 방향으로 이동하기
    max_value = max([search(maze, man_a, 3, 1), max_value])
print(max_value)
```

## q66.js

```javascript
W = 4;
H = 7;
n = 4;

// 이동 방향
MASK = (1 << (W * H)) - 1;
var left = 0, right = 0;
for (var i = 0; i < H; i++){
  left = (left << W) | ((1 << (W - 1)) - 1);
  right = (right << W) | ((1 << W) - 2);
}

// 이동 후의 위치를 비트 계산으로 구하기
var move = [function(m){ return (m >> 1) & left;},
        function(m){ return (m >> 1) & left;},   // 오른쪽
        function(m){ return (m << W) & MASK;},    // 위쪽
        function(m){ return (m << 1) & right;},   // 왼쪽
        function(m){ return m >> W;}];            // 아래쪽

// 유효한 미로인지 판정하기
function enable(maze){
```

```
  // 왼쪽 위에서 시작하기
  var man = (1 << (W * H - 1)) & (MASK - maze);
  while (true){
    var next_man = man;
    for (var i = 0; i < move.length; i++)
      next_man |= move[i](man);   // 위 아래 왼쪽 오른쪽으로 이동하기
    next_man &= (MASK - maze);     // 벽 이외의 부분이 이동 가능한 부분
    if (next_man & 1 == 1) return true;
    // 오른쪽 아래에 도달할 수 있다면 유효하다고 판단하기
    if (man == next_man) break;
    man = next_man;
  }
  return false;
}

// maze: 벽의 배치
// p1, d1: 1번째 사람의 위치, 이동 방향
function search(maze, p1, d1, depth){
  if (p1 == 1) return depth;
  for (var i = 0; i < move.length; i++){
    var d = (d1 - 1 + i + move.length) % move.length;
    if ((move[d](p1) & (MASK - maze)) > 0){
      return search(maze, move[d](p1), d, depth + 1);
    }
  }
  return 0;
}

Array.prototype.combination = function(n){
  var result = [];
  if (n == 0) return result;
  for (var i = 0; i <= this.length - n; i++){
    if (n > 1){
      var combi = this.slice(i + 1).combination(n - 1);
      for (var j = 0; j < combi.length; j++){
        result.push([this[i]].concat(combi[j]));
      }
    } else {
      result.push([this[i]]);
    }
  }
  return result;
}

var max = 0;
var maze_array = new Array(W * H);
for (var i = 0; i < W * H; i++)
  maze_array[i] = i;
```

```
var wall = maze_array.combination(n);
for (var i = 0; i < wall.length; i++){
  var maze = 0;
  for (var j = 0; j < wall[i].length; j++)
    maze |= 1 << wall[i][j];
  if (enable(maze)){
    var man_a = 1 << (W * H - 1);
    // 왼쪽 위에서 아래 방향으로 이동하기
    max = Math.max(search(maze, man_a, 3, 1), max);
  }
}
console.log(max);
```

 이처럼 비트열을 사용하면 소스 코드가 매우 간단해지지만, 32비트를 넘을 때 제대로 동작하는지는 별도로 꼭 확인해야 한답니다.

정답

**24칸**

QUIZ

# 67 Base64 반전하기

A‑Z와 a‑z를 나타내는 52개의 문자로 구성되고, 길이가 $3n$인 문자가 있습니다. 이를 ASCII 코드에서 Base64로 인코딩하고, 좌우 반전합니다.

그리고 다시 이를 Base64로 디코딩할 때, 원래 문자열과 일치하는 것 중에서 원래 문자열에 포함되는 문자가 $n$ 종류인 것이 몇 개인지를 출력합니다.

예를 들어 $n=1$일 때, 'TQU'라는 문자열을 인코딩하면, 'VFFV'가 됩니다. 이를 좌우 반전해서 디코딩하면, 'TQU'로 돌아옵니다. 다만, 이러한 경우는 'T', 'Q', 'U'라는 3가지 종류의 문자를 사용하고 있습니다.

마찬가지로 'DQQ', 'fYY'는 2가지 종류의 문자를 사용하고 있습니다. 따라서 $n=1$일 때는 'UUU' 하나밖에 없으므로, 1을 출력합니다.

[표 2] ASCII 코드표

| 위\아래 | 000 | 001 | 010 | 011 | 100 | 101 | 110 | 111 |
|---|---|---|---|---|---|---|---|---|
| 01000 | A | B | C | D | E | F | G | |
| 01001 | H | I | J | K | L | M | N | O |
| 01010 | P | Q | R | S | T | U | V | W |
| 01011 | X | Y | Z | | | | | |
| 01100 | a | b | c | d | e | f | g | |
| 01101 | h | i | j | k | l | m | n | o |
| 01110 | p | q | r | s | t | u | v | w |
| 01111 | x | y | z | | | | | |

[표 3] Base64 코드표

| 위\아래 | 000 | 001 | 010 | 011 | 100 | 101 | 110 | 111 |
|---|---|---|---|---|---|---|---|---|
| 000 | A | B | C | D | E | F | G | H |
| 001 | I | J | K | L | M | N | O | P |

제4장

빡빡한

★★★★★

| 위\아래 | 000 | 001 | 010 | 011 | 100 | 101 | 110 | 111 |
|---|---|---|---|---|---|---|---|---|
| 010 | Q | R | S | T | U | V | W | X |
| 011 | Y | Z | a | b | c | d | e | f |
| 100 | g | h | i | j | k | l | m | n |
| 101 | o | p | q | r | s | t | u | v |
| 110 | w | x | y | z | 0 | 1 | 2 | 3 |
| 111 | 4 | 5 | 6 | 7 | 8 | 9 | + | / |

[ 문제 ]

$n = 5$일 때, 이러한 조건을 만족하는 것이 몇 가지인지 구하시오.

[ 생각하는 방법 ]

7비트 데이터밖에 다루지 못하던 과거의 휴대 전화에서 멀티 바이트 문자를 전송하고 싶은 경우 등에 사용하던 것이 바로 'Base64'입니다. Base64는 A-Z, a-z, 0-9이라는 62개의 문자와 함께 '+'와 '/'를 사용한 64가지 종류의 문자, 남은 부분을 채우는 '='라는 기호를 사용해서 7비트 환경에서 멀티 바이트 문자를 출력합니다.

다만, 8비트 데이터를 6비트씩(64종류의 문자이므로 $2^6$)으로 변환하므로, 데이터의 양이 거의 4/3배가 됩니다. 따라서 이번 문제처럼 길이가 $3n$인 ASCII 코드의 문자열을 Base64로 변환하면, 비트 수가 $8 \times 3n = 6 \times 4n$이 되어, 길이가 $4n$이 됩니다.

Base64는 지금도 실제로 사용하는 인코딩 방식이지?

이번 문제에서는 좌우 대칭이 되니까 '='를 사용해서 남은 부분을 채우는 방법은 생각할 필요 없지요?

그렇습니다. 그럼 코드표를 기반으로 규칙성을 찾아봅시다.

앞선 예를 사용해 자세하게 살펴보며, 규칙성을 알아봅시다. 일단 'TQU'라는 ASCII 코드를 'VFFV'라는 Base64로 변환하는 경우입니다([그림 13]).

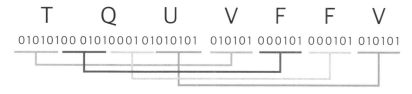

[그림 13] TQU(ASCII)를 VFFV(Base64)로 변환하기

Base64의 첫 번째 문자는 ASCII 코드 왼쪽의 6비트에 대응한다는 것을 알 수 있을 것입니다. 여기에서 Base64 코드표를 보면, 앞부분이 '1'로 시작 하는 것이 있지만, 실제 ASCII 코드표에는 앞부분이 '1'로 시작하는 것이 없습니다. 따라서 Base64 코드표에서 '1'로 시작되는 것들은 사용할 수 없 습니다.

3문자 ASCII 문자열에 대해서 조금 더 자세히 생각해 보면, 다음과 같이 됩니다.

| 입력한 ASCII 문자열 | 01xxxxxx 01yyyyyy 01zzzzzz |
|---|---|
| Base64 문자열 | 01xxxx xx01yy yyyy01 zzzzzz |
| 반전한 Base64 문자열 | zzzzzz yyyy01 xx01yy 01xxxx |
| 출력한 ASCII 문자열 | zzzzzzyy yy01xx01 yy01xxxx |

또한, 출력이 A–Z와 a–z로 만들어지는 ASCII 문자열이 되려면, 출력의 앞부분이 01인 것만을 생각해야 합니다. 따라서 다음과 같이 정리할 수 있 습니다.

| 입력한 ASCII 문자열 | 01xxxxxx 0101yy01 0101zzzz |
|---|---|
| Base64 문자열 | 01xxxx xx0101 yy0101 01zzzz |
| 반전한 Base64 문자열 | 01zzzz yy0101 xx0101 01xxxx |
| 출력한 ASCII 문자열 | 01zzzzyy 0101xx01 0101xxxx |

**Point**

앞의 내용을 살펴보면 ASCII 문자열의 중앙에 있는 것은 '0101'로 시작하 고, '01'로 끝나는 문자입니다. 이를 만족하는 문자는 'Q', 'U', 'Y'라는 3가지 밖에 없습니다. 또한, 왼쪽의 문자를 결정하면, 자동으로 오른쪽의 문자를 결정할 수 있습니다.

예를 들어 중앙이 'Q'일 때, 왼쪽을 'D'로 하면 오른쪽이 'Q', 왼쪽을 'H'로 하면 오른쪽이 'R'이 됩니다. 이를 계속 확인해 보면, [표 4]와 같이 나타낼 수 있습니다. 이 이외의 것은 나올 수 없으므로, 탐색 범위를 크게 압축할 수 있습니다.

[표 4] 중앙의 문자가 Q, U, Y인 경우의 패턴

| 중앙의 문자 | 전체 문자 패턴 |
|---|---|
| Q | DQQ, HQR, LQS, PQT, TQU, XQV, dQY, hQZ |
| U | AUP, EUQ, IUR, MUS, QUT, UUU, YUV, aUX, eUY, iUZ |
| Y | BYP, FYQ, JYR, NYS, RYT, VYU, ZYV, bYX, fYY, jYZ |

 실제로 나올 수 없는 패턴을 미리 제거하면 좋구나!

 그렇습니다. 탐색 범위를 매우 줄일 수 있답니다. 삐리리

 마찬가지로 6문자의 ASCII 문자열을 생각해 봅시다.

| 입력 | 01aaaaaa 0101bb01 0101cccc 01dddddd 0101ee01 0101ffff |
|---|---|
| Base64 | 01aaaa aa0101 bb0101 01cccc 01dddd dd0101 ee0101 01ffff |
| 반전 | 01ffff ee0101 dd0101 01dddd 01cccc bb0101 aa0101 01aaaa |
| 출력 | 01ffffee 0101dd01 0101dddd 01ccccbb 0101aa01 0101aaaa |

이를 살펴보면, 2번째 문자와 5번째 문자가 '0101'로 시작하고, '01'로 끝나는 문자입니다. 이처럼 길이 $3n$인 문자열은 3개씩 문자를 결정하면 전체 문자열을 생성할 수 있습니다.

이때도 왼쪽 끝의 문자를 결정하면, 오른쪽 끝의 문자를 결정할 수 있습니다. 하지만 중간의 문자를 결정하는 것은 그렇게 간단하지 않습니다. 일반적으로 길이 $3n$인 문자열을 생각할 때, $n$이 홀수인 경우와 짝수인 경우에 서로 위치가 바뀝니다($n$의 숫자를 늘려보며 차근차근 생각해 보세요).

재귀적으로 문자열을 생성할 때, 서로 위치를 바꾸는 형태로 구현하면 다음과 같습니다.

**q67_1.py**

```python
N = 5

# 왼쪽 오른쪽과 중앙 문자 리스트 준비하기
l = ["DHLPTXdh", "AEIMQUYaei", "BFJNRVZbfj"]
c = "QUY"
r = ["QRSTUVYZ", "PQRSTUVXYZ", "PQRSTUVXYZ"]

def search(n, flag, left, right):
  if n == 0:
    ary = list(left + right)
    return 1 if len(set(ary)) == N else 0
  cnt = 0
  for i in range(0, len(c)):        # 중앙의 문자 결정하기
    for j in range(0, len(l[i])): # 왼쪽 오른쪽 문자 결정하기
      # 교대로 배치하면서 탐색
      if flag:
        cnt += search(n - 1, not flag, left + l[i][j],
                      c[i] + r[i][j] + right)
      else:
        cnt += search(n - 1, not flag, left + c[i] + r[i][j],
                      l[i][j] + right)
  return cnt

print(search(N, True, "", ""))
```

**q67_1.js**

```javascript
N = 5;

// 왼쪽 오른쪽과 중앙 문자 리스트 준비하기
var l = ["DHLPTXdh", "AEIMQUYaei", "BFJNRVZbfj"];
var c = "QUY";
var r = ["QRSTUVYZ", "PQRSTUVXYZ", "PQRSTUVXYZ"];

function search(n, flag, left, right){
  if (n == 0){
    ary = (left + right).split("");
    uniq = ary.filter((x, i, self) => self.indexOf(x) === i);
    return (uniq.length == N) ? 1 : 0;
  }
  var cnt = 0;
  for (var i = 0; i < c.length; i++){      // 중앙의 문자 결정하기
    for (var j = 0; j < l[i].length; j++){ // 왼쪽 오른쪽 문자 결정하기
      // 교대로 배치하면서 탐색
      if (flag){
        cnt += search(n - 1, !flag, left + l[i][j],
                  c[i] + r[i][j] + right);
```

```
      } else {
        cnt += search(n - 1, !flag, left + c[i] + r[i][j],
                   l[i][j] + right);
      }
    }
  }
  return cnt;
}

console.log(search(N, true, "", ""));
```

 생성된 문자열을 보면, 확실히 반전해서 같은 문자열이 된다는 것을 알 수 있네!

 그런데 처리하는 데 시간이 조금 오래 걸리네요?

 그렇다면 문제는 몇 가지인지를 구하는 것이므로, 몇 가지인지 구하는 연산만 해 봅시다.

생성된 문자열을 3개의 문자 단위로 생각하면, 이 순서는 패턴을 구할 때는 따로 필요 없습니다. 따라서 각각의 3개 문자에 사용되는 문자 수를 집계합시다.

예를 들어 'DQQ'라는 3개의 문자에 사용되는 문자는 'D'와 'Q'이므로 2개입니다. 'UUU'라는 3개의 문자에 사용되는 문자는 'U'로 1개입니다. 또한, 'YUV'와 'VYU'라는 '다른 문자열'이면서 '사용되는 문자가 같은 것'도 여러 가지 있으므로 세어 두도록 합시다.

이를 문자열 각 패턴에 대해서 몇 가지 있는지 구한다면, 지정한 문자열의 길이를 기반으로 재귀적으로 탐색할 수 있습니다.

**| q67_2.py**

```
N = 5

# 왼쪽 오른쪽과 중앙 문자 리스트 준비하기
l = ["DHLPTXdh", "AEIMQUYaei", "BFJNRVZbfj"]
c = "QUY"
r = ["QRSTUVYZ", "PQRSTUVXYZ", "PQRSTUVXYZ"]
```

```python
# 문자열에서 중복을 제거하는 함수
def unique(string):
  ary = list(string)
  uniq = []
  for i, x in enumerate(ary):
    if ary.index(x) == i:
      uniq.append(x)
  uniq = sorted(uniq)
  return "".join(uniq)

# 3문자에 사용되는 문자 수로 집계하기
ascii = {}
for i in range(0, len(c)):
  for j in range(0, len(l[i])):
    uniq = unique(l[i][j] + c[i] + r[i][j])
    cnt = len(uniq)
    if cnt not in ascii:
      ascii[cnt] = {}
    if uniq in ascii[cnt]:
      ascii[cnt][uniq] += 1
    else:
      ascii[cnt][uniq] = 1

# n : 문자열의 길이
# d : 문자열의 종류
def search(n, d):
  if n == 1:
    return ascii[d] if (d in ascii) else {}
  result = {}
  for i in range(1, d + 1):
    chars = search(n - 1, i)
    for char1 in chars:
      for length in ascii:
        for char2 in ascii[length]:
          uniq = unique(char1 + char2)
          if len(uniq) == d:
            # 문자열의 종류가 일치하면 패턴 수를 집계하기
            if uniq not in result:
              result[uniq] = 0
            result[uniq] += chars[char1] * ascii[length][char2]
  return result

sum = 0
chars = search(N, N)
for key, value in chars.items():
  sum += value
print(sum)
```

## q67_2.js

```javascript
N = 5;

// 왼쪽 오른쪽과 중앙 문자 리스트 준비하기
var l = ["DHLPTXdh", "AEIMQUYaei", "BFJNRVZbfj"];
var c = "QUY";
var r = ["QRSTUVYZ", "PQRSTUVXYZ", "PQRSTUVXYZ"];

// 문자열에서 중복을 제거하는 함수
function unique(str){
  var ary = str.split("");
  var uniq = ary.filter((x, i, self) => self.indexOf(x) === i);
  uniq.sort();
  return uniq.join("");
}

// 3문자에 사용되는 문자 수로 집계하기
var ascii = {};
for (var i = 0;  i < c.length; i++){
  for (var j = 0; j < l[i].length; j++){
    var uniq = unique(l[i][j] + c[i] + r[i][j]);
    var cnt = uniq.length;
    if (!ascii[cnt]) ascii[cnt] = {};
    if (ascii[cnt][uniq]){
      ascii[cnt][uniq]++;
    } else {
      ascii[cnt][uniq] = 1;
    }
  }
}

// n : 문자열의 길이
// d : 문자열의 종류
function search(n, d){
  if (n == 1) return ascii[d] ? ascii[d] : {};
  var result = {};
  for (var i = 1; i <= d; i++){
    var chars = search(n - 1, i);
    for (char1 in chars){
      for (len in ascii){
        for (char2 in ascii[len]){
          var uniq = unique(char1 + char2);
          if (uniq.length == d){
            // 문자열의 종류가 일치하면 패턴 수를 집계하기
            if (!result[uniq]) result[uniq] = 0;
            result[uniq] += chars[char1] * ascii[len][char2];
          }
```

```
        }
      }
    }
  }
  return result;
}

sum = 0;
var chars = search(N, N);
for (i in chars){
  sum += chars[i];
}
console.log(sum);
```

선생님의 **한 마 디**

## 여러 경우에 사용하는 Base64

Base64는 이 이외에도 상당히 자주 사용합니다. 사용하는 곳을 몇 가지 정리해 보면, 다음과 같습니다.

- ASP.NET의 ViewState
- 이미지를 웹 페이지에 인라인 형태로 넣을 때 사용하는 Data URI scheme
- 웹 입력 양식의 문자열 전송에 사용하는 URL 인코딩
- HTTP의 가장 기본적인 인증 방식인 Basic 인증

제 **4** 장

보안편 ★★★★★

QUIZ

# 68  파일 수가 다른 폴더 구성하기

윈도우 PC에서 한 폴더 내에 $n$개의 파일을 저장하려고 합니다. 다만, 그 안에 폴더를 다시 나눠서 저장하고, 폴더에 저장된 파일 수를 모두 다르게 만들고 싶습니다.

윈도우는 파일 수와 폴더 수를 따로 취급합니다. 따라서 폴더를 많이 만들어도, 파일 수는 늘어나지는 않습니다. 그리고 파일 수는 바로 아래에 있는 파일뿐만 아니라, 폴더 내부에 포함된 또 다른 폴더들도 재귀적으로 확인해서 전체 파일 수를 계산합니다. [그림 14]를 살펴봅시다. 폴더가 5개 있으며, 폴더별로 저장된 파일의 수가 모두 다릅니다(그림에서 숫자는 해당 폴더 내부의 파일 개수).

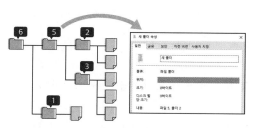

[그림 14] 폴더별로 파일 수가 다르게 저장하기

이러한 폴더 구성을 몇 가지 만들 수 있을지 구해 봅시다. 폴더 이름은 무시하고, 폴더의 정렬 순서도 무시합니다. 또한, 폴더 바로 아래에 파일과 폴더가 섞여 있는 경우는 생각하지 않는다고 합시다.

예를 들어 $n = 6$일 때는 [그림 15]처럼 6가지가 나올 수 있습니다.

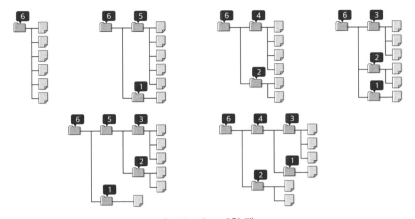

[그림 15] $n = 6$일 때

문제

$n = 25$일 때, 몇 가지 폴더 구성이 나올 수 있는지 구하시오.

생각하는 방법

폴더 내에 저장된 파일 수가 모든 폴더별로 달라야 하므로, 같은 파일 수의 폴더가 없게 만들어야 합니다. 또한, 이러한 상태에서 상위 폴더에 있는 파일 수는 하위 폴더에 있는 파일 수의 합과 같아야 합니다.

일단 간단한 방법으로, 각 계층별로 폴더에 포함된 파일 수를 왼쪽부터 차례대로 나열해 봅시다. 예를 들어 앞선 예는 다음과 같이 작성할 수 있습니다.

6
6, 5, 1
6, 5, 1, 3, 2
6, 4, 2
6, 4, 2, 3, 1
6, 3, 2, 1

 이렇게 나열하면, 같은 숫자가 발생하지 않겠네요!

각 계층에서 큰 숫자부터 차례대로 나열하면, 다른 배치일 때 같은 숫자열이 중복되는 문제도 해결할 수 있답니다.

 그렇다면 문제는 이를 어떻게 나열할지를 찾는 문제인 거네?

Point

[그림 16]처럼 왼쪽부터 차례대로 분해하면서 살펴봅시다. 같은 수가 나오지 않게 분해하고, 오른쪽까지 분해가 완료되면, 처리 완료입니다.

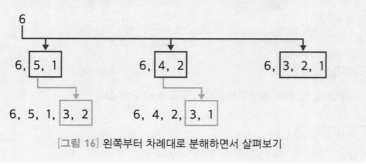

[그림 16] 왼쪽부터 차례대로 분해하면서 살펴보기

이처럼 수를 분해하는 처리도 재귀적으로 구현할 수 있습니다. 예를 들어 더해서 6이 되는 조합은 '5, 1', '4, 2', '3, 2, 1'입니다. 마찬가지로 더해서 5가 되는 조합은 '4, 1', '3, 2'가 되며, 중복되지 않는 것들을 나열하기만 하면 됩니다.

같은 처리를 여러 번 반복하지 않게 메모화를 사용해서 재귀적으로 구현하면, 다음과 같이 작성할 수 있습니다.

**q68.py**

```
N = 25

# 수를 분해하기
memo = {}
def split(n, pre):
  key = str([n, pre])
  if key in memo:
    return memo[key]
```

```python
    result = []
    # 직전 수보다 큰 것을 차례대로 확인하기
    for i in range(pre, (n - 1) // 2 + 1):
      result.append([i, n - i])
      for j in split(n - i, i + 1):
        temp = [i]
        for k in j:
          temp.append(k)
        result.append(temp)
    memo[key] = result
    return result

# 왼쪽부터 차례대로 확인하기
def search(used, pos):
  if len(used) == pos:
    return 1
  # 다음 수 확인하기
  cnt = search(used, pos + 1)
  for i in split(used[pos], 1):
    # 확인한 수를 분해해서, 같은 숫자가 없다면 다음 탐색 진행하기
    flag = True
    for j in i:
      if j in used:
        flag = False
        break
    if flag:
      cnt += search(used + i, pos + 1)
  return cnt

print(search([N], 0))
```

제4장

면접편
★
★
★
★
★

**q68.js**

```javascript
N = 25;

// 수를 분해하기
var memo = {};
function split(n, pre){
  if (memo[[n, pre]]) return memo[[n, pre]];
  var result = [];
  // 직전 수보다 큰 것을 차례대로 확인하기
  for (var i = pre; i <= ((n - 1) / 2); i++){
    result.push([i, n - i]);
    split(n - i, i + 1).forEach(function(j){
      var temp = [i];
      j.forEach(function(k){ temp.push(k); });
      result.push(temp);
    });
```

```
  }
  return memo[[n, pre]] = result;
}

// 왼쪽부터 차례대로 확인하기
function search(used, pos){
  if (used.length == pos) return 1;
  // 다음 수 확인하기
  var cnt = search(used, pos + 1);
  split(used[pos], 1).forEach(function(i){
    // 확인한 수를 분해해서, 같은 숫자가 없다면 다음 탐색 진행하기
    flag = true;
    for (var j = 0; j < i.length; j++){
      if (used.indexOf(i[j]) >= 0){
        flag = false;
        break;
      }
    }
    if (flag) cnt += search(used.concat(i), pos + 1);
  });
  return cnt;
}

console.log(search([N], 0));
```

 수를 분해하는 처리가 배열을 반환하므로, 해당 반환값 처리를 어떻게 할지 생각해 보는 것이 중요하네요.

 배열끼리의 중복을 확인하는 등의 내용도 간단하지 않아서 생각해 볼 필요가 있답니다.

정답

**14,671가지**

# 69 다른 사람과 같은 물건 고르지 않기

알사탕을 $m$개씩 채워 넣은 패키지를 $n$개 만들고자 합니다. 이때, 하나의 패키지 내부에 같은 맛의 알사탕을 넣지 않고 싶습니다. 또한, 패키지끼리 비교했을 때, 같은 맛을 2개 이상 중복하게 하고 싶지 않습니다.

예를 들어 [그림 17]의 왼쪽 그림은 패키지 내부에 같은 맛이 없고, 패키지 끼리도 같은 맛이 2개 이상 중복되지 않으므로 괜찮습니다. 반면 오른쪽 그림의 경우, 패키지 내부에서 맛이 중복되고 패키지끼리 같은 맛이 2개 이상 중복되어 있으므로 안 됩니다.

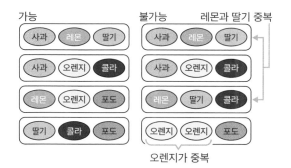

[그림 17] 사탕 분배의 예

이와 같은 패키지를 만들 때, 필요한 사탕 맛의 종류가 몇 가지면 될지 생각해 봅시다. 예를 들어 $m=3$, $n=4$일 때는 [그림 17]의 왼쪽과 같은 패턴이 6가지 나올 수 있습니다.

[ 문제 ]

$m=10$, $n=12$일 때 필요한 사탕 맛 종류의 최솟값을 구하시오. 예를 들어 $m=2$, $n=5$일 때는 4이며, $m=3$, $n=5$일 때는 7이 됩니다([그림 18]).

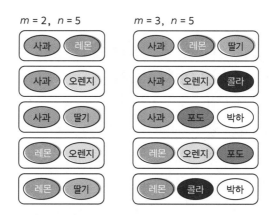

$m = 2, \ n = 5$    $m = 3, \ n = 5$

[그림 18] $m = 2$, $n = 5$일 때 / $m = 3$, $n = 5$일 때

먼저 $m \geqq n$일 때를 생각해 봅시다.

1번째 패키지에 $m$종류, 2번째 패키지에는 이전 단계에서 사용한 1가지 종류를 재사용해서 $m-1$종류, 이어서 $m-2$종류처럼 줄어듦으로, 종류의 수는 등차수열의 합으로 구할 수 있습니다.

$$m + (m-1) + \cdots + (m - (n-1)) = \frac{1}{2}n(2m - n + 1)$$

이 식은 등차수열에서 첫째 항이 $m$, 공차가 $-1$, 항수가 $n$이군요?

등차수열의 합 $S$는 첫째 항을 $a$, 공차를 $d$, 항수를 $n$이라고 할 때, 다음과 같은 공식으로 구할 수 있답니다.

$$S = \frac{1}{2}n(2a + (n-1)d)$$

다만, $m < n$일 때는 문제가 쉽지 않습니다.

일단 $m+1 = n$일 때, 다음과 같이 1개의 맛을 최대 2회 사용하는 방법을 생각해 봅시다. 예를 들어 $m = 6$, $n = 7$일 때, '1'을 2회 사용한다면, 일단 '1,

2, 3, 4, 5, 6'과 '1, 7, 8, 9, 10, 11'이라는 2개의 패키지가 만들어집니다([그림 19]의 A). 이어서 나머지 5개의 패키지에 대해서도 좀 전에 사용한 2~11의 10가지 종류를 한 번씩 더 사용합니다(B). 이제 남은 $4 \times 5$개도 역시 $m+1=n$인 직사각형이므로, 재귀적으로 계속 탐색할 수 있습니다(C).

**A**

| 1 | 2 | 3 | 4 | 5 | 6 |
|---|---|---|---|---|---|
| 1 | 7 | 8 | 9 | 10 | 11 |
|   |   |   |   |   |   |
|   |   |   |   |   |   |
|   |   |   |   |   |   |
|   |   |   |   |   |   |

**B**

| 1 | 2 | 3 | 4 | 5 | 6 |
|---|---|---|---|---|---|
| 1 | 7 | 8 | 9 | 10 | 11 |
| 2 | 7 |   |   |   |   |
| 3 | 8 |   |   |   |   |
| 4 | 9 |   |   |   |   |
| 5 | 10 |   |   |   |   |
| 6 | 11 |   |   |   |   |

**C**

| 1 | 2 | 3 | 4 | 5 | 6 |
|---|---|---|---|---|---|
| 1 | 7 | 8 | 9 | 10 | 11 |
| 2 | 7 | 12 | 13 | 14 | 15 |
| 3 | 8 | 12 | 16 | 17 | 18 |
| 4 | 9 | 13 | 16 |   |   |
| 5 | 10 | 14 | 17 |   |   |
| 6 | 11 | 15 | 18 |   |   |

[그림 19] $m=6$, $n=7$일 때 '1'을 2회 사용하는 경우

마찬가지로 $m+2=n$일 때도 생각해 봅시다. 이때는 1개의 맛을 최대 3회 사용하면, 이전과 같은 방법으로 재귀적으로 탐색할 수 있습니다. 예를 들어 $m=6$, $n=8$일 때는 [그림 20]처럼 23가지 종류가 됩니다.

**D**

| 1 | 2 | 3 | 4 | 5 | 6 |
|---|---|---|---|---|---|
| 1 | 7 | 8 | 9 | 10 | 11 |
| 1 | 12 | 13 | 14 | 15 | 16 |
|   |   |   |   |   |   |
|   |   |   |   |   |   |
|   |   |   |   |   |   |
|   |   |   |   |   |   |
|   |   |   |   |   |   |

**E**

| 1 | 2 | 3 | 4 | 5 | 6 |
|---|---|---|---|---|---|
| 1 | 7 | 8 | 9 | 10 | 11 |
| 1 | 12 | 13 | 14 | 15 | 16 |
| 2 | 7 | 12 |   |   |   |
| 3 | 8 | 13 |   |   |   |
| 4 | 9 | 14 |   |   |   |
| 5 | 10 | 15 |   |   |   |
| 6 | 11 | 16 |   |   |   |

**F**

| 1 | 2 | 3 | 4 | 5 | 6 |
|---|---|---|---|---|---|
| 1 | 7 | 8 | 9 | 10 | 11 |
| 1 | 12 | 13 | 14 | 15 | 16 |
| 2 | 7 | 12 | 17 | 18 | 19 |
| 3 | 8 | 13 | 17 | 20 | 21 |
| 4 | 9 | 14 | 17 | 22 | 23 |
| 5 | 10 | 15 | 18 | 20 | 22 |
| 6 | 11 | 16 | 19 | 21 | 23 |

[그림 20] $m=6$, $n=8$의 경우

$m+3=n$ 이후의 부분도 마찬가지로 할 수 있다고 생각하면, 다음과 같이 재귀적으로 구현할 수 있을 것 같습니다.

```
M, N = 10, 12

def search(m, n):
  if m <= 0:
    return 0
  if m == 1:
    return 1

  # m>=n일 때는 등차수열의 합 구하기
  if m >= n:
    return n * (2 * m - n + 1) / 2
  max = n - m + 1
  # 배치한 것을 제외하고, 나머지로 재귀 탐색하기
  return (m - 1) * max + 1 + search(m - max, n - max)

print(search(M, N))
```

```
M = 10;
N = 12;

function search(m, n){
  if (m <= 0) return 0;
  if (m == 1) return 1;

  // m>=n일 때는 등차수열의 합 구하기
  if (m >= n) return n * (2 * m - n + 1) / 2;
  var max = n - m + 1;
  // 배치한 것을 제외하고, 나머지로 재귀 탐색하기
  return (m - 1) * max + 1 + search(m - max, n - max);
}
console.log(search(M, N));
```

그렇구나. 굉장히 깔끔한 코드가 만들어지네?

분명히 이 방법으로 칸을 채울 수는 있지만, 이게 정말 최소인가요?

사실 이렇게 간단하게 구할 수 있는 것은 아닙니다.

예를 들어 $m = 4$, $n = 7$일 때는 이와 같은 방법으로 구했을 때, [그림 21]의 G처럼 13가지 종류가 나옵니다. 하지만 실제로는 H처럼 12가지 종류로도 만들 수 있습니다. 마찬가지로 $m+4=n$의 예로 $m=4$, $n=8$일 때도 I와 J처럼 처음에 '1'을 사용하는 줄 수를 늘리면, 비효율적이 된다는 것을 알 수 있습니다.

[그림 21] 또 다른 예

따라서 배치 방법에 따라서, 조금 더 효율적으로 배치하는 방법이 있을 수도 있습니다. [그림 21]을 기반으로 생각해 보면, 한 가지 종류를 극단적으로 많이 사용하면, 더 비효율적이 된다고 생각해 볼 수 있습니다. 예를 들어 G에서는 1이 4번 사용되었지만, 나머지 것들은 2번씩 사용되었습니다. 마찬가지로 I도 1이 5번 사용되었지만, 나머지 것들은 2번씩 사용되었습니다. H와 J는 이에 비해서 숫자가 균등하게 사용되었다는 것을 알 수 있습니다.

정말로 균등하게 생각하는 게 더 좋네?

같은 맛의 사탕을 사용하는 개수에 주목하면, 균등하게 나눌 수 있을 것 같아.

그럼 각각의 맛을 얼마나 사용하는지 세어 보도록 합시다.

예를 들어 앞에서 예로 들었던 $m=3$, $n=5$의 경우, [그림 22]처럼 셀 수 있습니다.

| 사탕의 맛 | | | | 사용한 수 | | |
|---|---|---|---|---|---|---|
| 사과 | 레몬 | 딸기 | | 3 | 3 | 1 |
| 사과 | 오렌지 | 콜라 | | 3 | 2 | 2 |
| 사과 | 포도 | 우유 | $\Rightarrow$ | 3 | 2 | 2 |
| 레몬 | 오렌지 | 포도 | | 3 | 2 | 2 |
| 레몬 | 콜라 | 우유 | | 3 | 2 | 2 |

[그림 22] $m=3$, $n=5$일 때 사용한 맛의 수 세기

이처럼 표현하면, 구하고자 하는 종류의 수는 '사용한 수'의 역수 합으로 구할 수 있습니다. 앞의 예 같은 경우, 다음과 같이 구할 수 있습니다.

$$\frac{1}{3}+\frac{1}{3}+\frac{1}{1}+\frac{1}{3}+\frac{1}{2}+\frac{1}{2}+\frac{1}{3}+\frac{1}{2}+\frac{1}{2}+\frac{1}{3}+\frac{1}{2}+\frac{1}{2}+\frac{1}{3}+\frac{1}{2}+\frac{1}{2}=7$$

따라서 이렇게 '사용한 수'의 역수 합이 최소가 되는 것을 구하면 됩니다.

이때 패키지 하나만 생각해 보면, 같은 맛의 사탕을 중복할 수 없으므로, 다른 패키지에서 1개씩 사용되었다고 생각할 수 있습니다. 따라서 하나의 패키지 내부에서 '사용한 수'의 합은 최대 $m+n-1$입니다. 실제로 앞의 예에서도 각 패키지에서 '사용한 수'의 합은 모든 경우에 '3+5-1=7'이 됩니다.

한 개의 패키지 내부에서 '사용한 수'의 합이 $m+n-1$ 이하, 그리고 역수의 합이 최소가 되는 경우를 생각해 봅시다. 예를 들어 합이 7이 되는 3개의 수 조합은 '1+1+5', '1+2+4', '1+3+3', '2+2+3'이 있습니다.

이러한 조합들에 대해 역수의 합을 구하면, '11/5', '7/4', '5/3', '4/3'가 됩니다. 여기에서 최소는 '4/3'입니다. 따라서 사용한 수가 '3, 2, 2'가 될 때 최소가 되지만, 이때의 합은 4/3가 5개이므로, 20/3이 되어 분수가 됩니다. 이는 사용할 수 없으므로, 정수인 다음 값을 찾아야 합니다. 이렇게 찾아지는 다음 값이 7입니다.

일반적으로 역수의 합이 최소가 되려면, 등장한 '사용한 수'가 가능한 균등하게 분배되어야 합니다. 따라서 3개의 수로 7을 만드는 경우, $7/3 = 2.666 \cdots$에 가까운 '2'와 '3'의 조합으로 표현했을 때 최소가 될 것입니다. 이를 구현하면, 다음과 같이 작성할 수 있습니다.

**q69_2.py**

```python
from math import ceil

M, N = 10, 12

# "사용한 수"의 최댓값
sum = M + N - 1
# 평균과 가까운 값
ave = sum / M

kind = 0
for i in range(1, M + 1):
  if sum == ave * i + (ave + 1) * (M - i):
    kind = ceil(N * (i / ave + (M - i) / (ave + 1)))
    break
print(kind)
```

**q69_2.js**

```javascript
M = 10;
N = 12;

// "사용한 수"의 최댓값
var sum = M + N - 1;
// 평균과 가까운 값
var ave = Math.floor(sum / M);

var kind = 0;
for (var i = 1; i <= M; i++){
  if (sum == ave * i + (ave + 1) * (M - i)){
    kind = Math.ceil(N * (i / ave + (M - i) / (ave + 1)));
    break;
  }
}
console.log(kind);
```

어떤 처리를 하는지 약간은 이해하기 어렵네요.

이웃한 2개의 정수를 사용하여 합을 표현할 수 있는지 차례대로 찾는 건가?

그렇습니다. 예를 들어 27이라는 수를 8개의 수로 나타낸 경우, 평균과 가까운 3과 4를 사용해 표현하는 방법을, 다음과 같은 방법으로 찾는 것이랍니다.

$$3 \times 1 + 4 \times 7 = 31 \longrightarrow \times$$
$$3 \times 2 + 4 \times 6 = 30 \longrightarrow \times$$
$$3 \times 3 + 4 \times 5 = 29 \longrightarrow \times$$
$$3 \times 4 + 4 \times 4 = 28 \longrightarrow \times$$
$$3 \times 5 + 4 \times 3 = 27 \longrightarrow \text{OK} \cdots 3+3+3+3+3+4+4+4$$

이 방법으로 최소가 되는 값을 찾을 수는 있지만, 실제로 그 값으로 패키지를 만들 수 있는지는 알 수 없습니다. 예를 들어 $m=2$, $n=7$일 때 앞의 프로그램을 실행하면 4를 얻을 수 있습니다. 하지만 실제로 4가지 종류로는 패키지를 만들 수 없어서, [그림 23]처럼 5가지 종류가 필요합니다.

| 사탕의 맛 | | 사용한 수 | |
|---|---|---|---|
| 사과 | 레몬 | 3 | 3 |
| 사과 | 오렌지 | 3 | 3 |
| 사과 | 포도 | 3 | 3 |
| 레몬 | 오렌지 ⇒ | 3 | 3 |
| 레몬 | 포도 | 3 | 3 |
| 오렌지 | 콜라 | 3 | 2 |
| 포도 | 콜라 | 3 | 2 |

[그림 23] $m=2$, $n=7$일 때는 5가지 종류의 사탕이 필요

따라서 'q69_1'의 소스 코드에서 구한 수를 최댓값, 'q69_2'에서 구한 수를 최솟값으로 생각할 수 있습니다. 이 값이 일치하면 답이 확실하게 구해진 것이지만, 다른 경우에는 해당 범위 내부에서 다시 값을 구해 봐야 합니다.

이번 문제의 경우 $m=10$, $n=12$일 때 두 가지 모두 답으로 58이 나옵니다. 따라서 58이 답입니다.

그렇구나! 최댓값과 최솟값이 같으면 해당하는 값이 답인 거구나.

$m$과 $n$의 값이 작은 경우에는 단순하게 조합으로 구할 수도 있겠지만, 크기가 커지면 그런 방법으로는 시간이 꽤 걸리겠네.

정답
**58**

| 1 | 2 | 3 | 4 | 5 | 6 | 7 | 8 | 9 | 10 |
|---|---|---|---|---|---|---|---|---|---|
| 1 | 11 | 12 | 13 | 14 | 15 | 16 | 17 | 18 | 19 |
| 1 | 20 | 21 | 22 | 23 | 24 | 25 | 26 | 27 | 28 |
| 2 | 11 | 20 | 29 | 30 | 31 | 32 | 33 | 34 | 35 |
| 3 | 12 | 21 | 29 | 36 | 37 | 38 | 39 | 40 | 41 |
| 4 | 13 | 22 | 29 | 42 | 43 | 44 | 45 | 46 | 47 |
| 5 | 14 | 23 | 30 | 36 | 42 | 48 | 49 | 50 | 51 |
| 6 | 15 | 24 | 31 | 37 | 43 | 48 | 52 | 53 | 54 |
| 7 | 16 | 25 | 32 | 38 | 44 | 48 | 55 | 56 | 57 |
| 8 | 17 | 26 | 33 | 39 | 45 | 49 | 52 | 55 | 58 |
| 9 | 18 | 27 | 34 | 40 | 46 | 50 | 53 | 56 | 58 |
| 10 | 19 | 28 | 35 | 41 | 47 | 51 | 54 | 57 | 58 |

[그림 24] 정답을 실제로 배치한 예

제
**4**
장

최단경로
★
★
★
★

# 찾아보기